böhlau

Schriftenreihe des Landespressebüros
Serie »Sonderpublikationen«, Nr. 180

SALZBURGER JAHRBUCH FÜR POLITIK 2001

Herausgeber
HERBERT DACHS / ROLAND FLOIMAIR

Beirat
Rudolf G. Ardelt, Christian Dirninger,
Robert Kriechbaumer, Michael Schmolke
Eberhard Zwink

Böhlau Verlag Wien · Köln · Weimar

Bibliographische Information Der Deutschen Bibliothek:

Die Deutsche Bibliothek verzeichnet diese Publikation in der Deutschen Nationalbibliografie; detaillierte bibliografische Daten sind im Internet über http://dnb.ddb.de abrufbar.

ISBN 3-205-99378-0

Das Werk ist urheberrechtlich geschützt. Die dadurch begründeten Rechte, insbesondere die der Übersetzung, des Nachdruckes, der Entnahme von Abbildungen, der Funksendung, der Wiedergabe auf photomechanischem oder ähnlichem Wege, der Wiedergabe im Internet und der Speicherung in Datenverarbeitungsanlagen, bleiben, auch bei nur auszugsweiser Verwertung, vorbehalten.

Umschlaggestaltung: Walter Pichler

© 2002 by Böhlau Verlag Ges.m.b.H. und Co. KG, Wien · Köln · Weimar
http://www.boehlau.at

Gedruckt auf umweltfreundlichem, chlor- und säurefreiem Papier

Druck: Salzburger Druckerei, 5020 Salzburg

Inhalt

HERBERT DACHS / ROLAND FLOIMAIR
Vorwort der Herausgeber 7

PETER WEICHHART
Glocalization – Die Globalisierung und ihre Auswirkungen
auf die Regionen 9

DAGMAR AIGNER
Zwischen Zufriedenheit und Enttäuschung
Der Salzburger Landtag nach dem Ende des Regierungsproporzes 22

NORBERT MAYR
Grün versus »Speckgürtel«
Anmerkungen zu Architektur, Stadtentwicklung, Regionalplanung,
Landschafts- und Naturschutz, Investorenbegehrlichkeiten
und Politik im Salzburger Zentralraum 57

WALTER SCHERRER
Der Wirtschaftsstandort Stadt Salzburg aus Investorensicht:
Standortfaktoren und Informationsangebot im Internet 77

HANS LINDENBAUM
Freie Bahn der Straße
Auch im Land Salzburg kommt der Schienenverkehr
mit Verspätung in Fahrt 92

STEFAN MAYER
Ist da noch eine Grenze?
Die EuRegio Salzburg – Berchtesgadener Land – Traunstein
zwischen Europäischer Integration und lokaler Kirchturmpolitik.
Ein Fortschrittsbericht 116

JOSEF BRUCKMOSER
Im Widerstreit von Predigt und Dialog
Das Salzburger Bildungshaus St. Virgil als Spiegel für
ein Vierteljahrhundert katholischer Erwachsenenbildung 133

ROLAND HETTEGGER
Chronik Juli 1999 bis Juni 2001 152

Autorenverzeichnis 171

Vorwort der Herausgeber

Die als »Globalisierung« bezeichnete Verdichtung weltweiter Vernetzungen – deren Ende und letzte Konsequenzen noch lange nicht abzusehen sind – schien lange Zeit auf eine große Gleichmacherei hinauszulaufen. Wenn die Wettbewerbsbedingungen und die Informationsniveaus für alle gleich werden – so die Annahme –, dann würden sich auch die einzelnen Teile (Bundesländer, Regionen) quasi wie von selbst annähernd gleichförmig entwickeln. Jedoch, weit gefehlt: wir sehen in der Zwischenzeit, dass parallel zur vereinheitlichenden und zentralisierenden Dynamik der Globalisierung ein Prozess der Regionalisierung in dem Sinne stattfindet, dass die Regionen an realer Bedeutung gewinnen, voll in den Wettbewerb untereinander gezwungen werden und diese jeweils vor der Aufgabe stehen, in einer Art von »regional governance« darauf zu reagieren, wollen sie nicht zur Peripherie verkommen. Für die Politik – an Wähler und Territorien (= politische Legitimitätsarenen) gebunden – wird es zunehmend kompliziert, zwischen den verschiedenen Interessenlagen zu vermitteln: Einerseits sollte auf den von der Globalisierung vorangetriebenen ökonomischen Wettbewerb offensiv reagiert werden und andererseits sind die nicht immer erfreulichen soziokulturellen und politischen Konsequenzen abzufedern und zu neutralisieren.

So betrachtet macht es mehr denn je Sinn – und hat mit »Krähwinkel und Idylle« natürlich überhaupt nichts zu tun –, sich mit den politischen, sozialen und wirtschaftlichen Entwicklungen in einer Region genauer auseinander zu setzen (in unserem Falle synonym genommen mit dem Bundesland Salzburg). Dass dies bereits seit 1989 (dem erstmaligen Erscheinen des »Salzburger Jahrbuchs für Politik«) im Zweijahresrhythmus immer wieder geschehen ist und dass sich seitdem immer wieder interessante Zugänge und Themen gefunden haben – wie anhand der Zusammenstellung am Ende dieses Bandes überprüft werden kann –, spricht für das Grundkonzept dieses Jahrbuchs. Es geht hier darum, für das Bundesland Salzburg relevante Probleme und Themen aufzugreifen, kritisch zu analysieren und bedeutende Entwicklungen zu dokumentieren. Das Jahrbuch war seit je auch mögliche Bühne für kritische Erörterungen. Die dabei vertretenen Positionen müssen selbstverständlich nicht immer mit denen der Herausgeber ident sein. Die Autoren haben für die Güte und Fundierung ihrer Argumente selber einzustehen.

Obwohl also von regionalen Themenstellungen ausgehend, werden diese doch stets in größere Zusammenhänge gestellt, sodass die Ergebnisse und Einsichten schließlich meist überregional gültig und übertragbar erscheinen.

Salzburg, im Juli 2002   Herbert Dachs
                                                               Roland Floimair

PETER WEICHHART

Glocalization

Die Globalisierung und ihre Auswirkungen auf die Regionen

In den letzten zwei bis drei Jahrzehnten hat sich unsere Welt in einem nahezu unvorstellbaren Ausmaß verändert. Die sozialen, wirtschaftlichen und auch viele politische Gegebenheiten der Realität haben sich gegenüber früher in einem so starken Maße gewandelt, dass man mit Fug und Recht von einer echten *Revolution*, einem wahrhaft radikalen Umbau sprechen kann. Das Erstaunliche daran ist: Die meisten Aspekte dieser Revolution sind unserer Aufmerksamkeit lange Zeit entgangen. Wir haben es gar nicht bemerkt, der Umbau der Welt ist gleichsam unter der Oberfläche geschehen. Es war eine heimliche Revolution, deren Ablauf unserer Wahrnehmung lange Zeit verborgen blieb.

Und nun stehen wir plötzlich vor den Trümmern der alten Weltordnung, haben angesichts der neuen Strukturen ein wenig die Orientierung verloren und sind mit Problemen konfrontiert, für deren Lösung die alten Werkzeuge und Rezepturen nichts mehr taugen.

Wie konnte es geschehen, dass sich die Arbeitslosigkeit von der Konjunkturentwicklung weitgehend abgekoppelt hat und zu einem strukturellen Problem wurde? Wie konnte es geschehen, dass die sozialen Netze, auf deren Sicherheit wir jahrzehntelang vertrauen konnten, immer stärker ausdünnen? Wie kommt es, dass sich in Österreich heute etwa zwei Drittel des gesamten Lebensmittel-Einzelhandels in der Hand von nur zwei mächtigen Konzernen befinden – Tendenz steigend? Wie konnte es geschehen, dass über die zukünftige Entwicklung der größten österreichischen Bank heute in München entschieden wird? Wie ist es dazu gekommen, dass in Österreich heute fast ein Drittel aller Berufstätigen in einem so genannten »atypischen« Beschäftigungsverhältnis steht – Tendenz stark steigend?

Auf derartige Fragen bekommt man heute von Experten der unterschiedlichsten Disziplinen die gleiche Antwort. Sie lautet: *Globalisierung.* All dies konnte und *musste* geschehen, weil die Zwänge und Kräfte der Globalisierung es bewirkt haben. Wenn wir nun aber nachfragen: »Ja, was ist denn das, die Globalisierung?«, dann scheiden sich allerdings die Geister, und wir werden mit höchst widersprüchlichen Definitionen und Erklärungsversuchen konfrontiert.

Dieser Begriff ist jedenfalls seit einigen Jahren in den Medien und der öffentlichen Diskussion so gut wie allgegenwärtig. »Globalisierung« erscheint dabei fast als ein Zauberwort, das in den unterschiedlichsten Kontexten Verwendung findet und inhaltlich dabei höchst ambivalent verwendet wird. Auf der einen Seite scheint »Globalisierung« etwas durchaus Erfreuliches und Positives zu vermitteln. »Globalisierung«, das heißt Weltoffenheit, Wegfall von Schranken, Rückbau von Grenzen, Multikulturalität, das bedeutet weltweite Kontakte, Abbau von Wirtschaftshemmnissen und Protektionismus oder Erleichterung der internationalen Verflechtungen. Gleichzeitig – und vielleicht sogar noch in stärkerem Maße – besitzt »Globalisierung« aber auch den ausgesprochen negativen Beigeschmack eines *Angst- oder Drohwortes*. Man spricht von der Globalisierungs*falle*, von Globalisierungs*ängsten*, von den Bedrohungen durch die Globalisierung. Globalisierung wird also auch als etwas Gefährliches empfunden, als Angriff auf die Sicherheit traditionaler Lebenswelten, als Vereinnahmung, als Entfremdung, als Heimatverlust und vor allem als ökonomische Gefahr, die zu Unsicherheiten in der Arbeitswelt, zu Einkommensnachteilen, ja sogar zu Arbeitslosigkeit führt. Und wir wissen spätestens seit Genua, dass es eine eigene politische Bewegung der »Globalisierungsgegner« gibt.

Die fast paradox anmutende schillernde Mehrdeutigkeit des Begriffes wird auch darin deutlich, dass die Globalisierungs*gegner*, etwa die weltweite Organisation ATTAC, sich selbst der Medien der Globalisierung bedienen. Ihre Wirksamkeit und Schlagkraft basiert auf den globalen Informations- und Kommunikationsmedien Internet und E-Mail, sie nutzen die weltweite Präsenz von CNN und beschäftigen international tätige Rechtsexperten. Die Globalisierung ist eine Voraussetzung für das Agieren der Globalisierungsgegner. Sie bedienen sich genau jener Mittel, die sie eigentlich bekämpfen.

Der Soziologie Ulrich BECK hat es in seinem Buch »Was ist Globalisierung?« auf den Punkt gebracht:

> »Globalisierung ist sicher das am meisten gebrauchte – missbrauchte – und am seltensten definierte, wahrscheinlich missverständlichste, nebulöseste und politisch wirkungsvollste (Schlag- und Streit-)Wort der letzten, aber auch der kommenden Jahre.«[1]

Versuchen wir dennoch, die Bedeutung des Begriffes ein wenig einzugrenzen, zu präzisieren und seine verschiedenen Inhaltsdimensionen zu identifizieren. Vor einiger Zeit hörte der Autor den Vortrag eines bekannten österreichischen Journalisten zum Thema »Globalisierung«. Er begann folgendermaßen: »Sie wollen wissen, was ›Globalisierung‹ ist? Ich zeige es Ihnen. [Und er hielt eine Cola-Flasche hoch.] *Das* ist Globalisierung. – ›Coca-Cola is everywhere.‹« Tatsächlich repräsentiert Coca-Cola ein »ubiquitäres Produkt«, das so gut wie überall erhältlich ist und quer über fast alle Kulturen als Konsumgut genutzt wird.

Weltweite Verbreitung finden auch verschiedenste Informationsmedien. Ein Journal wie »National Geographic« wird weltweit vertrieben und gelesen, CNN wird rund um die Welt als Informationsmedium genutzt. Einzelne Konzerne, etwa der Nahrungsmittelindustrie, können ebenfalls global agieren und haben – wie Nestlé – in bestimmten Marktnischen eine nahezu weltbeherrschende Position. Ähnlich sieht es im Bereich der Unterhaltungsindustrie aus, die heute nahezu unvorstellbare Umsätze macht und deren Produkte innerhalb kürzester Zeit so gut wie weltweit verbreitet werden. Hollywood-Produktionen sind fast zeitgleich auf der ganzen Welt zu sehen. Auch hier erkennen wir eine fast globale Vereinheitlichung im Geschmack, die traditionelle Differenzen zwischen den Kulturerdteilen immer stärker zum Verschwinden bringt.

Ein weiteres Phänomen, das früher bestehende Differenzen zwischen Kulturen und Kontinenten aufzuheben scheint, ist die weltweite Verstädterung. Mega-Cities, Metropolen, Global Cities – die Welt scheint zur globalen Stadt zu werden. Eine Angleichung der sozialen Strukturen und Lebensstile ist die Folge. Zentrales Kennzeichen und Medium des Globalisierungsprozesses sind die verschiedenen Formen der Telekommunikation. Das Internet und seine Nutzung sind nur eine besonders aussagekräftige Facette dieser weltverbindenden technologischen Innovationen.

Man könnte die Liste derartiger Beispiele problemlos fast unendlich verlängern. Wir wissen jetzt zwar noch immer nicht genau, was das Wort »Globalisierung« eigentlich bedeutet, aber eines dürfte klar geworden sein: Die Welt ist gleichsam kleiner geworden, die Welt ist »geschrumpft«, die vielfältigen kulturellen Differenzierungen haben sich zum Teil aufgelöst, es ist eine Tendenz zur globalen Gleichschaltung und Vereinheitlichung zu beobachten. Die weltweiten Verknüpfungen der Wirtschaft, der Kommunikation und des Konsums haben in einem unvorstellbaren Maße zugenommen.

Und dennoch: Eine präzise Begriffsbestimmung des Wortes »Globalisierung«, die für das generelle Verständnis wie für den wissenschaftlichen Gebrauch geeignet erscheint, ist auch in der umfangreichen Fachliteratur sehr schwer zu finden. Wenn wir versuchen, uns trotzdem auf eine relativ simple und umfassende Grundbedeutung von »Globalisierung« zu einigen, dann können wir etwa auf eine Definition des britischen Soziologen Anthony GIDDENS zurückgreifen.

Er versteht unter Globalisierung die *Zunahme weltweiter Vernetzung*, also

> »... eine Intensivierung weltweiter sozialer Beziehungen, durch die entfernte Orte in solcher Weise miteinander verbunden werden, daß Ereignisse an einem Ort durch Vorgänge geprägt werden, die sich an einem viele Kilometer entfernten Ort abspielen, und umgekehrt.«[2]

In diesem Verständnis ist Globalisierung natürlich bereits ein sehr altes Phänomen und wir können sagen, dass dieser Prozess bereits seit einigen Jahrhunderten im Gange ist. Der Geograph Hans Heinrich BLOTEVOGEL hat darauf hingewiesen, dass Globalisierung in diesem breiten Verständnis bereits spätestens im

16. Jahrhundert mit der Entstehung des frühmodernen Weltsystems einsetzte. Er nennt als Beispiel die niederländische Ostindische Handelskompanie des 17. Jahrhunderts, die nichts anderes als ein sehr frühes Beispiel für ein global agierendes transnationales Unternehmen war.[3]

Man muss aber feststellen, dass die Globalisierung seit etwa 3 Jahrzehnten völlig neue Dimensionen und Qualitäten gewonnen hat. BLOTEVOGEL führt hier exemplarisch einige bedeutsame Charakteristika an. An erster Stelle nennt er die integrierende Wirkung der modernen Verkehrs- und Kommunikationsmittel. Durch die Fortschritte der Verkehrstechnologie ist die Welt gleichsam immer mehr »geschrumpft«. War man bis 1850 bestenfalls mit einer Durchschnittsgeschwindigkeit von 15 km/h unterwegs, brachte jede Neuerung der Verkehrstechnologie einen wahren Quantensprung an Steigerung der Reisegeschwindigkeit. Heute fliegen Langstrecken-Jets ohne aufzutanken um den halben Erdball und sie befördern zu einem Bruchteil der realen Preise von vor 20–30 Jahren ein Vielfaches an Passagieren und Fracht. Luftverkehr und Ferntourismus sind damit auch zu globalen Wachstumsbranchen geworden.

BLOTEVOGEL verweist darauf, dass die globale »Raum-Zeit-Konvergenz« bei der modernen Datenkommunikation besonders dramatisch zum Ausdruck kommt. Die heutige Daten-Fernübertragung ist nicht nur schnell und leistungsfähig, sondern auch billiger geworden. Die ganze Welt ist zu *einem* Kommunikationsraum zusammengeschrumpft, in dem mit Lichtgeschwindigkeit die Daten um den Erdball jagen. Wenn man per E-Mail mit Kollegen in der ganzen Welt kommuniziert, verschwindet allmählich aus dem Bewusstsein, dass die Kommunikation ganz unterschiedliche Distanzen überwindet.[4]

Für den einzelnen Menschen bedeutet dies eine in früheren Zeiten unvorstellbare Ausweitung individueller Aktionsreichweiten. Der individuelle Aktionsraum, also die Gebiete, die man im Lebensverlauf besucht, wird immer größer und erreicht für manche Menschen globale Dimensionen: *»Die globale Raum-Zeit-Konvergenz des Transport- und Kommunikationswesens ist gewissermaßen die Hardware-Voraussetzung für die Globalisierung.«*[5]

Als treibende Kraft hinter all den angesprochenen Globalisierungsphänomenen ist aber die *ökonomische Globalisierung* anzusehen. Damit wird die Transformation der so genannten »Volkswirtschaften« zur *einen* »Weltwirtschaft« angesprochen. Durch diese Transformation hat der Globalisierungsprozess eine völlig neue Qualität erreicht. BLOTEVOGEL verweist darauf, dass alle Bereiche der Ökonomie von der Globalisierung betroffen sind. Besonders augenscheinlich kommt dies bei den Gütermärkten zum Ausdruck:

> »Durch die Entgrenzungen sind die früher vielfach noch national segmentierten Gütermärkte heute immer stärker globalisiert: Dieselben Produkte – der CD-Player von

Sony, das Parfüm von l'Oréal, der Prozessor von Intel – sind praktisch überall auf der Welt zu haben, und zwar nahezu überall zu ähnlichen Preisen«.[6]

Das ökonomische System bezieht sich aber nicht nur auf *einen* Absatzmarkt, sondern auch auf *einen* Beschaffungsmarkt. Man spricht von »Global Sourcing«.

»Den globalisierten Warenmärkten sind die immateriellen Güter gefolgt: das Geld- und Kreditwesen, Versicherungen, Consulting, Dienstleistungen überhaupt. Diese Form des immateriellen, unsichtbaren Handels, bei dem nur noch Informationen und Geldströme bewegt werden, hat sich inzwischen vom Warenhandel weitgehend abgekoppelt und wächst mit atemberaubenden Raten«.[7]

Den Gütermärkten sind schließlich auch die Investitionen gefolgt:

»Die Erde ist heute nicht nur ein Weltverkehrs- und Welthandelsraum, sondern auch *ein* Investitionsraum geworden. Große, global operierende Unternehmen verabschieden sich aus ihrer angestammten Region und werden zu ›Transnationalen‹ oder ›Multinationalen Unternehmen‹. Der weltweit viel gelesene japanische Consulter Kenichi OHMAE empfiehlt den Unternehmen, ihre Standorte zu tendenziell gleichen Wertschöpfungsanteilen auf die drei wesentlichen Zentren der Weltwirtschaft zu verteilen: Europa, Nordamerika und Japan/Ostasien, also auf die drei Pole der von ihm so genannten Triade ... Der Rest der Welt wird dann zu einem Anhängsel der Triade«.[8]

Für die Entscheidungsträger der Wirtschaft besteht die Welt nicht aus den Nationalstaaten, deren Autonomie damit erheblich eingeschränkt wird, sondern aus *einem* Markt mit jenen drei Gravitationszentren, die als »Triade« bezeichnet werden.

Jedenfalls hatte diese Transformation der Volkswirtschaften zur Weltwirtschaft eine ganz entscheidende Konsequenz: Mit der Globalisierung der Märkte, Dienste und Investitionen musste es konsequenterweise auch zu einer *Globalisierung des Wettbewerbs* kommen, der damit gleichsam absolut gesetzt wurde. Diese Globalisierung des Wettbewerbs führte dazu, dass alle ökonomischen Akteure in zunehmendem Maße einem enormen Druck ausgesetzt sind. Kein Betrieb, kein Konzern kann es sich heute mehr leisten, auch nur die geringste Möglichkeit der Senkung von Faktorkosten zu verpassen. Rationalisierungsmaßnahmen müssen um jeden Preis durchgesetzt werden.

Der alles entscheidende Effekt der ökonomischen Globalisierung ist das Entstehen einer *»Spirale der Kostensenkung«*, die als unerbittlicher Zwang zur dominanten Spielregel der Wirtschaft geworden ist, welcher sich niemand entziehen kann – auch nicht die öffentliche Hand. Es ist dadurch eine Art »Turbo-Kapitalismus« entstanden, der gnadenlos seine eigenen Kinder frisst. Die »Fusionitis«

und »Mergomanie«, welche transnationale Konzerne zu immer riesigeren Wirtschaftsimperien zusammenwachsen lässt, ist eine unmittelbare Folge dieses Zwangs. Die Jahresumsätze und der Börsenwert solcher Konzerne kann um ein Vielfaches größer sein als das österreichische Bruttosozialprodukt. Der ökonomische Sinn dieses Riesenwachstums liegt vor allem in der Senkung der Faktorkosten, und das betrifft besonders die »wegrationalisierbaren« Arbeitsplätze.

Neben der rein wirtschaftlichen Dimension weist die Globalisierung aber auch noch weitere Wirkungsbereiche auf. Verschiedene Autoren[9] unterscheiden neben der wirtschaftlichen auch noch die gesellschaftliche, die kulturelle, die politische und die ökologische Globalisierung. Iran, Star Wars, EU und Österreich, Agenda 21, die Konferenz von Rio – dies sind nur einige Schlagworte, auf die an dieser Stelle allerdings nicht näher eingegangen werden kann. Das Ozonloch, die globale Klimaveränderung oder Tschernobyl haben jedenfalls gezeigt, dass auch ökologische Probleme keine nationalstaatlichen Grenzen mehr kennen.

Besonders bedeutsam ist das Faktum, dass sich durch die Globalisierung die räumlichen Bezugseinheiten sozioökonomischer und politischer Entscheidungsfindung gewandelt haben. BLOTEVOGEL bringt es auf den Punkt:

> »Die Nationalstaaten sind immer weniger die ›räumlichen Gefäße‹, in denen die menschlichen Aktivitäten organisiert sind. Der nationale Raum als wichtigster strategischer Wirtschaftsraum wird immer mehr durch den globalen Raum ersetzt. Die Unternehmensfusion von Daimler und Chrysler hat dies auf spektakuläre Weise gezeigt.«[10]

Das heißt zwar nicht, dass Nationalstaaten bedeutungslos würden, aber sie diktieren nicht mehr die Spielregeln.

In den bisherigen Ausführungen wurde Globalisierung als *empirisches Phänomen* besprochen. Ulrich BECK[11] verweist darauf, dass dieser Prozess gleichzeitig aber auch Gegenstand eines politischen und gesellschaftlichen Diskurses ist. Unter »Globalität« versteht er die Auffassung, dass wir heute nicht mehr in geschlossenen nationalen oder gar regionalen Räumen leben, sondern längst in der einen *Weltgesellschaft*.

Von dessen empirisch prüfbaren Fakten zu unterscheiden ist der »Globalismus« als eine *ideologisch* aufgeladene Form des Globalisierungsdiskurses. »Globalisierung« wird dabei normativ umgedeutet und als Patentlösung für Erklärungen politisch vermarktet. Der Globalismus wirkt sich in der Zwischenzeit als *normativer Diskursrahmen* aus, der unsere Weltsicht weitgehend prägt und sowohl Politikoptionen als auch individuelle Handlungsmaximen beeinflusst.

Hinter dem Globalismus steht als zentrale Philosophie eine bestimmte ökonomische Schule, nämlich der Monetarismus. Seine Vertreter propagieren die schrankenlose globale Freizügigkeit der Geldwirtschaft, die sich im Verlaufe der Globalisierung von der so genannten »Realwirtschaft« völlig emanzipiert hat. Auf die Finanzwirtschaft kann an dieser Stelle nicht näher eingegangen werden, doch ist anzumerken, dass dieser gegenwärtig mit weitem Abstand wichtigste Zweig der Wirtschaft den Charakter reinster Spekulation besitzt und zwar in einem für »Otto Normalverbraucher« so gut wie unvorstellbaren Ausmaß. Verglichen mit der modernen Geldwirtschaft, sind Leo Wallners Casinos nahezu moralische Anstalten.

Welche Auswirkungen hat nun die Globalisierung auf das *Standortgefüge* unserer Welt? – Oder anders gefragt: Wie hat sich die *räumliche* Struktur unserer sozialen und ökonomischen Systeme durch den Einfluss der Globalisierung gewandelt?

Nach unseren bisherigen Überlegungen müsste die Ausgangslage eigentlich klar sein. *Im Zeitalter der Globalisierung sollte es gar keine ausgeprägten Standortdifferenzierungen mehr geben.* Durch die heute ablaufenden Globalisierungsprozesse müsste notwendigerweise eine globale räumliche Gleichschaltung entstehen. Der »Raum« sollte an Bedeutung verlieren. Durch die globale Vernetzung dürfte der Einzelstandort eigentlich überhaupt keine Rolle mehr spielen. Das »Schrumpfen« der Distanzen sollte gleichsam die »Geographie« zum Verschwinden bringen.

Sehen wir uns aber die Fakten an, dann ist festzustellen, dass in Wahrheit genau das Gegenteil der Fall ist. Bei der empirischen Überprüfung dieser Frage zeigt sich nämlich, dass die Entwicklungsunterschiede zwischen Regionen unterschiedlichsten Maßstabs gegenwärtig nicht kleiner, sondern größer werden. Die Kluft zwischen Industriestaaten und Entwicklungsländern wird nicht abgebaut, sondern verschärft. Die regionalen Disparitäten innerhalb von Staaten werden nicht geringer, sondern noch krasser. Außerdem kann man beobachten, dass plötzlich einzelne Regionen einen fast explosionsartigen wirtschaftlichen Aufschwung nehmen, während andere früher prosperierende Regionalwirtschaften zusammenbrechen. Es kommt erstaunlicherweise zur Entwicklung von relativ kleinräumig strukturierten regionalen Wirtschaftssystemen, die eine ausgeprägte Eigendynamik entwickeln. Sie werden in der Fachliteratur als »Regionale Cluster«, »New Industrial Districts« oder »neue Regionalökonomien« bezeichnet. Die zunehmende »Gleichartigkeit« der Lebensbedingungen, die man auf Grund der Globalisierungsprozesse zumindest in hoch entwickelten Industriestaaten erwarten würde, kann also empirisch nicht belegt werden.

Beim Bemühen, diese unerwarteten Forschungsergebnisse zu erklären und das Geheimnis der erfolgreichen Regionen zu ergründen, kam man schließlich zu dem überraschenden Ergebnis, dass diese »Regionalisierung«, wie man den gegenwärtigen Bedeutungsgewinn von Regionen nennt, eben nicht im Widerspruch zur Globalisierung steht, sondern ganz im Gegenteil ein Bestandteil oder Teilprozess der Globalisierung ist.[12] Die eigentlich entscheidende Steuerungsgröße für die Umstrukturierung der Standortsysteme ist jene Kostensenkungsspirale, die durch den globalisierten Wettbewerb in Gang gesetzt wurde und die auch den »Wettbewerb der Regionen« determiniert.

Diese eigenartige und scheinbar paradoxe Situation einer Gleichzeitigkeit von räumlicher Gleichschaltung und regionaler Differenzierung wird erklärbar und verständlich, wenn wir das neue globale Standortsystem betrachten, das sich im Gefolge der wirtschaftlichen Neuordnung eingestellt hat. Man kann dieses neue Standortsystem modellhaft wie folgt darstellen (Abb. 1).

Die wichtigsten Schaltzentralen der Globalökonomie sind die *strategischen Orte*. Das sind jene Schauplätze, an denen die wichtigen Entscheidungen fallen und an denen die großen Geld- und Warenströme zusammenfließen. Es handelt sich einerseits um die klassischen Systeme der Hafenstädte und der großen Industrieagglomerationen, andererseits um die hierarchisch strukturierten Steuerungszentralen der Global Cities. Sie sind die Knotenpunkte, in denen die Schaltkreise der Geldflüsse, der Warenströme, der strategischen Entscheidungen und der internationalen Arbeitsmigration verknüpft sind. Ergänzt wird dieses System durch die exportorientierten Produktionszonen in den Schwellenländern, die primär dazu dienen, den transnationalen Konzernen Billiglohn-Arbeitsplätze zur Verfügung zu stellen. Die internationalen Finanzkreisläufe der Geldwirtschaft, die über die Knotenpunkte der Global Cities ablaufen, werden ergänzt durch die Offshore-Bankenzentren, welche gleichsam die eher anrüchigen Bereiche der Finanzwirtschaft bedienen und als Steuerflucht-Oasen dienen.

Die Global Cities – an erster Stelle New York, London und Tokio – nehmen dabei die oberste Hierarchiestufe der Bedeutung ein. Sie sind die Standorte der Zentralen transnationaler Konzerne und jener weltumspannenden Dienstleistungsunternehmen, deren Gesamtheit als »Headquarter Economy« bezeichnet wird. *Sie sind die Kommandozentralen der Weltwirtschaft.* Demgegenüber haben die Hauptstädte der Nationalstaaten einen enormen Bedeutungsverlust hinnehmen müssen.Diese strategischen Orte stehen in engster Wechselbeziehung mit dem »Rest« der Weltwirtschaft und könnten ohne diesen »Rest« gar nicht funktionieren. Außerhalb der strategischen Orte sind regionale Funktionszusammenhänge der Wirtschaft anzuführen, die in Form von so genannten »Clustern« oder »New Industrial Districts« auftreten. Darunter versteht man regionale Netzwerke sozioökonomischer Interaktionsstrukturen, die einerseits eng in globale Zusammenhänge eingebunden sind, andererseits aber die Voraussetzung für die Funktionsfähigkeit der Globalökonomie darstellen. Und schließlich können wir noch die »Peripherie« anführen. Das sind all jene Bereiche des Wirtschaftsraumes, für die keine spezifischen Konzentrationen ökonomischer Aktivitäten festzustellen sind und die in weitgehender Abhängigkeit von regionalen Clustern, nationalen Metropolen, Zentralräumen oder anderen Ballungen existieren. Anders formu-

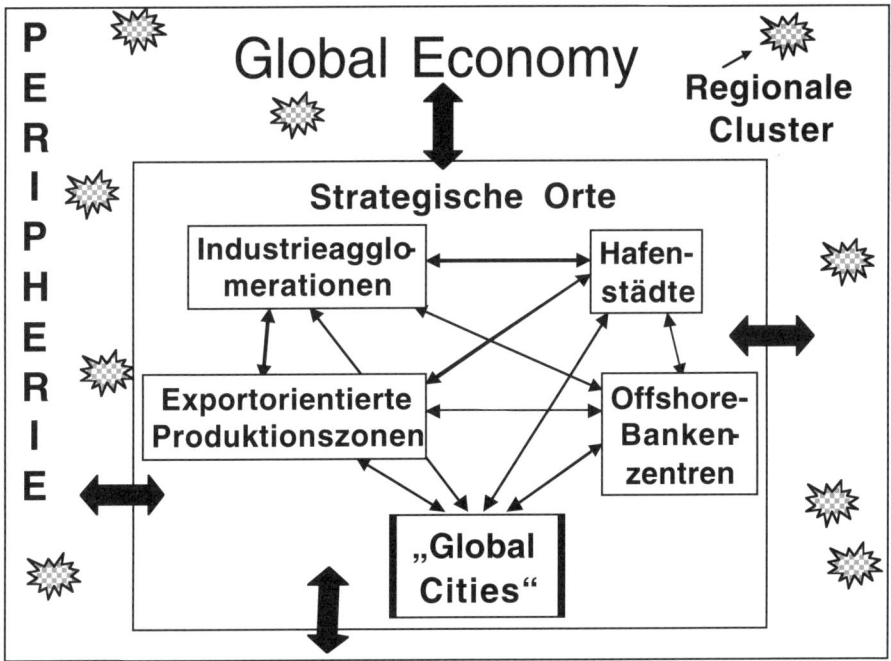

Abbildung 1: Das Standortsystem der Globalökonomie

liert: »Peripherie«, das sind all jene Gebiete, die für die Weltwirtschaft ohne erwähnenswerte Bedeutung sind.

Die »Regionalen Cluster« oder »New Industrial Districts« sind die wichtigsten Standorte der »Realökonomie«, hier findet der überwiegende Teil der ökonomischen Produktion in allen Wirtschaftssektoren statt und hier findet in Summe auch der überwiegende Teil der Konsumaktivitäten statt. Was allerdings in den Regionalen Clustern geschieht, wird in den grundsätzlichen Strukturen von den Kommandozentralen der Global Cities gelenkt und gesteuert.

Die Zahl der »strategischen Orte« ist relativ klein, sie sind nach Triadenräumen organisiert. Ihre Standorte sind ausdifferenziert, sie weisen kaum Veränderungen auf. Die eigentliche Standortdynamik bezieht sich überwiegend auf die Regionalen Cluster und die Peripherie.

Die Entwicklung der Regionalen Cluster bedeutet: Wirtschaft und Lebenswelt sind heute *regional* strukturiert. In der Agrargesellschaft und der fordistischen Industriegesellschaft waren die Nationalstaaten und die Kommunen die räumlichen Bezugseinheiten sozialer und wirtschaftlicher Prozesse. Unter den heutigen Rahmenbedingungen sind diese Bezugseinheiten großräumige Regionen, die eine komplementäre Bindung zur Weltwirtschaft aufweisen und von den Kommandozentralen der Global Cities gesteuert werden. Die Entwicklung der Regionalen Cluster ist deshalb nur in geringem Maße durch nationalstaatliche Regulative beeinflussbar. Als Bezeichnung für diese Komplementarität von lokaler und regionaler Dynamik und Weltwirtschaft hat sich in der Literatur der Begriff »*Glocalization*« eingebürgert.[13]

Eine besonders wichtige Konsequenz der Globalisierung ist der Wettbewerb der Regionen. Er stellt eine spezifische Facette des ökonomischen Wettbewerbs dar, der sich unter den Rahmenbedingungen einer Globalökonomie extrem verschärft hat. Die eigentlichen Akteure in diesem Wettbewerb der Regionen sind die Regionalen Cluster. Und dieser Wettbewerb der Regionen ist nun der Anstoß für eine völlig neuartige Dynamik der Standortentwicklung. Nach dem heutigen Verständnis der Regionalökonomie müssen Regionen als »Standortsysteme« aufgefasst werden. Sie stellen räumlich strukturierte Gefüge von Menschen, Bauten, Anlagen, Maschinen, Institutionen, Regeln und Organisationen dar, die miteinander in einem *engen Interaktionszusammenhang* stehen.

Dabei muss man zwischen mobilen und immobilen Standortfaktoren unterscheiden. Mobile Faktoren lassen sich mit relativ geringen Kosten problemlos räumlich verschieben, immobile sind ortsfest. Das heißt, ihre Verschiebung an einen anderen Ort würde extrem hohe Kosten verursachen oder ist schlicht nicht möglich. Für die Funktionsfähigkeit der Wirtschaft bedeutet dies, dass immobile Faktoren um mobile Faktoren »werben« müssen.

Zu den mobilen Faktoren zählt man Unternehmer, Betriebe, qualifizierte Arbeitskräfte und vor allem Kapital. Mobile Faktoren wandern genau dorthin, wo sie möglichst attraktive standortspezifische Produktionsbedingungen vorfinden. Verschlechtern sich die Produktionsbedingungen vor Ort, wandern sie nach den Prinzipien der ökonomischen Rationalität sehr rasch ab.

Immobile Faktoren sind all jene Grundlagen und Voraussetzungen der Wirtschaft, die man nicht oder nur mit sehr hohen Kosten räumlich verlagern kann. Es handelt sich hier um sesshafte Arbeitskräfte, investiertes Sachkapital, Boden, Infrastruktur, rechtliche, gesellschaftliche und ethische Normen, Gesetze und alle so genannten »weichen« Standortfaktoren. Dazu zählen etwa Wirtschaftsfreundlichkeit, soziales Klima, Image, Kostenstruktur, Versorgung, Verkehrssystem, Kultur, Bildungseinrichtungen, Sport- und Freizeitinfrastruktur, Ambiente und städtisches Flair, Bodenpreise oder Umweltqualität.

Diese Aufzählung verdeutlicht, dass unter den Bedingungen der Globalisierung *Standortgunst* nur mehr *regional definierbar* ist. Entscheidend für die Attraktivität der immobilen Faktoren ist ihr Gesamtzusammenhang, ihre möglichst umfassende Kombination. Nur dann, wenn all diese Faktoren in möglichst hoher Qualität *gleichzeitig und im räumlichen Verbund* vorhanden sind, können mobile

Faktoren gehalten oder gar von außen angezogen werden. Eine einzelne Gemeinde, auch wenn es sich um eine sehr große städtische Kommune handelt, kann diese nur in größeren regionalen Zusammenhängen realisierbaren Bedingungen niemals erfüllen. Damit wird der Standortwettbewerb zu einem Wettbewerb der *Regionen* umgestaltet. Dies hängt auch mit der oben besprochenen hohen Mobilität und der Vergrößerung individueller Aktionsreichweiten zusammen.

Es zeigt sich also, dass unter den Rahmenbedingungen der Globalisierung Prozesse und Entwicklungen der Realwirtschaft in sehr starkem Maße *regional* strukturiert sind. *Nicht der Einzelbetrieb, nicht die gesamte Volkswirtschaft, sondern regional strukturierte Produktions- und Dienstleistungskomplexe* sind die eigentlichen Basiseinheiten wirtschaftlicher Entwicklungsstrukturen außerhalb der wenigen strategischen Orte. Beide Systeme, die strategischen Orte und die »neuen Regionalwirtschaften«, sind miteinander verkoppelt und voneinander abhängig. Man könnte es auch so formulieren: Die »neuen Regionalökonomien« sind gleichsam die unteren »Ausführungsorgane« oder operativen Organe der globalen Realökonomie, die von den strategischen Orten aus gelenkt und koordiniert werden, in denen aber ein erheblicher Teil der »eigentlichen« Arbeit erledigt wird.

Nun stellt sich natürlich die Frage: Warum sind die Regionalen Cluster im Zeitalter der Globalisierung eigentlich so bedeutsam geworden? Was ist ihr funktionaler Nutzen für die Globalökonomie? Die Antwort ist einfach und einleuchtend: *Mit Hilfe der komparativen Vorteile räumlich gebündelter und aufeinander bezogener immobiler Standortfaktoren können regional strukturierte sozioökonomische Interaktionszusammenhänge einen wesentlichen Beitrag zur Kostensenkungsspirale der Globalwirtschaft leisten.* Die regionale Organisation der Wirtschaft in Form von Clustern bietet die Möglichkeit, die Effizienz von Produktionsprozessen zu steigern.

Diese »neuen Regionalökonomien« weisen eine wichtige Besonderheit auf, die bereits bei der Besprechung der immobilen Standortfaktoren erkennbar wurde. Sie sind nämlich nicht ausschließlich ökonomisch definierbar, sondern müssen als gleichsam »hybride Strukturen« angesehen werden, die neben wirtschaftlichen Gegebenheiten auch *soziokulturelle* Komponenten besitzen.[14] Das ist auch der Grund, warum das Erfolgsrezept prosperierender Regionaler Cluster (wie Silicon Valley) mit rein ökonomischen Theorien *nicht* erklärt werden kann.

Um Missverständnisse zu vermeiden, sollen die Begriffe »Region« und »Regionale Cluster« im Kontext dieser Erörterungen nochmals präzisiert werden. Mit »Region« sind *nicht* die Gebiete außerhalb der großen Ballungsräume gemeint. »Region« ist auch nicht der so genannte »ländliche Raum«, den es übrigens in Wahrheit schon lange nicht mehr gibt, auch wenn er kurioserweise in EU-Dokumenten und Regierungserklärungen noch immer mit penetranter Hartnäckigkeit vorkommt. Regionen, das sind vielmehr Areale, die durch großräumige soziokulturelle und ökonomische Interaktionszusammenhänge definiert und abgegrenzt werden. Sie sind das Ergebnis einer alle Lebensbereiche umfassenden interaktiven sozialen Praxis. Derartige regionalen Handlungszusammenhänge kümmern sich nicht im Geringsten um kommunale oder andere administrative Grenzen und sie greifen – wie der Salzburger Zentralraum zeigt – auch unbekümmert über Staatsgrenzen hinweg. Unter »sozialer Praxis« versteht man, dass räumlich gebündelte soziale Beziehungen stattfinden, die etwa in Form von Pendlerverflechtungen, zentralörtlichen Beziehungen oder Interaktionen zwischen Betrieben und Institutionen zum Ausdruck kommen.

Die große Effizienz der Regionalen Cluster ist vor allem in folgenden Punkten begründet: Die hohe innerregionale Interaktionsdichte, der Bezug auf gemeinsame Tradition und gemeinsame kulturelle Werte kann bei den ökonomischen Akteuren zu einem Klima wechselseitigen Vertrauens und hoher Kooperationsbereitschaft führen. Durch die regionale Bündelung immobiler Standortfaktoren kommt es zu erheblichen Synergieeffekten und Wettbewerbsvorteilen bei der Attraktion mobiler Faktoren. Schließlich bestehen im Rahmen regionaler Interaktionsstrukturen grundsätzlich hervorragende Potenziale für eine gesamtregionale Koordination und Steuerung von Standortentscheidungen. Empirische Untersuchungen haben gezeigt, dass die Steuerungsfähigkeit von Regionalökonomien eine Schlüsselgröße für ihre erfolgreiche Weiterentwicklung darstellt.

Wir sehen also, dass der Globalisierungsprozess gleichsam ein zweites Gesicht hat und das heißt »Regionalisierung«. Als komplementäre Prozesse bieten Globalisierung und Regionalisierung in Form der Glocalization die große Chance, durch innerregionale Kooperation positive Entwicklungen in Gang zu setzen und Wirtschaftskraft wie Lebensqualität von Regionen zu fördern.

Allerdings ist dies eine Chance, die es aktiv-gestaltend zu ergreifen gilt. Sie fällt uns nicht in den Schoß, wir müssen dafür etwas tun. Die Globalisierung konfrontiert uns mit dem Zwang, in Regionalen Clustern zu denken und zu handeln. Soziale und wirtschaftliche Systeme müssen regional organisiert werden. Nur dadurch kann jene Vielzahl und Komplexität immobiler Standortfaktoren produziert werden, die komparative Vorteile im Wettbewerb der Regionen verschaffen. Wo man sich dieser Herausforderung nicht stellt oder nicht stellen kann, entsteht Peripherie.

Wir haben es also in gewisser Weise und in gewissen Grenzen weitgehend selbst in der Hand, ob unsere regionalen Lebensräume im weiteren Verlauf der Globalisierungsprozesse zu erfolgreichen Regionalen Clustern ausgestaltet werden oder ob wir zulassen, dass sie zur Peripherie degenerieren. Es liegt an uns, den Bewohnern, der regionalen Wirtschaft, der Verwaltung und vor allem an der Politik, vertrauensbasierte Netzwerke der regionalen Kooperation zu schaffen, Bedingungen herzustellen, die einen Beitrag zur Kostensenkungsspirale und damit zum komparativen Vorteil der Region leisten können. Wenn wir dies nicht schaffen, wenn wir unfähig oder unwillig sind, über den Tellerrand zu blicken, wenn wir die Kirchturmmentalität nicht ablegen können und in den kommunalen Egoismen verstrickt bleiben, dann werden unsere regionalen Lebensräume entsprechend den brutalen Zwängen der Globalisierung und ihrer turbokapitalistischen Rationalität unweigerlich zur Peripherie verkümmern.

ANMERKUNGEN

1 U. BECK, 1997, Was ist Globalisierung? Irrtümer des Globalismus – Antworten auf Globalisierung. – Frankfurt a. M. (= Edition Zweite Moderne), S. 42.
2 A. GIDDENS, 1995, Konsequenzen der Moderne. – Frankfurt a. M., (= Suhrkamp Taschenbuch Wissenschaft 1295), S. 85.
3 H. H. BLOTEVOGEL, 2000, Die Globalisierung der Geographie. – In: H. H. BLOTEVOGEL, J. OSSENBRÜGGE und G. WOOD, Hrsg., Lokal verankert – weltweit vernetzt. 52. deutscher Geographentag Hamburg, Tagungsbericht und wissenschaftliche Abhandlungen. – Stuttgart, S. 15–29; S. 16.
4 H. H. BLOTEVOGEL, 2000, S. 16.
5 H. H. BLOTEVOGEL, 2000, S. 16.
6 H. H. BLOTEVOGEL, 2000, S. 17.
7 H. H. BLOTEVOGEL, 2000, S. 17.
8 H. H. BLOTEVOGEL, 2000, S. 17.
9 Vgl. z. B. R. J. JOHNSTON, P. J. TAYLOR und M. J. WATTS, Hrsg., 1995, Geographies of Global Change. Remapping the World in the Late Twentieth Century. – Oxford.
10 H. H. BLOTEVOGEL, 2000, S. 17.
11 1997, S. 27 ff.
12 Vgl. z. B. A. LIPIETZ, 1993, The Local and the Global: Regional Individuality or Interregionalism? – In: Transactions of the Institute of British Geographers, N. S., 18, S. 8–18.
13 E. SWYNGEDOUW, 1997, Neither Global nor Local: ›Glocalization‹ and the Politics of Scale. – In: K. R. COX, Hrsg., Spaces of Globalization: Reasserting the Power of the Local. – New York, S. 137–166.
14 Vgl. P. WEICHHART, 2001, Designerregionen – Antworten auf die Herausforderungen des globalen Standortwettbewerbs? – In: Informationen zur Raumentwicklung, Heft 9/10.2000, S. 549–566.

DAGMAR AIGNER

Zwischen Zufriedenheit und Enttäuschung

Der Salzburger Landtag nach dem Ende des Regierungsproporzes

EINLEITUNG[1]

Die Diskussion über die Abschaffung des Regierungsproporzes und der Übergang zum Mehrheitssystem setzte in Salzburg Ende der 80er Jahre ein, mit dem »Landesverfassungsgesetz vom 22. April 1998 zur Abschaffung des Proporzes in der Landesregierung und zur Stärkung der Kontrollrechte im Landtag« wurde der Systemwandel vollzogen. Die Verfassungsreform wurde mit den Stimmen aller vier Landtagsparteien beschlossen. ÖVP und SPÖ zeigten sich mit der Reform zufrieden, die SPÖ bekräftigte vor allem die Sinnhaftigkeit des verfassungsrechtlich festgeschriebenen Einstimmigkeitsprinzips in der Regierung – damit schien gesichert, dass künftig der jeweils schwächere Regierungspartner in etwaigen Koalitionen durch die stärkere Partei nicht überstimmt werden könne.[2] Sogar die FPÖ, die seit den Landtagswahlen 1994 gegen die Abschaffung des Proporzes auftrat, lobte die Verfassungsreform in Hinblick auf die politischen Minderheitenrechte des Landtages, die Bürgerliste schloss sich dieser Einschätzung an.[3]

Die Kontrollrechte des Landesparlaments wurden durch die Reform tatsächlich stark ausgeweitet. Dadurch entstanden einerseits Möglichkeiten, andererseits aber auch Ansprüche. Für die Entwicklung des politischen Klimas im Bundesland lauteten in Bezug auf die künftigen Regierungen die entscheidenden Fragen:[4]
- Wie wird die Regierung mit der parlamentarischen Kontrolle umgehen?
- Wird die Regierung ihre Entscheidungen im Landtag ernsthaft begründen und erklären?
- Lässt sich die Regierung auf ehrliche öffentliche Diskussionen ein?

Für die Minderheitsparteien wurde der Landtag durch die Verfassungsreform zum einzig verbleibenden politisch-institutionalisierten Forum für politische Kontrolle und Kritik – die Möglichkeit der Bereichskontrolle innerhalb der Regierung und der damit verbundene Zugang zu Informationen und Infrastruktur war versiegt. Für die künftige Opposition bedeutete die Reform daher, dass viel Fleiß und Bemühen um die Qualität der politischen Arbeit notwendig sein würde, um die formalrechtlich gesicherten Kontrollmöglichkeiten auch inhaltlich wirklich zu nutzen.[5]

AUSGANGSLAGE AM VORABEND DER LANDTAGSWAHL 1999[6]

Die Landtagswahl 1999 bedeutete insofern eine politische Zäsur, als es sich dabei um die erste Wahl nach der Verfassungsreform und der Abschaffung des Proporzes handelte. Die nächste Legislaturperiode würde zeigen, ob die Erwartungen, die man an das neue System knüpfte, erfüllt werden können. Die Landesregierung musste erstmals im Wege von Koalitionsverhandlungen zwischen den Parteien gebildet werden. Bei annähernd gleichen Wahlergebnissen wie bei der Landtagswahl 1994 wäre nach den Regeln des erstmals zur Anwendung kommenden Mehrheitsprinzips rein rechnerisch, abgesehen von einer Koalition aus ÖVP und SPÖ, sowohl eine Zusammenarbeit zwischen ÖVP und FPÖ als auch zwischen SPÖ und FPÖ möglich gewesen. Aufgrund der politischen Vorfälle und Konflikte zwischen den Parteien, die sich v. a. auch auf den amtierenden freiheitlichen Parteiobmann Dr. Karl Schnell fokussierten, schienen diese Varianten aber politisch kein wahrscheinliches Konzept zu sein und eine Große Koalition auf Landesebene so gut wie fix.

Der Landtag sollte in der neuen Legislaturperiode die Funktion eines erstarkten Forums der politischen Auseinandersetzung einnehmen, die politischen Positionen und Alternativen kommunizieren und vor allem die Kontrolle der Regierung gewährleisten. Die Ergebnisse der Landtagswahl und das parteipolitische Kräfteverhältnis im Landesparlament waren somit als das erste Glied in der erst neu zu schmiedenden Kette des reformierten politischen Systems des Bundeslandes zu sehen. Für die einzelnen Parteien stellte sich die Situation vor der Landtagswahl wie folgt dar.

Tabelle 1: Stimmen- und Mandatsanteile der Parteien bei den Landtwagswahlen 1949–1994

Jahr	ÖVP		SPÖ		FPÖ		BL/Grüne	
	%	Mandate	%	Mandate	%	Mandate	%	Mandate
1949	43,6	12	33,6	9	18,5	5	-	-
1954	45,9	15	38,2	13	13,2	4	-	-
1959	43,3	14	38,6	13	16,1	5	-	-
1964	44,9	15	40,9	13	11,8	4	-	-
1969	40,7	13	40,4	13	18,0	6	-	-
1974	47,2	18	36,2	13	15,5	5	-	-
1979	45,2	17	39,1	14	13,3	5	-	-
1984	50,2	19	35,1	13	8,7	4	-	-
1989	44,0	16	31,2	12	16,4	6	6,2	2
1994	38,6	14	27,1	11	19,5	8	7,3	3

Quelle: Wolfgruber, Elisabeth (1999), »Im Westen nichts Neues?« Landtags- und Gemeinderatswahlen in Salzburg im Superwahljahr 1999, S. 31, in: Salzburger Jahrbuch für Politik 1999. – Salzburg 1999

Die ÖVP war und ist traditionell die dominierende Partei im Bundesland, sie stellte seit jeher den Landeshauptmann und konnte die Position der stärksten Partei stets behaupten. Nach der Landtagswahl 1994 war der Abstand zur SPÖ, der zweitstärksten Partei, zwar immer noch beachtlich (11,5 Prozent), allerdings rutschte die ÖVP zum ersten Mal unter die 40-Prozent-Marke. Für den »Neu«-Landeshauptmann Franz Schausberger (er hatte im April 1996 dieses Amt von Landeshauptmann Hans Katschthaler übernommen) war die Landtagswahl 1999 die erste Wahl, der er sich als Landeshauptmann zu stellen hatte. Das Abschneiden der ÖVP wurde im Vorfeld der Wahl weniger vor dem Hintergrund einer möglichen Regierungsbeteiligung betrachtet – diese schien von vornherein unangefochten –, im Mittelpunkt des Interesses stand vielmehr die Frage, inwieweit die Dominanz gegenüber der SPÖ aufrechterhalten und auf die neu zu bildende Koalitionsregierung übertragen werden könne. Schausberger formulierte daher 38 Prozent der Stimmen und ein zusätzliches Mandat als Wahlziel.[7]

Die SPÖ kämpfte seit 1979 mit Wählereinbußen. Die Position der zweitstärksten Partei konnte sie bislang verteidigen, von der FPÖ, der drittstärksten Partei, trennten sie 1994 aber nur mehr 7,6 Prozent. Vor allem vor dem Hintergrund der abzusehenden Koalitionsregierung und der Rolle, die die SPÖ innerhalb dieser Regierungszusammenarbeit einnehmen sollte/wollte, war die Umkehr dieses Trends unabdingbar.

Die FPÖ verzeichnete in der landespolitischen Arena seit Ende der 80er Jahre einen Aufschwung und hielt 1994 bei 19,5 Prozent der Stimmen. Die Freiheitlichen waren somit die ersten Anwärter auf eine starke Opposition: Bereits im Wahlkampf übten die Freiheitlichen starke Kritik an ÖVP und SPÖ sowie am amtierenden Landeshauptmann Franz Schausberger und lancierten den Slogan »Macht braucht Kontrolle«[8] – das Abschneiden bei der Landtagswahl 1999 ist vor allem unter diesem Aspekt zu sehen.

Die Rolle der Bürgerliste/Grünen war ebenfalls bereits vor der Wahl auf Opposition ausgelegt, ein möglichst starkes Abschneiden für die Wahrnehmung dieser Aufgabe und die Nutzung der verschärften Kontrollinstrumente notwendig. Bei der Landtagswahl 1994 konnte die Bürgerliste 7,3 Prozent der Wähler für sich begeistern und erstmals Klubstatus erlangen (3 Mandate) – ein Ausbau dieser Position war aus grüner Sicht erstrebenswert. Parteiinterne Turbulenzen und Abspaltungsszenarien erschwerten die Erreichung dieses Zieles erheblich, erst im Jänner 1999 stand die Kandidatenliste fest: Die Bürgerliste trat mit neuem Namen (Die Grünen) und mit einem neuen Spitzenkandidaten (Cyriak Schwaighofer) zur Wahl an.[9]

Vor dem Hintergrund der Verfassungsreform von 1998, der realen Ausgangslage der einzelnen Parteien, der künftigen Aufgabenteilung zwischen Regierung und

Opposition sowie des erhofften Zuwachses an politischer Bedeutung für den Landtag waren im Vorfeld der Wahl folgende Fragen von zentraler politischer Bedeutung:
- Kann der dynamisch und offensiv auftretende Landeshauptmann Franz Schausberger den Stimmenverlust der ÖVP abfangen und die Führungsposition der ÖVP ausbauen?
- Gelingt es der SPÖ, ihre Talfahrt zu stoppen, den Status einer gewichtigen zweitstärksten Partei zu erhalten und somit als einflussreiche Partnerin in der neuen Koalitionsregierung zu agieren?
- Wie viele Mandate können die potenziellen Oppositionsparteien auf sich vereinen – gelingt es beispielsweise die Zweidrittelmehrheit der Regierungsparteien zu verhindern?
- Besteht aufgrund der nach der Landtagswahl vorherrschenden Mehrheitsverhältnisse tatsächlich die Chance auf eine demokratiepolitisch begrüßenswerte Auseinandersetzung zwischen Regierung und Opposition im Sinne von Macht versus Machtkontrolle und kann der Landtag somit seine Funktion als Bühne der politischen Auseinandersetzung wahrnehmen?

DIE ERGEBNISSE DER LANDTAGSWAHL 1999

Tabelle 2: Ergebnisse der Landtagswahlen 1994 und 1999

	Prozent			Mandate		
	1994	1999	+/−	1994	1999	+/−
ÖVP	38,6	38,8	+0,2	14	15	+1
SPÖ	27,1	32,4	+5,3	11	12	+1
FPÖ	19,5	19,6	+0,1	8	7	−1
BL/Grüne	7,3	5,4	−1,9	3	2	−1

Quelle: Wolfgruber, Elisabeth (1999), »Im Westen nichts Neues?« Landtags- und Gemeinderatswahlen in Salzburg im Superwahljahr 1999, S. 39, in: Salzburger Jahrbuch für Politik 1999. – Salzburg 1999

Die politischen Zeichen standen am Wahlabend 1999 auf starke Regierung: Die ÖVP konnte zwar nur einen marginalen Stimmenzuwachs erzielen (+0,2 Prozent [= 38,8 Prozent]), erhielt durch die Mechanismen der Wahlarithmetik aber ein Mandat mehr als 1994. Der SPÖ war die Trendumkehr gelungen (+5,3 Prozent [= 32,4 Prozent]), mandatsmäßig bedeutete dies ebenfalls einen zusätzlichen Sitz im Landtag. Gemeinsam konnten ÖVP und SPÖ somit drei Viertel der Landtagsmandate auf sich vereinen – ein großes Machtpotenzial für die künftige Regierung. Die FPÖ erzielte beinahe das gleiche Ergebnis wie 1994 (+0,1 Prozent

[= 19,6 Prozent]), verlor allerdings ein Mandat an die ÖVP. Die Grünen mussten eine empfindliche Niederlage hinnehmen: Der Verlust von 1,9 Prozent der Wählerstimmen mündete nicht nur im Verlust eines Mandates, sondern auch des Klubstatus. Dieses Ergebnis wirkte sich auf die infrastrukturelle Ausstattung (finanziell, personell und räumlich) der grünen Landtagsfraktion negativ aus und bedeutete vor allem eine massive Einschränkung des politischen Handlungsspielraumes der Grünen: Ausgenommen der mündlichen und schriftlichen Anfrage waren sämtliche Oppositions- und Kontrollrechte für die Grünen nicht nutzbar, für Initiativanträge benötigten die Grünen die Unterstützung zumindest eines Abgeordneten einer anderen Partei (vgl. dazu Tabelle 3). Für die Kontrolltätigkeit des Landtages ließ dieses Ergebnis nichts Gutes hoffen, sollte es tatsächlich zu einer Regierungszusammenarbeit zwischen ÖVP und SPÖ kommen: Eine starke Regierung mit qualifizierter Mehrheit würde in diesem Falle einer Opposition gegenüberstehen, die die Erfüllung ihrer Aufgabe nur zum Teil wahrnehmen würde können.

REGIERUNG ZWISCHEN DOMINANZ UND KONKURRENZ

Regierungsbildung
Nach der Landtagswahl setzten die Regierungsverhandlungen zwischen ÖVP und SPÖ ein. Inhaltlich standen der geplante Neubau des Stadions, Technologiefragen, die künftige Regelung für Einkaufszentren sowie die anstehende Fusion der Stadtwerke und SAFE im Zentrum, strukturell mussten die ehemaligen Ressorts der FPÖ neu verteilt werden (u.a. Bau, Raumordnung, Verkehr, Naturschutz und Jagd). Mitte April stand die neue Regierungsmannschaft und deren Programm fest. Im Arbeitsübereinkommen von ÖVP und SPÖ wurden die Vorhaben der Koalitionsregierung detailliert festgeschrieben. Der Fahrplan für die nächsten fünf Jahre war damit abgesteckt, für politischen Freiraum schien wenig Platz zu bleiben. Streitfragen, über die sich die Koalitionspartner in den Verhandlungen nicht einigen konnten, wurden ausgeklammert (Stadtwerke, Proporz in der Landeshauptstadt, Fristenlösung, Senkung des Wahlalters auf kommunaler Ebene auf 16 Jahre).[10]

Spielregeln innerhalb der Regierung
Das Procedere der Beschlussfassung innerhalb der Landesregierung wird in der Geschäftsordnung der Landesregierung festgeschrieben. Insgesamt dominiert das Prinzip der Kollegialbeschlussfassung und damit der gegenseitigen Absprache und Koordinierung. Das Kollegium ist mit der Beschlussfassung in 24 Angelegenheiten betraut, vor allem Inhalte mit weitreichender politischer Bedeutung

bedürfen der gemeinsamen Entscheidung (z. B. Gesetzesvorlagen und Berichte der Landesregierung an den Landtag, Verordnungen der Landesregierung, die Geschäftsordnung der Landesregierung, der Landesvoranschlag und der Rechnungsabschluss des Landes, unvermeidbare Überschreitungen der Ansätze des Landesvoranschlages und Personalfragen).[11]

Das Kollegium der Landesregierung entscheidet nach dem Einstimmigkeitsprinzip, wobei Stimmenthaltungen möglich sind.[12] In weiteren wichtigen Entscheidungsfragen ist zudem die Zustimmungspflicht des zuständigen Ressortmitgliedes bzw. das Einvernehmen zwischen Landeshauptmann und Landeshauptmann-Stellvertreter/in zwingend festgeschrieben (z. B. Personalangelegenheiten, Fragen der Entsendung von Vertretern des Landes in Einrichtungen, Gesellschaften, Beiräte und Vereine, bestimmte Naturschutz- und Raumordnungsfragen).[13] Die Koalitionspartner sind somit rein rechtlich eng aneinander gefesselt, politische Alleingänge sollen dadurch vermieden werden.

Politische Vorhaben der Regierung
Die inhaltlichen Vorhaben der ÖVP-SPÖ-Koalition wurden im Arbeitsübereinkommen fixiert und nach der Wahl der Landesregierung in der Landtagssitzung vom 27. April 1999 in der Regierungserklärung von Landeshauptmann Franz Schausberger der Öffentlichkeit präsentiert. Zahlreiche Reformvorhaben und geplante Aktivitäten signalisierten Aufbruchsstimmung und standen als Beweis für den Tatendrang der Koalitionsregierung: die neu gewonnenen Chancen durch die klare Arbeitsteilung zwischen Regierung und Opposition und die eindeutige Mehrheit im Landtag galt es zu nützen. Neben strukturellen Aufgaben zur Sicherung des Wirtschaftsstandortes und der Beschäftigung, Förderung von Bildung und Innovation, Kunst/Kultur und Sport, Novellierungen im Bereich von Gesellschafts- und Sozialpolitik, Gesundheitsfragen, Land- und Forstwirtschaft sowie Umwelt- und Naturschutz standen mehrere Einzelprojekte am Programm der Regierung: der Stadionneubau in Wals-Siezenheim, der Bau eines Museums der Moderne am Mönchsberg (MaM), die Umsiedlung des Salzburger Museums Carolino Augusteum (SMCA) in die Neue Residenz, der Umbau des Kleinen Festspielhauses, die Wiedereröffnung des Keltenmuseums in Hallein, die Realisierung der zweiten Tauerntunnelröhre sowie geplanter Umfahrungsstraßen und die Einrichtung einer zentralen Anlaufstelle für den Nationalpark Hohe Tauern.[14]

Von diesen ehrgeizigen Vorhaben konnten bislang einige umgesetzt werden – auszugsweise seien folgende Beispiele genannt: Der Bau des Stadions und des MaM hat begonnen, die Frage der Genehmigungen von Einkaufszentren wurde mit der Standortverordnung geklärt, der Techno-Z-Verbund umstrukturiert, die Fusion zwischen SAFE und Stadtwerken abgewickelt, das Sozialhilfegesetz reformiert. Im Bereich der Gesundheitspolitik wurden durch den Bau der Chirurgie West am St.-Johanns-Spital sowie der Psychiatrie an der Christian-Doppler-Klinik wichtige Impulse gesetzt. Das neue Objektivierungsgesetz für Postenbesetzungen im Landesdienst soll den Einfluss der Politik auf Postenvergaben zurückdrängen, die Konsolidierung der Landesfinanzen in Zukunft Freiräume für Investitionen schaffen.[15]

Der Elan der Regierung wurde durch die politischen Umwälzungen auf Bundesebene vorerst etwas gebremst: Seit der Nationalratswahl 1999 und dem Konsolidierungskurs der ÖVP-FPÖ-Koalition auf Bundesebene steht die Landespolitik zunehmend vor dem Problem, dass Projekte, die im Wege einer Mitfinanzierung des Bundes realisiert werden hätten sollen, gestoppt bzw. verzögert werden – dies trifft vor allem den Bereich der Infrastruktur (Straßen[aus]bau, Bahnnetz). Zusätzlich lässt der Spardruck, der auch auf die Bundesländer übergewälzt wird, weniger Spielräume für eigene Initiativen. Die Umstrukturierungspläne der Bundesregierung konfrontieren die Landesebene zudem mit der Schließung von regional bedeutender Infrastruktur (z. B. Postämter, Bezirksgerichte, Gendarmerieposten).

Interne Aushandlungsstrategien – öffentliche Performance
Von zentralem Interesse für die Beurteilung eines politischen Systems bzw. für die Rolle, die das jeweilige Parlament in diesem zu spielen vermag, ist nicht nur die inhaltliche Seite der Politikformulierung, sondern vor allem auch der Weg, der dorthin führt. Wird im vorparlamentarischen Raum bereits der Großteil der politischen Abstimmungs- und Konsensfindungsarbeit geleistet, bleibt dem Parlament selbst wenig Pouvoir. Vor diesem Hintergrund sind die internen Aushandlungsstrategien zwischen den Regierungsparteien von besonderer Relevanz.

Einigkeit als Handlungsprinzip
Die Landesregierung präsentierte sich nach der Wahl als Reformregierung und betonte die Gemeinsamkeit bei künftigen Vorhaben. Sowohl im Landtag als auch in der Regierung wolle man gemeinsam vorgehen, um wichtige Reformvorhaben durchzuführen und Weichenstellungen für das Land vorzunehmen – die bei den Wahlen erzielte ¾-Mehrheit im Landtag wolle man dazu nützen.[16] Dieses Unterstreichen der abgesicherten Position der Regierung zu ihrem Amtsantritt lässt bereits vermuten, dass sich die Koalitionsparteien darauf geeinigt hatten, Politikinhalte detailliert miteinander auszuhandeln und wechselnde Mehrheiten im Parlament nicht zuzulassen. Tatsächlich vereinbarten die Regierungsparteien, das Vorgehen im Landtag aufeinander abzustimmen und ohne Zustimmung des Koalitionspartners keine Initiativen zu starten.[17] Walter Thaler, Klubobmann der SPÖ, versprach sich davon eine steigende Bedeutung der Landtagsarbeit: Durch den Zwang zur Einigkeit müssten der Landtag bzw. die Landtagsfraktionen bereits

früher in Entscheidungsprozesse eingebunden werden, um Mehrheiten zu sichern. Für die Zusammenarbeit der Klubs von ÖVP und SPÖ bedeutete dies seiner Ansicht nach, dass eine engere Kooperation als bisher gefunden werden müsse.[18]

Intern setzte die Regierungsmannschaft auf Konsensfindungsstrategien und Aushandlungstaktiken und vereinbarte, nach außen nur eine einheitliche, akkordierte Meinung zu vertreten.[19] Diese Vorgehensweise erforderte von den Regierungsmitgliedern die Bereitschaft zum Gespräch und zum Kompromiss – Voraussetzung war somit ein positives, tragfähiges Klima innerhalb der Regierung. Das einmütige Vorgehen der Regierungsparteien und die Übereinkunft, aus gemeinsamen, ausgehandelten Positionen nicht auszubrechen, ist allerdings kein neues Strukturelement der Mehrheitsregierung: In den Proporzregierungen galt zwar innerhalb der Regierung für Beschlussfassungen das Mehrheitsprinzip, Entscheidungen wurden aber so lange verhandelt, bis Einstimmigkeit erzielt wurde, bzw. sie wurden vertagt – v. a. dann, wenn es sich um brisantere Konflikte oder grundsätzliche Auffassungsunterschiede handelte. Mehrheitsentscheidungen galten als »politische Kampfansage und Verletzung elementarer Spielregeln«.[20]

Absicherung gegen und Reaktionen auf Kritik
Regierung und Landtag befanden sich fest in koalitionärer Hand. Um Irritationen bei der Umsetzung von Vorhaben von vornherein auszuschließen, ging die Koalition daran, in den Aufsichtsräten von Firmen, an denen das Land Salzburg beteiligt ist, Zugriffsmöglichkeiten und Einflussbereiche der Regierung abzusichern und von unberechenbaren »Fehlerquellen« zu befreien – freiheitliche Aufsichtsräte wurden vorsorglich ausgetauscht. Für die FPÖ war dies ein erstes Indiz dafür, dass die Kontrollrechte der Opposition nicht ernst genommen würden.[21]

Gegen Kritik von außen (Opposition oder außerparlamentarische Proteste – z. B. Bürgerbewegung gegen den Stadionneubau, Konflikt mit der Landeshauptstadt in Bezug auf die Umsetzung der Museumslandschaft, Strompreissenkungen, Kritik der Wirtschaftskammer an der Genehmigung des Ausbaus des Europarks, Bürgerinitiative gegen den Bau der zweiten Tauerntunnelröhre etc.) trat die Regierung stets geschlossen auf. Waren mehrere Ressorts von der Kritik betroffen, wurde das gemeinsame Festhalten am eingeschlagenen Weg betont. Stand nur eine der Regierungsparteien im Kreuzfeuer der Auseinandersetzungen, hielt sich der Koalitionspartner mit öffentlichen Kommentaren zurück und mischte sich nicht in die Auseinandersetzung ein.[22]

Koalitionärer Klimawandel
Erste Irritationen im Koalitionsfrieden entstanden durch die Nationalratswahl 1999 und die Fixierung des Koalitionspaktes der »Wende-Regierung« von ÖVP und FPÖ. Nachdem das Ergebnis der Nationalratswahl vorlag, dachte Landes-

hauptmann-Stellvertreter Gerhard Buchleitner (SPÖ) erstmals laut über eine Neuverhandlung des Regierungsprogrammes nach: personelle und inhaltliche Änderungen schienen ihm dringend geboten, um in Zukunft als SPÖ mehr Profil zeigen zu können.[23] In der Folge schwenkte die SPÖ auf einen konfliktfreudigeren Kurs ein und formulierte häufiger Kritik an Maßnahmen der Bundesregierung – einerseits schlug die Oppositionsrolle der Bundes-SPÖ auf die Landesebene durch, andererseits diente diese Kritik als Vehikel einer Profilierungsstrategie unter Beibehaltung der Koalition auf Landesebene. Obwohl auch innerhalb der Salzburger ÖVP im Zuge von Einsparungsmaßnahmen kritische Stimmen zu manchen bundespolitischen Entscheidungen laut wurden, positionierte sich die ÖVP bei weitem nicht so konträr zur Bundesebene, der Wille zum Konsens blieb stets spürbar – wohl ein Ausdruck parteipolitischer Zwänge, Reformen der Bundesregierung aus Loyalität zur Bundespartei zu verteidigen und inhaltlich mitzutragen, um das Projekt »Österreich neu regieren« nicht zu behindern. Im Zuge der ersten Sparmaßnahmen des Bundes, die auch von den Ländern Beiträge erforderten und die Kürzung der Finanzausgaben notwendig machten, verschärfte sich der Gesprächston auf Landesebene abermals. Landeshauptmann Franz Schausberger forderte vom Koalitionspartner Kooperationsbereitschaft und das Abrücken von der Position des – wie er es nannte – ewigen Verweigerers ein.[24] Auch wenn in der Folge die Budgetverhandlungen zu einer Einigung führten, blieb das Unbehagen der SPÖ mit den vom Bund »erzwungenen« Sparmaßnahmen spürbar und wurde auch öffentlich formuliert, während sich die ÖVP auf den Standpunkt der Verfechterin einer maßvollen und stabilitätsorientierten Budgetpolitik zurückzog und Einsparungen verteidigte.[25]

Für erhebliche Beunruhigung und eine nachhaltige Abkühlung des Koalitionsklimas sorgten schließlich die Personalrochaden in der Regierungsriege der SPÖ: Im März 2001 löste Gabi Burgstaller Gerhard Buchleitner in seiner Funktion als Landeshauptmann-Stellvertreter und Parteichef der SPÖ ab, der Gewerkschafter Walter Blachfellner rückte in die Regierungsriege nach. Obwohl Gabi Burgstaller das Regierungsabkommen mit der ÖVP nicht in Zweifel zog, reagierte die ÖVP distanziert auf diesen personellen Wechsel. Landeshauptmann Franz Schausberger verhehlte nicht, dass in der ÖVP beträchtliche Vorbehalte gegenüber Burgstaller bestünden,[26] Georg Griessner, damals Klubobmann der ÖVP, befürchtete einen härteren Konfrontationskurs der SPÖ.[27] Auf diese Reaktionen hin befragt, bezeichnete Gabi Burgstaller selbst die Zusammenarbeit mit der ÖVP als »porzellanig«.[28] Die Harmonie in der Koalition – v. a. nach außen – ist nun nicht mehr so ungetrübt wie in den ersten Tagen nach der Landtagswahl. Burgstaller pflegt einen angriffslustigeren und konfliktfreudigeren Politikstil – sowohl gegenüber der Bundesregierung als auch gegenüber landespolitischen Entwicklungen. Konflikte zwischen den Regierungspartnern sind in jeder Koalition unvermeidlich. Formulierten in der ersten Phase der Koalitionsregierung – von Ausnahmen abgesehen[29] – aber nicht die Parteispitzen die unterschiedlichen Standpunkte, sondern andere Repräsentanten (z. B. einzelne Abgeordnete, Landesparteigeschäftsführer) – dies gilt vor allem für die ÖVP –, stehen nun Landeshauptmann Franz Schausberger und Landeshauptmann-Stellvertreterin Gabi Burgstaller ad personam häufiger im Zentrum der Auseinandersetzungen. Da landespolitische Entscheidungen aber nach wie vor vom Konsens in der Landesregierung abhängen, tritt der neue Umgangston zwischen den Koalitionspartnern besonders deutlich in Konflikten zu Tage, deren Ursachen auf Bundesebene zu suchen sind. Die SPÖ hat für sich das Thema »Ausdünnung des ländlichen Raums« entdeckt, tritt vehement gegen den Abbau der regionalen Infrastruktur auf (z. B. Schließung von Postämtern, Gendarmerieposten oder Bezirksgerichten) und verbindet ihre Forderungen mit massiver Kritik an Landeshauptmann Franz Schausberger, der – nach SPÖ-Diktion – der »Kahlschlagstrategie des Bundes« nichts entgegenzusetzen habe. Die ÖVP reagiert ihrerseits auf die neuen Verhältnisse mit einer schärferen Tonart gegenüber dem Koalitionspartner und äußert Kritik verstärkt auch öffentlich, Landeshauptmann Franz Schausberger mahnt Pakttreue ein:

»Eine in der Öffentlichkeit populistische Haltung einnehmen kann man besser in einer Zwangsregierung, wie wir sie im Proporz gehabt haben, wo man sich einen Mehrheitspartner suchen musste. In einer freiwilligen Zweierkoalition geht das nicht. Das muss Burgstaller noch lernen.«[30]

Aus Sicht der Grünen wirkte sich der akzentuiertere Politikstil der Regierungsspitzen auf die Landtagsarbeit (noch) nicht aus, die Regierungsfraktionen würden nach wie vor eng kooperieren, von gemeinsamen Positionen nicht abrücken und Ideen von Oppositionsseite abblocken.[31] Die Zusammenarbeit zwischen den Regierungsparteien im Landesparlament ist auch nach Auffassung von Vertretern der Mehrheitsfraktionen weiterhin von Konsensorientierung, Gesprächsbereitschaft und Entgegenkommen getragen, Alleingänge oder ein Ausscheren aus der akkordierten Position blieben die äußerst seltene Ausnahme[32] – ein Eindruck, der sich durch die Analyse der Landtagtätigkeit verstärkt (s. u.).

Die Freiheitlichen meinen hingegen ein Aufweichen der Regierungsfront zu bemerken, da nunmehr häufiger inhaltliche Vorschläge der FPÖ aufgegriffen und beschlossen würden, als dies vor dem Klimawandel innerhalb der Regierung möglich gewesen sei. Die Ursache dafür liegt für den Parteiobmann der FPÖ, Karl Schnell, klar auf der Hand: Beide Parteien würden sich für die nächste Legislaturperiode die Option einer Koalition mit der FPÖ nicht vollends verbauen wollen.[33]

LANDTAG

Rolle von Parlament und Opposition in Mehrheitssystemen
Parlamentarische Regierungssysteme, die die Regierung nach den Prinzipien der Mehrheitswahl bilden, weisen der Opposition die Aufgabe zu, die Regierung zu kontrollieren und sich auf die Übernahme der Regierung nach der nächsten Wahl vorzubereiten. Die Opposition fungiert als politische Alternative – für den Wähler muss daher klar erkennbar sein, welche politischen »Angebote« ihm zur Verfügung stehen, damit er von der Wahlmöglichkeit tatsächlich Gebrauch machen kann.[34] Die Rechte der Minderheitsparteien, aber auch die politische Kommunikation müssen der Opposition folgerichtig ermöglichen, diese Funktionen zu erfüllen. Die Opposition ist naturgemäß besonders sensibel in Bezug auf politische Minderheitenrechte und deren Nutzbarkeit, da sie in ihrer Arbeit/Funktion auf die Praktikabilität dieser Instrumente angewiesen ist. Zum Zeitpunkt der Verfassungsreform äußerten sich Vertreter der mandatsschwächeren Landtagsparteien positiv und optimistisch über die Ausgestaltung der Kontroll- und Minderheitenrechte (s. o.). In der Praxis der täglichen Landtagsarbeit wurden mittlerweile Schwächen sichtbar, die Beurteilung der Möglichkeiten fällt nun nicht mehr so ungetrübt aus.

Formalrechtliche Handlungsspielräume
Die Verfassungsreform und die Abschaffung des Regierungsproporzes waren begleitet von der Forderung, die Rechte der parlamentarischen Minderheiten auszuweiten. Begründet wurde dies mit dem Verlust an Einflussmöglichkeiten der Minderheitsfraktionen auf die Landesvollziehung und der Möglichkeit zur Bereichsopposition, einer Einbuße an Infrastruktur (Landtagsparteien können die personelle und technische Infrastruktur des Amtes der Landesregierung nicht zur Unterstützung ihrer Arbeit nutzen; Anm.) sowie dem Ausschluss von Gestaltungschancen im Bereich der mittelbaren Bundesverwaltung und Vermögensverwaltung des Bundes – diese sind ein wesentlicher Teil der Aufgabe der Regierung und zählen zu den entscheidenden Machtfaktoren des Landeshauptmannes und der Mitglieder der Landesregierung.[35]

Die Kontrollrechte des Landtages bzw. seiner Abgeordneten wurden tatsächlich aufgewertet, so kann bereits ein Viertel der Landtagsmitglieder die Einsetzung eines Untersuchungsausschusses verlangen, jede Landtagsfraktion verfügt über ein umfassendes Akteneinsichtsrecht etc. (vgl. dazu Tabelle 3). Durch diesen Ausbau und die Umgestaltung des Landtages erhofften sich die Befürworter der Reform, das Landesparlament würde an politischem Profil, Öffentlichkeit und Wirksamkeit gewinnen.[36]

Tabelle 3: Parlamentarische Rechte

	Alte Verfassung/GO des Landtags	Neue Verfassung/GO des Landtags
Anträge	3 Abgeordnete	2 Abgeordnete
Dringliche Anträge	Klubstatus	Klubstatus
Schriftliche Anfrage	2 Abgeordnete	2 Abgeordnete
Mündliche Anfrage	Fragestunde vor jeder LT-Sitzung. Jeder Abgeordnete kann maximal 2 Fragen an die Regierung stellen. Zusatzfragen durch jeden Abgeordneten möglich. Debatte im Anschluss an die Beantwortung möglich. Dauer: 60 Minuten.	Fragestunde vor jeder LT-Sitzung Jeder Abgeordnete kann 1 Frage an die Regierung stellen. Mitglieder einer LT-Partei dürfen in der Fragestunde an ein bestimmtes Mitglied der Regierung nicht mehrere Fragen stellen. Zusatzfragen durch den jeweiligen Fragesteller möglich. Debatte im Anschluss an die Beantwortung nicht möglich. Dauer: 60 Minuten
Dringliche Anfrage	Kann jeder Klub beantragen, pro LT-Sitzung maximal 1 dringliche Anfrage pro Klub	Kann jeder Klub beantragen, pro LT-Sitzung maximal 1 dringliche Anfrage pro Klub
Untersuchungsausschuss	10–19 Abgeordnete Entsendung der Parteienvertreter nach Grundsätzen des Verhältniswahlrechtes. Jede Landtagspartei verfügt mindestens über 1 Vertreter.	9 Abgeordnete Jede Landtagspartei entsendet gleich viele Vertreter.
Prüfung durch den Rechnungshof	10–19 Abgeordnete	9 Abgeordnete
Auskunftsrecht	LT-Klubs	LT-Partei
Akteneinsichtsrecht	Nicht gegeben	LT-Partei
Einberufung des Landtages (Sonderlandtage)	Auf Verlangen von 6 LT-Abgeordneten.	Zunächst auf Verlangen von 6 LT-Abgeordneten. Seit 2002 auf Verlangen von 4 LT-Abgeordneten, jeder Abgeordnete kann maximal einmal pro Jahr die Einberufung des Landtags begehren.
Aktuelle Stunde	Nicht gegeben	Auf Antrag jeder Landtagspartei, der Landesregierung oder wenn die Präsidialkonferenz dies beschließt.

		Liegen Anträge zu verschiedenen Themen vor, entscheidet die Präsidialkonferenz über den Gegenstand der Aktuellen Stunde.
		Dauer: 60 Minuten
Misstrauensvotum	Qualifizierte Mehrheit	Einfache Mehrheit

Quellen: Martin Diehsbacher: Mehrheitswahl der Landesregierung und verstärkte Kontrollrechte des Landtages nach der Salzburger und Tiroler Landesverfassung. Diplomarbeit. Salzburg 2000; Salzburger Landtags-Geschäftsordnungsgesetz LGBl. Nr. 26/1999 i.d.g.F.

Bereits wenige Wochen nach der Landtagswahl 1999 beantragten die vier Landtagsparteien eine Änderung der Landtagsgeschäftsordnung. Den Grünen, die ihren Klubstatus eingebüßt hatten, standen wichtige parlamentarische Instrumentarien (Antragsrecht, Mitarbeit in Ausschüssen, dringliche Anfragen und Anträge) nicht zur Verfügung – dieser Umstand sollte korrigiert werden. In einem Zwei-Parteien-Antrag begehrten ÖVP und SPÖ für die Grünen die Zuerkennung des Antragsrechts sowie des Rederechts in den Landtagsausschüssen. Das Stimmrecht sollte weiterhin nur vollwertigen Ausschussmitgliedern zustehen. Im Antrag der Koalitionsparteien heißt es:

»Demokratie bedeutet auch, es solchen kleinen Parteien für sich zu ermöglichen, ihre politische Auffassung antragsförmig in den Landtag einzubringen. Außerdem muss eine aktive Mitarbeit in den Arbeitsgremien möglich sein. Im Ausschuss soll daher das Rede- und das Antragsrecht einem Abgeordneten einer Kleinpartei, die mit keinem Mitglied in den Ausschüssen vertreten ist, zukommen. Ein Stimmrecht ist damit nicht verbunden.«[37]

Im gleichen Antrag sprachen sich ÖVP und SPÖ für die Zuweisung notwendiger räumlicher Infrastruktur sowie die Öffnung des Instrumentes der Anfrage für zwei Abgeordnete aus.[38] Die Grünen stellten mit der Unterstützung eines freiheitlichen Abgeordneten ebenfalls einen Antrag auf Novellierung der Landtagsgeschäftsordnung und begehrten die Zuerkennung des Klubstatus, um politische Rechte wie das Antragsrecht, Rede- und Stimmrecht in den Ausschüssen sowie dringliche Anfragen und Anträge nutzen zu können. Begründet wurde dies mit folgender Argumentation:

»Die wichtige Stellung von Landtagsklubs in der Geschäftsordnung und die Knüpfung des Klubrechts an zumindest drei Abgeordnete führt zum einen eine weitere Hürde neben der 5%-Marke ein und schafft eine Zwei-Klassen-Gesellschaft von Abgeordneten. Gerade in der neuen Regierungsform der freien Regierungsbildung ist es notwendig, dass die Möglichkeiten der Oppositionsparteien, ihren demokratisch-politischen Auftrag zu erfüllen, gewahrt bleiben. [...] Diese politischen Rechte auch der kleinsten Oppositionspartei sind umso wichtiger, als ohnehin drei Viertel der Abgeordneten des Landtags dem Regierungsblock zugehören.«[39]

In den folgenden Verhandlungen des Verfassungs- und Verwaltungsausschusses brachten ÖVP und SPÖ einen umfassenden Abänderungsantrag ein, in dem unter anderem eine detaillierte Regelung der mündlichen Anfrage vorgesehen wurde. Aufgrund der Novelle der Verfassung und der Geschäftsordnung war das Recht der mündlichen Anfrage zwar verfassungsrechtlich normiert, in der Geschäftsordnung aber nicht konkretisiert worden und daher nicht anwendbar. Diese Lücke sollte dadurch behoben werden, gleichzeitig eine ausufernde Anwendung dieses Kontrollinstruments verhindert werden, weshalb vorgeschlagen wurde, jedem Abgeordneten nur eine einzige mündliche Anfrage pro Fragestunde zuzugestehen und den Abgeordneten derselben Landtagspartei nicht zu gestatten, an ein Regierungsmitglied mehrere Anfragen zu stellen.[40]

In der Abstimmung wurden die Anträge der Koalitionsparteien mit den Stimmen von ÖVP und SPÖ angenommen, die Forderungen der Grünen und Freiheitlichen fanden keinen Eingang in die neuen rechtlichen Regelungen. Die Grünen können daher nun eigene Anträge stellen und verfügen in den Ausschüssen über das Rederecht, die Instrumente der dringlichen Anfragen und dringlichen Anträge sowie das Stimmrecht in den Ausschüssen bleiben ihnen aber nach wie vor verwehrt.

Die nächste Geschäftsordnungsnovelle wurde von ÖVP und SPÖ 2001 beantragt. Ziel war es, die so genannten »Sonderlandtage«[41] einzuschränken und zum Ausgleich eine »Aktuelle Stunde« einzuführen. In der Sitzung vom 6. 2. 2002 wurde über den Vorstoß von ÖVP und SPÖ im Landtagsplenum diskutiert und abgestimmt. Die ausführliche Diskussion dazu folgt im Abschnitt über die Kontrollfunktion des Landtages, an dieser Stelle sei festgehalten, dass die Einberufung des Landtages nunmehr von vier Abgeordneten verlangt werden kann, wobei jeder Abgeordnete maximal einmal pro Kalenderjahr einen solchen Antrag stellen kann – de facto bedeutet dies eine Einschränkung der Nutzbarkeit dieses Instruments für die mandatsschwächeren Oppositionsparteien. Die Aktuelle Stunde wird auf Verlangen einer Landtagspartei, der Landesregierung oder wenn die Präsidialkonferenz dies beschließt, abgehalten. Das zu diskutierende Thema wird von der Präsidialkonferenz festgelegt und ist damit an einen Mehrheitsbeschluss gebunden.[42]

Organisation und Intensität der Landtagsarbeit

Die parlamentarische Tätigkeit des Landtages ist arbeitsteilig organisiert: endgültige, allgemein verbindliche Beschlüsse werden im Plenum gefällt, die inhaltliche Detailarbeit, die die Grundlagen für diese Beschlüsse liefert, obliegt den Ausschüssen. Tabelle 4 verdeutlicht, dass der Schwerpunkt der parlamentarischen Aktivitäten folgerichtig auf der Ausschusstätigkeit liegt, in deren Vorfeld in den Klub- und Fraktionssitzungen die Positionen und Argumentationslinien der Parteien festgelegt werden.

Tabelle 4: Parlamentarische Aktivitäten – Allgemeines

	1. Session	2. Session	3. Session	4. Session (Stand: 1.6.2002)
Plenarsitzungen	4	13 inkl.5 Sondersitzungen: • Stromtarife • Sozialhilfegesetz • Raumordnungsgesetz • EU-Politik • Drogen	11 inkl. 2 Sondersitzungen: • Krankenanstaltenplan • Gendarmerieposten	10 inkl. 3 Sondersitzungen: • Sozialhilfemissbrauch • Drogenmissbrauch • Arbeitslosigkeit
Ausschusssitzungen	5	30	25	26
Parlamentarische Enqueten	k.A.	2 • Vertragsraumordnung • Terrestrisches Fernsehen	3 • Hochleistungsstrecke der Bahn • Wasserwirtschaft • Kinderbetreuung	1 • Eingeforstete und Bundesforste
Klubsitzung ÖVP	k.A.	26	22	21
Klubsitzung SPÖ	k.A.	31	33	29
Klubsitzung FPÖ	k.A.	25	24	13
Fraktionssitzung Die Grünen	k.A.	26	26	32

Quelle: Stenographische Protokolle des Salzburger Landtages (1. Session, 2. Session der 12. Gesetzgebungsperiode), Daten zur 3. und 4. Session: schriftliche Auskunft der Salzburger Landtagskanzlei (5.6.2002)

Der Salzburger Landtag hat zehn Ausschüsse gebildet, die Position der Vorsitzenden wurde auf die Landtagsparteien unter Berücksichtigung ihres Stärkeverhältnisses aufgeteilt (ÖVP: 5; SPÖ: 4; FPÖ: 1). Jeder Ausschuss wird mit zehn Abgeordneten beschickt (inkl. Vorsitzenden), wobei ÖVP und SPÖ jeweils vier Mandatare entsenden, die FPÖ zwei. An den Ausschussberatungen nimmt weiters ein Vertreter der Grünen teil, dem das Rederecht zukommt (s. o.), innerhalb der Fraktion der SPÖ ist zudem für jeden Abgeordneten die (passive) Teilnahme an sämtlichen Ausschüssen verpflichtend vorgesehen, um einen hohen Informationsstand der Mandatare zu gewährleisten.[43]

Legislativfunktion
Gemäß den Prinzipien der repräsentativen Demokratie trifft die Salzburger Bevölkerung politische Entscheidungen zum größten Teil nicht selbst, sondern ermächtigt dazu im Wege der regelmäßig stattfindenden Wahlen Vertreter, diese an ihrer Stelle und in ihrem Namen zu fällen. Verfassungsrechtlich ist dazu der Landtag bestimmt.[44] Diesem kommt als Landesparlament die Aufgabe zu, die vielschichtigen Interessen der Landesbevölkerung aufzufangen, zu bündeln und in allgemein gültige Gesetze zu gießen. Am Beginn des Gesetzgebungsprozesses steht entweder eine Regierungsvorlage oder ein Initiativantrag von Landtagsabgeordneten. Die folgende Tabelle bietet einen Überblick über die eingebrachten Vorlagen und Initiativen, wobei zu berücksichtigen ist, dass es sich vom Inhalt her dabei nicht ausschließlich um Gesetzesanträge handelt (eine strenge Aufsplittung nach Antragsinhalten war aus arbeitstechnischen Gründen nicht möglich; Anm.).

Tabelle 5: Regierungsvorlagen, Anträge

Regierungsvorlagen	ÖVP		SPÖ		FPÖ		Die Grünen[45]
	Anträge	Dringliche Anträge	Anträge	Dringliche Anträge	Anträge	Dringliche Anträge	Anträge
121	94	22	95	17	123	28	121

Quelle: Der Salzburger Landtag. Landespolitisches Informationssystem (http://www.land-sbg.gv.at/; 11. 6. 2002)

Insgesamt wurden seit Beginn der 12. Legislaturperiode (28. 4. 1999 bis 1. 6. 2002) 18 Gesetze neue Gesetze und 111 Novellen beschlossen.[46] Das starke Gewicht, das Regierungsvorlagen alleine zahlenmäßig zukommt (siehe Tabelle 5), deutet bereits darauf hin, dass die erste Ausarbeitung von Gesetzen oder deren Novellierungen nicht im Landtag erfolgt, sondern von der Regierung geleistet wird. Durchleuchtet man den Entstehungsprozess von Gesetzen oder umfassenden Novellierungen, so zeigt sich, dass diese stets auf Regierungsvorlagen zurückgehen. Zwischen Landtag und Regierung hat sich ein System der Arbeitsteilung herausgebildet: Die Regierung übernimmt die Aufgabe der Ausarbeitung von Gesetzesentwürfen und bringt ihren gesamten Informations- und Ressourcenvorsprung in den Prozess ein. Im Landtag bzw. seinen Ausschüssen erfolgt dann die Feinabstimmung und Regelung der Detailfragen. In diesem Stadium sind noch mancherlei Veränderungen der Regierungsvorlagen möglich, wobei zu beachten ist, dass die Mehrheitsparteien den Gesetzgebungsprozess auch in dieser Phase dominieren.

Die Erarbeitung von detaillierten Gesetzesvorschlägen durch die Landtagsfraktionen selbst ist aus Sicht der Regierungsparteien deshalb eher die Ausnahme, denn die Regel, weil der Weg über die Regierungsmitglieder effizienter und politisch klüger erscheint. So präzisiert der Klubobmann der ÖVP, Werner Rossmann:

»Bei Gesetzen oder größeren Gesetzesänderungen braucht man ein Ressort, weil wir die Experten und die Infrastruktur nicht haben, das kann man mit einem Initiativantrag kaum leisten. [...] In so einem Fall beauftragen wir per Antrag und Beschluss die Regierung, dem Landtag eine Regierungsvorlage zuzuleiten.«[47]

Hinter dieser Vorgangsweise steckt vermutlich auch eine politische Strategie der Behutsamkeit: Nach außen hin soll nicht der Eindruck entstehen, dass durch Initiativanträge der Regierungsfraktionen im Landtag die eigenen Regierungsmitglieder unter Zugzwang gebracht werden bzw. erst durch Aktivitäten der Landtagsfraktion zum Handeln gezwungen werden.

Anträge der Oppositionsparteien werden nach Erfahrung der Oppositionsvertreter von den Regierungsparteien entweder abgelehnt bzw. zur Kenntnis genommen oder inhaltlich im zuständigen Landtagsausschuss so weitgehend verändert, dass die ursprüngliche Intention der Initiative verloren ginge und vollständig von den politischen Absichten der Regierungsparteien überlagert werde. Der jeweilige Ausschussbeschluss werde in der Folge als Antrag von ÖVP und SPÖ ans Plenum weitergeleitet und als Regierungsinitiative dargestellt, um der Opposition keinesfalls die Themenführerschaft zu überlassen.[48] Inhaltliche Vorstöße, die von einer der beiden Regierungsparteien abgelehnt werden, haben aufgrund der politischen Usance der Koalition, im Landtag keine Beschlüsse gegen den Willen eines Regierungspartners zu fassen, von vornherein keine Aussicht auf Erfolg – aus Sicht der FPÖ eine Konsequenz des Einstimmigkeitsprinzips in der Landesregierung, das voll auf den Landtag durchschlage und eine systemimmanente Gefahr der politischen Blockade in sich berge.[49] Aber selbst in jenen Fällen, in denen es der Opposition gelungen ist, ein politisches Thema inhaltlich durchzusetzen und einer positiven Verabschiedung im Landtag zuzuführen, orten die Freiheitlichen Mechanismen der Verweigerung auf Seiten der

Regierung: Die Umsetzung der Beschlüsse werde durch die Exekutive boykottiert, verzögert und schubladiert.[50]

Für die inhaltliche Ausgestaltung von Regierungsvorlagen oder Initiativanträgen der Regierungsparteien, die Positionierung der Koalition zu Anträgen der FPÖ und Grünen und in der Frage der Einbringung und Behandlung von Abänderungsanträgen in den Landtagsausschüssen ist der vorparlamentarische Raum und die in ihm stattfindenden innerparteilichen Meinungsbildungsprozesse der Regierungsparteien bzw. innerkoalitionären Aushandlungsprocedere von enormer Bedeutung. Die (in)formellen Spielregeln und Entscheidungsmuster dieser Politik-Arena werden im folgenden Abschnitt dargestellt.

Sachzwänge versus freie Diskussion: Der Landtag als »gefesselte« Institution?
Der innerparteiliche Willensbildungsprozess der Regierungsparteien beginnt in den Klubsitzungen. Die Regierungsmitglieder sind zugleich Mitglieder der parlamentarischen Klubs der jeweiligen Partei und nehmen daher an den Klubberatungen teil. Die Klubsitzungen dienen dem beiderseitigen Informationsaustausch und dem Meinungsbildungsprozess innerhalb der Partei. Zwischen den Regierungsmitgliedern von ÖVP bzw. SPÖ, den jeweiligen Klubobleuten und Landesparteigeschäftsführern finden ebenfalls regelmäßig Sitzungen statt, um die Linie zwischen Landtagspartei und Regierung abzustimmen.[51] Ist der Meinungsbildungsprozess innerhalb der Parteien abgeschlossen, wird in Sachfragen erwartet, dass die einzelnen Abgeordneten der Parteilinie folgen und ein einheitliches Auftreten der Fraktion garantieren.[52]

Innerkoalitionär setzt auf Landtagsebene die Abstimmung der Positionen im Landtags-Arbeitsausschuss ein. In diesem Koordinationsgremium stimmen die Klubobleute und Klubgeschäftsführer die politische Linie der Koalitionspartner ab und beraten Initiativanträge und Abänderungsanträge aller Fraktionen vor. Anträge, denen nicht beide Regierungsparteien zustimmen, werden im Landtag bzw. in den Ausschüssen nicht eingebracht bzw. abgelehnt.[53] Findet der Antrag einer Regierungspartei nicht die Zustimmung des Koalitionspartners, bleibt zur Aushandlung der Positionen und Beilegung der Differenzen als nächsthöhere Ebene der Arbeitsausschuss der Regierung. Dieser besteht aus der gesamten Landesregierung, den beiden Klubobleuten und Experten.[54] Kann hier ebenfalls keine Einigung erzielt werden, bleibt als letztentscheidende Instanz die Ebene der beiden Parteivorsitzenden.[55] Das System der beidseitigen Absprache engt den Spielraum für Initiativen und Gestaltungsvorschläge der Landtagsklubs und ihrer Abgeordneten ein, ist aus Sicht der Koalitionspartner aber eine Notwendigkeit, um das gegenseitige Vertrauen und eine akkordierte Vorgehensweise im Landtag abzusichern.

»Demokratie muss auch organisiert werden. Jede Regierungspartei hat Initiativen, diese behandelt man mit dem Koalitionspartner in Vorgesprächen. Da gibt es in vielen Bereichen Übereinstimmung, und dort, wo es keine Übereinstimmung gibt, bedeutet das, dass dieses Thema im Landtag nicht eingebracht wird. Dieses System funktioniert mit dem Koalitionspartner SPÖ gut. Man muss auch in einer Koalition dem einzelnen Abgeordneten die Möglichkeit geben, seine Ideen einzubringen. Da sind wir als ÖVP-Fraktion tolerant, es werden Abänderungsanträge von einzelnen Abgeordneten gestellt. Fest steht aber – und so ehrlich muss man sein –, dass die Einengung stärker ist als zur Zeit der Proporzregierung. Man muss sich vorher mit dem Koalitionspartner absprechen. Der koalitionsfreie Raum ist daher relativ geringer als bei der früheren Proporzregierung.« (Werner Rossmann, Klubobmann der ÖVP)[56]

Ausgeschlossen sind zudem Anträge an die Ressorts des jeweiligen Koalitionspartners, die massive Einschnitte oder Veränderungen bedeuten würden. Durch diese politische Übereinkunft soll verhindert werden, dass die Koalitionsparteien sich gegenseitig in die verschiedenen Bereiche »hineinregieren«, um der Opposition keine Gelegenheit zu bieten, die Regierung zu spalten.

»Natürlich gibt es Anträge, die das Ressort des anderen betreffen, aber es kann keine Anträge geben, die massiv das Ressort des Regierungspartners beeinträchtigen. So etwas muss im Vorfeld auf Regierungsebene abgesprochen werden. Man darf nicht mit Hilfe einer Oppositionspartei den Regierungspartner aushebeln.« (Walter Thaler, Klubobmann der SPÖ)[57]

Diese Strategie des beiderseitigen Abstimmens und Akkordierens bedarf eines intensiven Kontakts zum Koalitionspartner und eines tragfähigen Klimas zwischen den Mehrheitsfraktionen, um die Funktionsfähigkeit des Systems zu erhalten und Irritationen im Koalitionsklima zu vermeiden bzw. einzudämmen. Eine zentrale Rolle spielen dabei die Klubobleute der Regierungsfraktionen, die den politischen Spielraum inhaltlich ausreizen müssen. Dazu sind nicht nur ein hohes Maß an politischer Erfahrung und Informationsstand notwendig, sondern auch eine feine Sensorik für Chancen, Freiräume und Grenzen.

»Auf Landtagsebene vergeht keine Woche, in der ich mich nicht längere Zeit mit meinem Kollegen von der ÖVP unterhalten muss. Wir müssen jeden Ausschuss vorbereiten, weil es nicht sein kann, dass im Ausschuss Zufallsergebnisse zustande kommen.« (Walter Thaler, Klubobmann der SPÖ)[58]

Inhaltlich wird vieles durch die Regierungsarbeit vorweggenommen, Anträge werden zwischen den Koalitionspartnern vorbesprochen (s. o.). Ad-hoc-Initiativen sind damit der Opposition vorbehalten. Das Regierungsabkommen wirkt in einigen Punkten als Leitlinie der fraktionellen Vorbesprechungen, wodurch dem Landtag nur bedingt Spielraum bleibt. Als Befehlsempfänger sehen sich die Landtagsklubs der Regierungskoalition nicht, wenngleich einzelne Vertreter der Mehrheitsfraktionen zugeben, dass der Stil und die Dominanz der Regierung für Parlamentarier hin und wieder Anlass für Differenzen ist. So meinte beispielsweise Landtagspräsident Georg Griessner (ÖVP) zur Rolle des Landtages:

> »Ich habe dem Landeshauptmann mehrmals in aller Freundschaft gesagt, dass der Landtag die Regierung wählt und nicht umgekehrt.«[59]

Wechselnde Mehrheiten bei Abstimmungen zählen zu den seltenen Ausnahmen und bleiben ohne Auswirkungen. Markantestes Beispiel dafür ist ein Antrag der FPÖ auf Absenkung des Wahlalters auf kommunaler Ebene auf 16 Jahre, der im zuständigen Ausschuss die Zustimmung der SPÖ und somit die Mehrheit fand.[60] In der Folge beauftragte der Landtag die Regierung mit der Ausarbeitung eines entsprechenden Gesetzesentwurfes. Die Regierung arbeitete zwar eine dem Auftrag des Landtages entsprechende Vorlage aus, im Zuge der Abstimmung im Landtagsplenum wurde dieser Entwurf aber mit den Stimmen der ÖVP abgelehnt, wodurch die notwendige Zweidrittelmehrheit nicht zustande kam. Klubobmann Werner Rossmann (ÖVP) wies im Interview darauf hin, dass die Absenkung des kommunalen Wahlrechts für die ÖVP eine Koalitionsfrage darstellte. Wäre beispielsweise durch eine krankheitsbedingte Abwesenheit von Abgeordneten die Sperrminorität der ÖVP nicht mehr gegeben gewesen, hätten Verhandlungen mit dem Koalitionspartner geführt werden müssen, um den Beschluss der Regierungsvorlage dennoch zu verhindern.[61]

Als weiteres Beispiel für die Geschlossenheit im parlamentarischen Vorgehen dient ein Antrag der SPÖ, der darauf abzielte, die Bestimmungen des Anliegerleistungs-Gesetzes auf alle Gemeinden auszuweiten. Die FPÖ stimmte im zuständigen Ausschuss mit der SPÖ und verhalf dem Antrag dadurch zur Mehrheit. Die SPÖ zog daraufhin ihren eigenen Antrag zurück. Die Argumentation, man hätte erst danach bemerkt, dass die beschlossene Ausweitung rechtlich nicht möglich sei,[62] wirkt wenig überzeugend. Vor diesem Hintergrund ist die Möglichkeit der »Reassumierung« von Ausschussbeschlüssen zu beachten. Ausschussbeschlüsse können jederzeit zurückgezogen werden, solange kein Bericht und Antrag an den Landtag erstattet wurde. Ist dies bereits erfolgt, kann der Ausschussbeschluss mit Zustimmung des Landtages vor der Abstimmung im Plenum zurückgenommen werden.[63] Die Reassumierung bietet somit bei »Abstimmungspannen« die Chance, aus koalitionärer Sicht problematische – sprich: nicht ausreichend abgesprochene – Beschlüsse wieder rückgängig zu machen.

Aus Sicht der Regierungsfraktionen ist die Rücksichtnahme auf den Koalitionspartner ein notwendiges, Stabilität sicherndes Element der Zusammenarbeit. Der Landtag soll ein sich an sachlichen Gesichtspunkten orientierendes Arbeitsgremium bleiben und die Umsetzung des Regierungsübereinkommens vorantreiben, für die inhaltliche Profilierung und Positionierung in umstrittenen Fragen stehen andere, außerparlamentarische Arenen zur Verfügung.

> »Wenn wir einen Antrag einbringen, dem die ÖVP nicht zustimmen kann, würde die FPÖ unabhängig davon, ob sie inhaltlich davon überzeugt ist oder nicht, auf den Antrag aufspringen, um einen Keil in die Koalition zu treiben. Das geht nicht. Man hat aber die Möglichkeit, der Bevölkerung über die Medien mitzuteilen, wofür man eintritt, und dass manches davon nicht umsetzbar ist, weil man in der Koalition keine Zustimmung findet. Das muss der Koalitionspartner aushalten, denn wir sind keine ›Klammeräffchen‹, die sich gegenseitig fesseln und ohne einander nichts mehr tun können. Wir müssen unsere Standpunkte nach außen transportieren können, damit der Wähler weiß, wofür die einzelnen Partner stehen. Aber in der Landtagsarbeit dürfen wir uns gegenseitig keine Schwierigkeiten bereiten, um der Opposition nicht die Möglichkeit zu geben, uns zu spalten.« (Walter Thaler, Klubobmann der SPÖ)[64]

Symptomatisch für die Enge des Korsetts, das den Landtagsparteien durch den koalitionären Schulterschluss auferlegt wurde, ist die Irritation, die auf Seiten der ÖVP entstand, als ihre Landtagsabgeordnete Gertraud Wagner-Schöppl aus der Parteilinie ausscherte, um einen Antrag der SPÖ bzw. eine Aktion der FPÖ zu unterstützen. Landeshauptmann Franz Schausberger zitierte die »abtrünnige« Abgeordnete zunächst zu sich und begehrte Aufklärung über ihre Motive.[65] Das Klima zwischen dem ÖVP-Landtagsklub und Wagner-Schöppl war aber nachhaltig getrübt und so folgte der De-facto-Ausschluss[66] aus der Fraktion mit dem Argument: Die Abgeordnete sei nicht integrierbar gewesen.[67] Wagner-Schöppl ist seither als »wilde Abgeordnete« fraktionslos, nimmt ihr Mandat aber weiterhin in Anspruch.

Die Darstellung zeigt deutlich, dass der Landtag in die Erfordernisse des Erhalts des koalitionären Konsenses auf Regierungsebene mit einbezogen wurde. Für tiefer gehende inhaltliche Diskussionen über Regierungsvorlagen oder Initiativen der Regierungsparteien im Landtagsplenum bleibt kein Raum mehr, da zum Zeitpunkt der Einbringung der Materien der koalitionsinterne Meinungsbildungsprozess weitgehend abgeschlossen ist. Regierungsvorlagen werden dem Landtag aus Sicht der Opposition zudem erst zu spät zugewiesen, als dass eine ernsthafte, intensive Auseinandersetzung mit dem Thema noch möglich wäre.[68] Inhaltliche Veränderungen beziehen sich in diesem Falle nach Auskunft von Mitgliedern der

Mehrheitsfraktionen auf Detailfragen bzw. Aspekte, die sich in der Ausschussdiskussion erst ergeben.[69] Vertreter der Regierungsparteien räumen durchaus ein, dass der Landtag in der politischen Diskussion und Öffentlichkeit hinter die Regierungsmannschaft zurückgetreten ist, an Profil verloren hat. Dies wird sowohl den handelnden Personen im Landtag selbst zugeschrieben[70] als auch der Notwendigkeit bzw. der Funktionalität des Systems, die gewahrt werden müsse. Die Regierungsfraktionen im Landtag hätten im Mehrheitssystem die primäre Aufgabe, die Politik der Mehrheit/Regierung zu verteidigen und zu unterstützen, eine enge Zusammenarbeit und ein einheitliches Auftreten nach außen ist damit logischerweise verbunden:

«Eine Regierung nach der neuen Verfassung setzt voraus, dass sich die beiden Partner, bevor die Regierung ihre Arbeit beginnt, über ein Arbeitsprogramm einigen, das für fünf Jahre gilt und verwirklicht werden soll. Der Wähler hat dadurch die Möglichkeit, zu überprüfen, ob die Regierung das, was sie angepeilt hat, auch erreicht hat. Dieses Übereinkommen bindet die Regierung und die Landtagsparteien der Koalitionspartner. Wir verpflichten uns, dieses Paket umzusetzen. Das empfinde ich aber nicht als inhaltliche Einschränkung des Klubs.» (Walter Thaler, Klubobmann der SPÖ)[71]

Kontrollfunktion
Selbstverständnis der Abgeordneten
Die Ausübung von Kontrolle über die Regierung verfolgt mehre Ziele. Sie dient der Machthemmung und Verhinderung von Machtmissbrauch, sie realisiert Verantwortung, trägt insgesamt zur Integration des politischen Systems bei, da das Vertrauen in die Korrektheit des Verhaltens der Entscheidungsträger gestärkt wird, und sie fungiert als Garant für die Rechts- und Sachrichtigkeit der getroffenen Entscheidungen.[72] Inwieweit Kontrollmechanismen greifen und Kontrollaufgaben wahrgenommen werden können, hängt vom Selbstverständnis der agierenden Personen und von der rechtlichen Ausgestaltung der Kontrollinstrumente ab.

In parlamentarischen Systemen sind Regierung und Mehrheitsfraktionen im Parlament parteipolitisch ident und bilden einen Handlungsverbund.[73] Die Kontrolltätigkeit zählt vorwiegend zu den Aufgaben der Opposition, während die Mehrheitsfraktionen die Regierung stützen. Das Verhältnis zwischen Regierung und ihrer Parlamentsmehrheit ist zwar vielschichtig und beinhaltet selbst verschiedenste Formen latenter Kontrolle und innerer Opposition, dennoch ist die Bereitschaft zu scharfer Kontrolle auf Seiten der Mehrheit schwächer anzusetzen.[74] Die Gewaltenteilung zwischen Parlament und Regierung nach dem Modell Montesquieus ist einer neuen Form der Gewaltenteilung zwischen Regierung und Opposition gewichen.[75] Diese Entwicklung ist auch in Salzburg zu beobachten: Die Abgeordneten der Mehrheitsparteien stützen die Regierung, ihr Selbstverständnis ist auf Aushandlung und Konsensfindung mit dem Regierungspartner ausgelegt und weniger auf die Rolle einer kontrollierenden Instanz – diese wird der Opposition zugeordnet. Die rechtliche Ausgestaltung der Kontrollrechte wurde bereits dargestellt (siehe Tabelle 3), an dieser Stelle wird die Nutzung der Instrumente diskutiert.

Anfragen
Tabelle 6 zeigt sehr deutlich, dass das Instrument der Anfrage von allen Landtagsfraktionen genützt wird, in besonderer Weise aber von den Oppositionsparteien. Gemessen an der Zahl der Mandate stellen die Grünen die meisten Anfragen, das Instrument der dringlichen Anfrage ist ihnen aufgrund der Fraktionsgröße (die Grünen stellen zwei Abgeordnete) verwehrt.

Tabelle 6: Schriftliche und dringliche Anfragen

Schriftliche Anfragen an …	ÖVP	SPÖ	FPÖ	Die Grünen[76]
LH Franz Schausberger	-	40	38	21
LH-Stv. Wolfgang Eisl	-	21	17	12
LR Maria Haidinger	-	18	6	8
LR Josef Eisl	-	14	8	25
LH-Stv. Arno Gasteiger	-	7	5	1
LH-Stv. Gabriele Burgstaller	26	-	27	16
LR Walter Blachfellner	3	-	3	5
LR Othmar Raus	11	-	36	10
LH-Stv. Gerhard Buchleitner	18	1	23	10
Landesregierung	1	18	85	21
Landtagspräsident	-	-	4	-
Gesamt	61	121	261	131
Dringliche Anfragen an …				-
LH Franz Schausberger	-	-	6	-
LH-Stv. Wolfgang Eisl	-	2	3	-
LR Maria Haidinger	-	-	-	-
LR Josef Eisl	1	-	-	-
LH-Stv. Arno Gasteiger	-	-	2	-
LH-Stv. Gabriele Burgstaller	4	-	1	-
LR Walter Blachfellner	-	1	2	-
LR Othmar Raus	-	-	3	-

LH-Stv. Gerhard Buchleitner	-	1	3	-
Landesregierung	1	-	2	-
Landtagspräsident	-	-	2	-
Gesamt	6	4	25	-

Quelle: Landespolitisches Informationssystem (http://www.land-sbg.gv.at/landtag-kanzlei/index. htm; 17.4.2002); SPÖ Salzburg (http://www.spoe.salzburg.or.at/klub/initiativen.htm;17.4.2002) (Abweichungen zwischen der Summe der einzelnen Anfragen von der Gesamtsumme sind auf technische Schwierigkeiten zurückzuführen – manche Anfrageadressaten waren dadurch nicht eruierbar; Anm.)

Auffällig an dem Einsatz der Instrumente der schriftlichen bzw. dringlichen Anfrage ist, dass die Koalitionsparteien darauf verzichten, sie gegenüber eigenen Regierungsmitgliedern einzusetzen. Für diese Taktik, die dazu dient, die Politik der Regierung zu präsentieren, werden nur mehr mündliche Fragen angewendet – diese werden auch an parteieigene Regierungsvertreter gerichtet.[77] Die schriftlichen und dringlichen Anfragen wurden stattdessen als Instrument der Bereichskontrolle gegenüber dem Regierungspartner entdeckt. Die Bereichsopposition verlangt von den Regierungsfraktionen eine sensible Gratwanderung zwischen Kontrollbedürfnis und Koalitionsfrieden und erfordert politische Sensibilität und Geschick. Hinsichtlich der Formulierung und Zielrichtung der Anfragen sprechen sich die Koalitionspartner daher untereinander im Vorfeld ab, um Irritationen im Koalitionsgefüge zu vermeiden.

»Eine völlige Autonomie gibt es nicht, weil auch die Anfragen, wie jede andere Initiative gegenseitig ausgetauscht werden. Wenn man die Anfragen vergleicht, sieht man, dass die Anfragen der Koalitionspartner sowohl von der Schärfe der Textierung als auch vom Inhalt her auf einer sehr soliden Ebene ansetzen und auf Untergriffe verzichten. Anfragen, die diesen Kriterien nicht entsprechen, werden nicht gestellt. […] Wir haben natürlich das Recht, alles zu erfragen, was wissenswert ist, denn nur weil wir in der Regierung vertreten sind, heißt das nicht, dass wir den Partner in seiner Ressortarbeit nicht kontrollieren wollen.« (Walter Thaler, Klubobmann der SPÖ)[78]

Sonderlandtage – Aktuelle Stunde
Ein schlagkräftiges Instrument der parlamentarischen Kontrolle stellt die Einberufung des Landtags zu einer Sondersitzung dar. Die so genannten »Sonderlandtage« bezeichnen das Recht einer Minderheit von Abgeordneten, die Einberufung des Landtags zur Beratung über ein bestimmtes Thema zu begehren. Dieses Recht ist in der Landesverfassung in Artikel 15 Abs. 3 festgeschrieben. Sondersitzungen des Landtages fanden »dosiert« auch in vergangenen Legislaturperioden statt, in der politischen Arbeit hat sich das Instrument der »Sonderlandtage« aber

seit dem Wechsel vom Proporz- zum Mehrheitssystem zu einem gewichtigen Mittel der politischen Kommunikation der Oppositionsparteien – v. a. der FPÖ – entwickelt. Die FPÖ stellte seit Beginn dieser Legislaturperiode (April 1999) neun von zehn Anträgen auf die Einberufung von Landtagssitzungen[79] und konnte damit Engagement für jene Themen signalisieren, die für die Positionierung und Profilierung der Freiheitlichen bedeutend sind: Die »Sonderlandtage« aufgrund eines FPÖ –Antrages befassten sich mit folgenden Fragen: Sozialhilfe (zwei Sondersitzungen), Raumordnung, Kultursubventionen (gemeinsam mit den Grünen gestellter Antrag), Drogensituation (zwei Sondersitzungen), Krankenanstaltenplan, Schließung von Gendarmerieposten, Wirtschaftssituation des Landes/Arbeitslosigkeit.[80] Die Regierungsparteien warfen in der Folge der Opposition die missbräuchliche, inflationäre Verwendung dieses Rechtes, das Landtagspräsident Georg Griessner (ÖVP) als die schärfste Waffe der Opposition bezeichnete, und dadurch die Entwertung des Landtages vor.[81] Ein parlamentarischer Vorstoß von ÖVP und SPÖ zielte daher darauf ab, die Landesverfassung dahingehend zu ändern, dass die verpflichtende Einberufung von Landtagssitzungen, sobald dies sechs Abgeordnete verlangen, aufgehoben wird und stattdessen in der Landtagsgeschäftsordnung normiert wird, unter welchen Bedingungen der Landtag einzuberufen ist. Die Geschäftsordnung sollte nach den Plänen der Regierungsfraktionen vorsehen, bereits auf Verlangen von vier Abgeordneten eine Sondersitzung einzuberufen, gleichzeitig aber denselben Mitgliedern des Landtages nur einmal im Kalenderjahr gestatten, ein solches Begehren zu stellen.[82]

Die politische Auseinandersetzung zu dieser Frage verlief sehr kontrovers. Freiheitliche und Grüne nahmen aus Protest gegen die geplante Reform nicht an den Ausschussdiskussionen teil und präsentierten stattdessen in der Plenumsdebatte vom 6. 2. 2002 Gegenvorschläge. SPÖ und ÖVP betonten, mit der Reform die Oppositionsrechte nicht beschneiden, sondern die Arbeitsfähigkeit des Landtages wahren zu wollen.[83]

Der freiheitliche Parteiobmann Karl Schnell bezichtigte die Regierungsfraktionen, mit der Beschränkung der Sonderlandtage die Kontrollrechte zu »zertrümmern« und den Landtag endgültig zu einem »Beweihräucherungsorgan« für die Regierung zu degradieren. Die Sonderlandtage seien ein Instrument gewesen, die Regierung zu Aktivitäten zu zwingen und wichtige Themen und Fragen zu transportieren, der Beschluss der Reform markiere einen »Trauertag für die Demokratie« und erbringe einen neuerlichen Beweis für die »Präpotenz der Mächtigen«.[84]

Cyriak Schwaighofer, Fraktionsvorsitzender der Grünen, übte ebenfalls heftige Kritik an dem Vorstoß von ÖVP und SPÖ und forderte anstelle der Einschränkung der Einberufung des Landtags die Ausweitung dieses Instruments: Jede

Landtagspartei sollte unabhängig von ihrer Größe über die Möglichkeit verfügen, das Zusammentreten des Plenums verlangen zu können.[85] Die Proteste der Oppositionsparteien verhallten ungehört, der Antrag von ÖVP und SPÖ wurde im Landtag mit den Stimmen der Regierungsfraktionen beschlossen. Neben der inhaltlichen Beschränkung fällt vor allem auch die politische Symbolkraft dieser Reform ins Auge – ein verfassungsmäßig abgesichertes Recht wiegt schwerer als ein Recht, das die Geschäftsordnung einräumt.

Die im Zuger derselben Novelle neu eingerichtete Aktuelle Stunde ist aus Sicht der Oppositionsparteien kein adäquater Ersatz für die Beschränkung des Rechts auf Einberufung des Landtages, da das Thema der Aktuellen Stunde von der Präsidialkonferenz festgelegt wird, in der die Regierungsfraktionen die Mehrheit hinter sich wissen. Nach Vorstellung der FPÖ hätte eine Themenrotation zwischen den Landtagsparteien vorgesehen werden müssen, die Grünen sprachen sich dafür aus, die Aktuelle Stunde als Exklusivrecht der Opposition zu installieren, d. h., dass nur die Oppositionsparteien die Abhaltung der Aktuellen Stunde beantragen sowie deren Thema festsetzen können, wobei die verschiedenen Oppositionsparteien alternierend zum Zuge kommen sollten.[86] Inwiefern sich die Aktuelle Stunde zu einem Kontroll- und Oppositionsinstrument entwickeln kann oder vom »eisernen Griff« der Koalitionspartner umklammert bleibt, hängt vom politischen Verantwortungsbewusstsein der Mehrheitsparteien ab und wird noch zu beobachten sein. Die erste Aktuelle Stunde wurde am 24. 4. 2002 abgehalten und trug trotz Vorliegens mehrerer Vorschläge einem Begehren der Grünen Rechnung: thematisiert wurde die Olympiabewerbung Salzburgs.

Akteneinsicht
Das neu eingeführte Akteneinsichtsrecht, das den Informationsvorsprung der Regierungsfraktionen gegenüber der Opposition ausgleichen helfen und somit der effektiven – weil auf Kenntnis der Vorgänge basierenden – Kontrolle dienen sollte, hat sich in der Praxis als stumpfes Instrument erwiesen. Das Verbot, Akten zu kopieren oder einzuscannen, erschwert die Bearbeitung und Nutzung der eingesehenen Dokumente, die lange Zeitdauer, die vom Antrag auf Akteneinsicht bis zur Genehmigung und tatsächlichen Einsichtnahme verstreicht, führt nach Meinung der FPÖ oft dazu, dass die erhaltenen Informationen nutzlos werden.[87] Das Akteneinsichtsrecht wird darüber hinaus restriktiv gehandhabt, die Rechtsgrundsätze Datenschutz und Amtsverschwiegenheit stehen oft im Widerstreit mit dem Bedürfnis nach Einsicht und der damit verbundenen Öffentlichkeit. Markantestes Beispiel hierfür stellt die Wirtschaftsförderung dar. Die Opposition begehrte mehrfach Akteneinsicht, um überprüfen zu können, ob die Vergabe der Fördermittel und deren Nutzung den Förderrichtlinien entsprechen, und argu-

mentierte mit dem öffentlichen Interesse in dieser Frage, da es sich bei der Wirtschaftsförderung um landeseigene Gelder handle. Von Regierungsseite her wurde diesem Begehren nicht stattgegeben, da datenschutzrechtliche Bedenken bestünden und Wettbewerbsnachteile für die Förderwerber entstehen könnten.[88] Obwohl ein Gutachten des Landeslegisten klärte, dass der Landtag auch bei der Wirtschaftsförderung ein Recht habe, Informationen über die Förderungswerber sowie Höhe und Zweck der Förderung zu erhalten, weil das Informationsinteresse des Landtages schwerer wiege als das Geheimhaltungsinteresse des Unternehmens, blieb das ressortzuständige Regierungsmitglied, Landeshauptmann-Stellvertreter Wolfgang Eisl (ÖVP), skeptisch und kündigte an, ein Gegengutachten der Wirtschaftskammer sowie eine Stellungnahme des Datenschutzbüros in Wien abwarten zu wollen.[89]

Enqueten, Rechnungshof-Sonderprüfungen, Untersuchungsausschüsse
Die verbleibenden Kontrollinstrumente parlamentarische Enqueten, Rechnungshofprüfungen oder Untersuchungsausschüsse kamen in der Landtagsarbeit der 12. Gesetzgebungsperiode bisher unterschiedlich intensiv zum Einsatz, wie Tabelle 7 zeigt.

Tabelle 7: Parlamentarische Enqueten, Rechnungshof-Sonderprüfungen (Prüfbegehren von Landtagsabgeordneten gemäß § 8 Abs. 2 Landesrechnungshofgesetz), Untersuchungsausschüsse

	Enqueten	Rechnungshofprüfungen	Untersuchungsausschuss
Anzahl	6	12	1
Begehrt von	ÖVP/ÖVP + SPÖ: 2 FPÖ: 2 Grüne: 1 Alle Parteien: 1	SPÖ: 1 FPÖ: 11	FPÖ

Quelle: Schriftliche und telefonische Auskunft der Landtagskanzlei (5. 6. 2002 bzw. 7. 6. 2002)

Reformvorschläge und Ausblick
Zur Halbzeit der ersten Legislaturperiode nach der Verfassungsreform ist die Frage gerechtfertigt, ob sich das neue System prinzipiell bewährt hat und ob gegebenenfalls Feinadjustierungen notwendig erscheinen. Die Landtagsparteien beurteilen diese Frage unterschiedlich, wobei die Grenze der Einschätzungen zwischen Regierung und Opposition verläuft.

SPÖ und ÖVP zeigen sich zufrieden und sind davon überzeugt, dass der Landtag als institutionelles Gremium durch die neue Regierungsform gewonnen hat. Durch die klare Trennung von Regierung und Opposition kann im Landtag Profil gezeigt werden. Die Arbeitsteilung zwischen Regierung und Landtagsparteien im Bereich der Gesetzgebung – Vorgabe der Grundpfeiler durch die Regierung in Form von Regierungsvorlagen unter Ausnutzung des Informationsvorsprungs und Ressourcenvorteils des Amtes der Landesregierung einerseits sowie Klärung und Diskussion von Detailfragen in den Ausschüssen andererseits – hat sich aus Sicht der Koalitionspartner bewährt. Die formalrechtliche Aufwertung des Landtages durch die Ausweitung von Rechten der Abgeordneten ist für die Regierungsfraktionen auch realpolitisch spürbar, da sie bereits in die Vorverhandlungen von Gesetzesvorlagen eingebunden sind und die Positionen mit dem jeweiligen Landtagsklub abgestimmt werden müssen – dieser hat schließlich die Mehrheit im Plenum zu garantieren. Begehrlichkeiten der Oppositionsfraktionen hinsichtlich einer Reform der Geschäftsordnung bzw. der Landesverfassung werden zwar registriert, nicht aber aktiv aufgegriffen oder versucht umzusetzen, obwohl in Teilbereichen durchaus Sympathien für Veränderungen bestehen – beispielsweise von Seiten der ÖVP gegenüber dem Vorschlag, die Regierung zur Ablegung von Vorhabensberichten über wichtige landespolitische Entscheidungen oder Gesetzesvorhaben im Landtag zu Beginn der Aktivitäten zu verpflichten, um den Landtag bzw. die Oppositionsparteien rechtzeitig zu informieren,[90] oder von Seiten der SPÖ hinsichtlich einer Ausweitung der Akteneinsichtsrechte.[91] Im Zuge der Erstellung eines Rechtsgutachtens bezüglich der »Rechte der parlamentarischen Opposition im Salzburger Landtag«, das die Grünen in Auftrag gegeben hatten, wurde parteiübergreifend eine Diskussion über mögliche Novellierungen in Gang gesetzt. Nach dem plötzlichen Tod von Landtagspräsident Helmut Schreiner (ÖVP) gerieten die Gespräche zunächst ins Stocken, unüberwindliche Meinungsverschiedenheiten mit der FPÖ führten schlussendlich zum Abbruch der Verhandlungen.[92] Eine weitere Debatte und Reform der Landtagsgeschäftsordnung in dieser Legislaturperiode liegt außerhalb der politischen Zielsetzungen der Koalitionspartner und ist somit nicht zu erwarten, wenngleich auch innerhalb der Regierung Reformwünsche bestehen: Die SPÖ fordert beispielsweise die Besetzung des Landtagspräsidenten durch die mandatsschwächere Regierungspartei, um der Machtkonzentration innerhalb der Regierungsriege (Landeshauptmann und Finanzreferent werden von der ÖVP gestellt) einen Gegenpol im Landtag gegenüberzustellen.[93]

Die Grünen orten weitreichende Reformpotenziale und haben diesbezüglich ein Rechtsgutachten (s.o.) in Auftrag gegeben. Herzstück der grünen Forderungen ist die Aufhebung der Unterscheidung zwischen Landtagsfraktion und Landtagsklub, um sämtliche Oppositionsrechte für jede Landtagspartei – egal welche Mandatsstärke sie durch Wahlen erzielt – nutzbar zu machen.

> »Die Opposition wurde in der Geschäftsordnung nicht mit jenen Rechten ausgestattet, die sie zu einem annähernd gleich starken Partner oder Gegenspieler machen würde. [...] Im Landtag ist ein Gutteil der Rechte an bestimmte Quoren gebunden, obwohl das im Mehrheitssystem nicht gerechtfertigt ist, beispielsweise die Klubstärke. [...] Die Rechte der Opposition müssen aber an ihrer Oppositionsrolle festgemacht werden und nicht an ihrer Größe, denn theoretisch könnte es sein, dass ein einzelner Abgeordneter die Opposition bildet – dieser müsste dann all die Rechte, die man der Opposition zuschreibt, nützen können.« (Cyriak Schwaighofer, Fraktionsvorsitzender der Grünen)[94]

Die Grünen fordern weiters eine von der Größe der Partei unabhängige Ausstattung mit räumlicher, personeller und technischer Infrastruktur, da die derzeitige Situation ein effektives Arbeiten erschwere. Die Möglichkeiten der politischen Kommunikation sollten zudem rechtlich abgesichert werden, beispielsweise durch die zur Verfügungstellung einer bestimmten Seitenanzahl in der Landeszeitung »Unser Land«, denn nur durch Information könne die Bevölkerung bei der Landtagswahl eine Auswahl aus bestehenden Alternativen treffen. Politische Kommunikation ist aus Sicht der Grünen eine Grundbedingung für das Mehrheitssystem, das den Gedanken potenziellen Machtwechsel in sich trage.[95]

Für die FPÖ, die die Verfassungsreform als grobe Fehlentwicklung ansieht, kommt eine Reform des Systems nicht in Frage. Stattdessen wird die Rückkehr zum Regierungsproporz gefordert. So stellt Klubobmann Karl Schnell lapidar fest:

> »Eine wirkliche Änderung zu einem guten demokratischen System würde man nur erreichen, wenn man zur alten Verfassung zurückkehrt. [...] Eine Reform des bestehenden Systems wird nichts bringen, weil die Mehrheitsparteien immer das Interesse haben, ihre Bereiche zu schützen. Es ist nicht reformierbar.« (Karl Schnell, Klobobmann der FPÖ)[96]

Dieser Standpunkt scheint realpolitisch nicht umsetzbar und aus wissenschaftlicher Sicht auch nicht notwendig zu sein. Die Stellungnahmen der Oppositionsparteien zeigen aber sehr deutlich, dass der Übergang zum Mehrheitssystem nicht völlig reibungslos erfolgt ist und »Übergangswehen« nach wie vor nicht gänzlich abgeflaut sind. Mehrheitssysteme weisen der Opposition einen klaren Kontrollauftrag zu. Um diese Rolle erfüllen zu können, sind effektive Kontrollinstrumente und politische Chancengleichheit (z. B. in Bezug auf Öffentlichkeit, Infrastruktur etc.) unabdingbar. Das »Salzburger Modell« stattet die Landtagsparteien mit weitreichenden Kontrollmöglichkeiten aus, diese werden von den

Oppositionsparteien auch intensiv genutzt. Dennoch zeichnen sich Reformmöglichkeiten ab, die am umfassendsten in einem im Auftrag der Grünen erstellten Rechtsgutachten von Michael Geistlinger, Professor an der Juridischen Fakultät der Universität Salzburg, dargestellt wurden:

Die Kernkritik Geistlingers betrifft die formalrechtliche Unterscheidung zwischen Landtagsparteien und Landtagsklubs, da einige parlamentarische Instrumente und Rechte an den Klubstatus gebunden sind bzw. für Klubs einfacher zu nutzen sind (z. B. Zusendung von Geschäftsstücken durch den Präsidenten des Landtags [= Zugang zu Informationen], Einberufung der Präsidialkonferenz, zur Verfügungstellung notwendiger Sachmittel, Vorschlagsrecht für Ausschussberichterstatter, Einschränkung des Rederechts in Ausschüssen für Landtagsparteien ohne Klubstatus auf einen einzigen Vertreter für sämtliche betroffene Landtagsfraktionen, dringliche Anträge, dringliche Anfragen, Landtagsfraktionen ohne Klubstatus unterliegen strengeren Kriterien für Auskunftsbegehren und Akteneinsicht etc.). Weiters kritisierte Geistlinger, dass die Landtagsparteien bzw. -klubs gegenüber der Exekutive einen infrastrukturellen Nachteil zu tragen haben, dass keine Bestimmungen über Möglichkeiten einer Abberufung des Landtagspräsidenten festgeschrieben wurden und dass die Einberufung parlamentarischer Enqueten im Ermessensbereich des Landtagspräsidenten liegt.[97]

Die im Gutachten formulierten Reformvorschläge umfassen daher im Wesentlichen die rechtliche Verankerung der Opposition und die Pflicht zu deren infrastruktureller Unterstützung (Ausweitung der bisherigen Ausstattung, v. a. Zuteilung eines Rechts- und Medienexperten zur fachlichen Beratung), die Aufhebung der Unterscheidungen zwischen Landtagsklubs und Landtagsparteien, Öffnung des Antrags- und Anfragerechts für jeden einzelnen Abgeordneten, sowie eine Ausweitung der Oppositionsrechte (z. B. Einrichtung eines Untersuchungsausschusses, Einleitung von Prüfungen des Rechnungshofes und Volksbefragungen auf Antrag einer Landtagspartei, Minderheitenberichte zu Ausschussberatungen als Recht jedes einzelnen Abgeordneten [derzeit benötigt ein Minderheitenbericht die Unterstützung von vier Abgeordneten; Anm.]).[98] Darüber hinaus regt Geistlinger an, eine Informations- und Annahmepflicht des Landtags für Vorhaben der Landesregierung, die einen gesellschaftlichen Bereich grundlegend umgestalten, vor Vorlage der entsprechenden Regierungsvorlage festzuschreiben. Damit werde die Entscheidungskompetenz des Landtages im Gesetzgebungsprozess hervorgehoben und bereits zu Beginn der Erarbeitung einer Regierungsvorlage Gestaltungsraum geschaffen. Die Erfahrung habe gezeigt, dass eine ausgearbeitete Regierungsvorlage in den Ausschüssen nur mehr abgeändert werden könne, eine grundlegende Richtungsveränderung aber nicht mehr möglich sei, da die Regierungsfraktionen dies verhindern würden[99] – die obigen Darstellungen bestätigen diese Vermutung.

Grundsätzlich ist die positive Weiterentwicklung und Reform jedes politischen Systems möglich und erstrebenswert. Dabei darf jedoch nicht übersehen werden, dass das Bekenntnis zur Mehrheitsdemokratie impliziert, deren Strukturen und Funktionsmerkmale anerkennen und in die Arbeitsweise von Regierungs- und Oppositionsparteien integrieren zu müssen. Mehrheitsdemokratien sind dadurch gekennzeichnet, dass politische Entscheidungen durch die Mehrheitspartei(en) gefällt werden, die Beeinflussung der Regierung lediglich von außen erfolgen kann und von der Responsivität der jeweiligen Regierung abhängt und dass abweichende Meinungen von der Regierungsarbeit ausgeschlossen werden.[100] Die Opposition hat die Aufgabe, sich als politische Alternative zu präsentieren, eigene Lösungsvorschläge zu formulieren und die Regierungstätigkeit zu kontrollieren. Die Lebendigkeit des politischen Diskurses hängt davon ab, inwieweit die institutionellen und rechtlichen Rahmenbedingungen dies ermöglichen und wie intensiv und politisch geschickt die Minderheitsparteien ihre Rolle wahrnehmen. Das »Salzburger Modell« der Mehrheitsdemokratie eröffnet den Oppositionsparteien diesbezüglich einige Möglichkeiten und Chancen. Die Unzufriedenheiten der Minderheitsfraktionen weisen auf Weiterentwicklungsmöglichkeiten hin, rühren möglicherweise aber auch daher, dass der Umgang mit den neuen Gegebenheiten erst perfektioniert werden muss – dies beinhaltet auch den intensiven Einsatz und die Kultivierung von außerparlamentarischen Formen der Kontrolle und Kritik.

ANMERKUNGEN

1 Ich danke Univ.-Prof. Dr. Herbert Dachs für seine kritischen Anmerkungen, Überlegungen und Unterstützung während des Forschungsprozesses – diese waren für das nun vorliegende Ergebnis von größtem Wert.
2 Herbert Dachs: Vom »System der organisierten Verantwortungslosigkeit« zur »Rückkehr des Politischen«? Das Ende des Regierungsproporzes im Bundesland Salzburg. Salzburger Jahrbuch 1999, S. 22–29, hier S. 25.
3 Peter Lechenauer (FPÖ) und Christian Burtscher (Bürgerliste), zit. nach LT-Protokoll vom 22. April 1998, zit. nach Dachs, Vom »System der organisierten Verantwortungslosigkeit…«, S. 25 f.
4 Vgl. Dachs, Vom »System der organisierten Verantwortungslosigkeit …«, S.28.
5 Ebenda.
6 In der folgenden Darstellung wird das Liberale Forum nicht berücksichtigt, da diesem weder 1994 noch 1999 der Einzug in den Landtag gelang, und es somit für die Funktion des Landtages im neuen politischen System keine Rolle spielt.
7 Vgl. Elisabeth Wolfgruber, »Im Westen nichts Neues?« Landtags- und Gemeinderatswahlen in Salzburg im Superwahljahr 1999. In Salzburger Jahrbuch für Politik 1999, S. 30–56, hier 32.
8 Vgl. Elisabeth Wolfgruber, »Im Westen nichts Neues?«, S. 37.
9 Vgl. Elisabeth Wolfgruber, »Im Westen nichts Neues?«, S. 34.
10 Vgl. Salzburger Nachrichten, 17.4.1999, 19.4.1999.

11 z. B. Pragmatisierung und Beförderung von Landesbediensteten, die Bewertung von Dienstposten, die Ernennung bzw. Bestellung von Landesbediensteten auf leitende Dienstposten (Abteilungsleiter, Fachabteilungsleiter, Bezirkshauptleute, Geschäftsführer der Holding der Landeskliniken, ärztliche Direktoren, Pflege- und Wirtschaftsdirektoren und Abteilungsvorstände der Krankenanstalten des Landes, Ernennung von Landeslehrern etc.). Vgl. dazu Verordnung der Salzburger Landesregierung vom 16. Mai 1979, mit der die Geschäftsordnung der Salzburger Landesregierung erlassen wird, StF: LGBl. Nr. 37/1979, § 7, Abs. 1.
12 Verordnung der Salzburger Landesregierung vom 16. Mai 1979…(LGBl. Nr. 37/1979), §7, Abs. 2.
13 Verordnung der Salzburger Landesregierung vom 16. Mai 1979 … (LGBl. Nr. 37/1979), §11, Abs. 2–5.
14 Vgl. Arbeitsübereinkommen der Salzburger Volkspartei (VP) und der Sozialdemokratischen Partei Österreichs – Landesorganisation Salzburg (SPÖ) für die Legislaturperiode 1999 bis 2004.
15 Basis für diesen Abriss bildet eine umfassende Zeitungsrecherche (Salzburger Nachrichten) für den Zeitraum 1999–2001.
16 Vgl. Arbeitsübereinkommen der Salzburger Volkspartei (VP) und der Sozialdemokratischen Partei Österreichs Landesorganisation Salzburg (SPÖ) für die Legislaturperiode 1999 bis 2004, S. 5.
17 Vgl. Salzburger Nachrichten (SN), 27.4.1999, S. 3.
18 Vgl. SN, 27.4.1999, S. 3.
19 Vgl. Interview mit Landeshauptmann-Stellvertreter Gerhard Buchleitner (SPÖ), SN, 18.8.1999, S. 3 bzw. Interview mit Landeshauptmann Franz Schausberger (ÖVP), SN, 19.8.1999, S. 3.
20 Fallend, Franz (1999), Integration, Demokratiequalität und Effizienz: Proporz- und Mehrheitsregierung in den österreichischen Bundesländern im Leistungsvergleich. In: Franz Schausberger (Hg.): Vom Regierungsproporz zur Konkurrenz. Die Reform der Salzburger Landesverfassung 1998. Analyse – Wege – Strategien. S. 85–115, hier S. 109.
21 Vgl. SN, 8.5.1999, S. 4.
22 Basis für die Analyse bildet eine umfassende Zeitungsrecherche (Salzburger Nachrichten) über den Zeitraum (1999–2001).
23 Vgl. SN, 6.10.1999, S. 3.
24 Vgl. SN, 28.7.2000, S. 3 bzw. 2.10.2000, S. 2.
25 Vgl. SN, 14.12.2000, S. 3.
26 Vgl. SN, 24.2.2001, S. 2,3.
27 Vgl. SN, 26.2.2001, S.. 2.
28 Interview mit Landeshauptmann-Stellvertreterin Gabi Burgstaller (SPÖ) zit. nach SN, 27.3.2001, S. 2, 3.
29 In die Auseinandersetzungen um das Drogenpräventionsprojekt »CheckIt!« mischten sich beispielsweise Landeshauptmann Franz Schausberger und Landeshauptmann-Stellvertreter Gerhard Buchleitner persönlich ein und bezogen Stellung. Vgl. SN, 17.11.1999, S. 2.
30 Interview mit Landeshauptmann Franz Schausberger, zit. nach Salzburger Fenster, 27.3.2002, S. 7.
31 Interview mit Cyriak Schwaighofer (Fraktionsobmann – Die Grünen), 19.4.2002.
32 Vgl. Interview mit Werner Rossmann (Klubobmann – ÖVP), 16.4.2002, und Walter Thaler (Klubobmann – SPÖ), 23.4.2002.
33 Vgl. Interview mit Karl Schnell (Klubobmann – FPÖ), 6.5.2002
34 Koja, Friedrich (1999), Proportionalwahl oder Mehrheitswahl der Landesregierung? In: Franz Schausberger (Hg.), Vom Regierungsproporz zur Konkurrenz. Die Reform der Salzburger Landesverfassung 1998. Analyse – Wege – Strategien. S. 47–54, hier S. 48
35 Pesendorfer, Wolfgang (1999): Fraktions-, Verhältnis- oder Mehrheitswahl der Landesregierung durch den Landtag? In: Franz Schausberger (Hg.), Vom Regierungsproporz zur Konkurrenz …, S. 55–84, hier S. 68 ff.

36 Vgl. Firlei, Klaus (1996), Reformbedarf im Salzburger Landesverfassungsrecht unter besonderer Berücksichtigung der demokratischen Qualität und der Handlungsfähigkeit des politischen Systems des Landes Salzburg, bzw. Oberndorfer, Peter (1998), Für und wider Verhältnis- oder Mehrheitswahl der Landesregierung. Beides zit. nach Marietta Oberrauch, Vom Regierungsproporz zur offenen Mehrheitsbildung. Genese, Motive und Inhalt der Salzburger Landesverfassungsreform 1998. Salzburg 2000. Diplomarbeit, S. 118.
37 Landtags-Antrag Nr. 13 der Beilagen zum stenographischen Protokoll des Salzburger Landtages (1. Session der 12. Gesetzgebungsperiode).
38 Ebenda.
39 Landtags-Antrag Nr. 115 der Beilagen zum stenographischen Protokoll des Salzburger Landtages (1. Session der 12. Gesetzgebungsperiode).
40 Vgl. Landtags-Bericht Nr. 134 der Beilagen zum stenographischen Protokoll des Salzburger Landtages (1. Session der 12. Gesetzgebungsperiode).
41 Mit dem Begriff »Sonderlandtage« werden umgangsprachlich jene außerordentlichen Landtagssitzungen bezeichnet, die aufgrund des Begehrens von sechs Abgeordneten einberufen werden.
42 Vgl. Landtags-Bericht des Verfassungs- und Verwaltungsausschusses, Nr. 351 der Beilagen zum stenographischen Protokoll des Salzburger Landtages (4. Session der 12. Gesetzgebungsperiode).
43 Interview mit Walter Thaler (Klubobmann – SPÖ), 23.4.2002.
44 Vgl. Artikel 2 und 11 Landes-Verfassungsgesetz 1999 (LGBl. für das Land Salzburg, Jahrgang 1999, Nr. 25).
45 Inkl. Anträge unter dem ehemaligen Namen Bürgerliste.
46 Vgl. Anhang der Beilagen zum stenographischen Protokoll des Salzburger Landtages (1. und 2. Session der 12. Gesetzgebungsperiode) sowie schriftliche Auskunft der Salzburger Landtagskanzlei, 5.6.2002.
47 Interview mit Werner Rossmann (Klubobmann – ÖVP), 16.4.2002.
48 Interview mit Cyriak Schwaighofer (Fratkionsobmann – Die Grünen), 19.4.2002.
49 Interview mit Karl Schnell (Klubobmann – FPÖ), 6.5.2002.
50 Interview mit Karl Schnell (Klubobmann – FPÖ), 6.5.2002.
51 Interview mit Werner Rossmann (Klubobmann – ÖVP), 16.4.2002, und Walter Thaler (Klubobmann – SPÖ), 23.4.2002; an den ÖVP-internen Besprechungen nimmt weiters der ehemalige Klubobmann der ÖVP und nunmehrige Landtagspräsident Georg Griessner teil.
52 Interview mit Werner Rossman (Klubobmann – ÖVP), 16.4.2002.
53 Interview mit Werner Rossmann (Klubobmann – ÖVP), 16.4.2002, und Walter Thaler (Klubobmann – SPÖ), 23.4.2002.
54 Interview mit Werner Rossmann (Klubobmann – ÖVP), 16.4.2002.
55 Interview mit Werner Rossmann (Klubobmann – ÖVP), 16.4.2002.
56 Interview mit Werner Rossmann (Klubobmann – ÖVP), 16.4.2002.
57 Interview mit Walter Thaler (Klubobmann – SPÖ), 23.4.2002.
58 Interview mit Walter Thaler (Klubobmann – SPÖ), 23.4.2002.
59 Interview mit Georg Griessner, zit. nach SN, 20.12.2001, S. 11.
60 Vgl. SN, 11.11.1999, S. 2.
61 Interview mit Werner Rossmann (Klubobmann – ÖVP), 16.4.2002
62 Vgl. SN, 18.1.2001, S. 8.
63 Vgl. § 52 Abs. 3 und 4 GO-LT, zit. nach LT-Beantwortung Nr. 591 der Beilagen zum stenographischen Protokoll des Salzburger Landtages (3. Session der 12. Gesetzgebungsperiode).
64 Interview mit Walter Thaler (Klubobmann – SPÖ), 23.4.2002
65 Vgl. SN, 14.9.1999, S. 2

66 Da der Ausschluss aus einer LT-Fraktion rechtlich nicht vorgesehen wird, handelt es sich realiter um eine Ausgrenzung: Wagner-Schöppl wird nicht mehr zu Klubsitzungen eingeladen und wird in die Strategie des ÖVP-Landtagsklubs nicht mehr mit einbezogen.
67 Vgl. SN, 6.7.2000, S. 1.
68 Interview mit Cyriak Schwaighofer (Fraktionsobmann – Die Grünen), 19.4.2002, Interview mit Karl Schnell (Klubobmann – FPÖ), 6.5.2002.
69 Interview mit Walter Thaler (Klubobmann – SPÖ), 23.4.2002, und Werner Rossmann (Klubobmann – ÖVP), 16.4.2002.
70 Vgl. Interview mit Klaus Firlei (SPÖ), zit. nach Marietta Oberrauch, Vom Regierungsproporz zur offenen Mehrheitsbildung ..., S. 122 bzw. Interview mit Landeshauptmann-Stellvertreterin Gabi Burgstaller (SPÖ), zit. nach SN, 27.3.2001, S. 2 f.
71 Interview mit Walter Thaler (Klubobmann – SPÖ), 23.4.2002.
72 Brünner, Christian / Wolfgang Mantl u.a. (1985), Verfassungspolitik. Dokumentation Steiermark, Wien, zit. nach Herbert Dachs (1991), Politische Kontrolle und »Salzburger Klima«. In Salzburger Jahrbuch für Politik 1991, S. 146–167, hier S. 147.
73 Vgl. Fallend, Franz (2000), Demokratische Rolle oder Inquisition? Eine empirische Analyse der parlamentarischen Untersuchungsausschüsse des Nationalrates nach 1945. In ÖZP, 29 (2000), 2, S. 177–200, hier S. 179.
74 Vgl. Herbert Dachs (1991), Politische Kontrolle und »Salzburger Klima« ... S. 147 ff.
75 Vgl. Fallend, Franz (2000), Demokratische Rolle oder Inquisition? ... S. 179.
76 Inkl. Anfragen unter dem ehemaligen Namen Bürgerliste.
77 Interview mit Werner Rossmann (Klubobmann – ÖVP), 16.4.2002.
78 Interview mit Walter Thaler (Klubobmann – SPÖ), 23.4.2002.
79 Schriftliche Auskunft von Richard Voithofer (Mitarbeiter des freiheitlichen Landtagsklubs [Klubmanagement]), 17.5.2002; in Bezug auf die Sondersitzung vom 1.3.2000 konnte nicht eindeutig geklärt werden, ob diese von der FPÖ beantragt wurde. Die FPÖ beansprucht diese Sitzung für sich (Thema Kultursubventionen), in den stenographischen Protokollen des Landtags wird die betreffende Sitzung dagegen als Europapolitik-Sitzung geführt.
80 Die Regierungsfraktionen stellten bislang einen Antrag auf eine Sondersitzung des Landtages (Thema: Strompreissenkung); telefonische Auskunft zur thematischen Ausrichtung der »Sonderlandtage« von Richard Voithofer (Mitarbeiter des freiheitlichen Landtagsklubs [Klubmanagement]), 17.5.2002.
81 Vgl. SN, 5.12.2001, S. 2.
82 Vgl. Landtags-Antrag Nr. 310 der Beilagen zum stenographischen Protokoll des Salzburger Landtages (4. Session der 12. Gesetzgebungsperiode).
83 Vgl. Landtags-Bericht des Verfassungs- und Verwaltungsausschusses Nr. 351 der Beilagen zum stenographischen Protokoll des Salzburger Landtages (4. Session der 12. Gesetzgebungsperiode).
84 Karl Schnell, Klubobmann der FPÖ, zit. nach Landtags-Plenumsdebatte vom 6.2.2002.
85 Cyriak Schwaighofer, Fraktionsvorsitzender der Grünen, zit. nach Landtags-Plenumsdebatte vom 6.2.2002.
86 Vgl. Abänderungs-Antrag der FPÖ bzw. der Grünen zu Nr. 351 der Beilagen, 4. Session der 12. Gesetzgebungsperiode.
87 Vgl. Interview mit Karl Schnell (Klubobmann – FPÖ), 6.5.2002.
88 Vgl. SN, 21.11.2000.
89 Vgl. SN, 21.11.2000.
90 Vgl. SN, 20.8.2001, S. 2.
91 Interview mit Walter Thaler (Klubobmann – SPÖ) 23.4.2002.

92 Interview mit Walter Thaler (Klubobmann – SPÖ), 23.4.2002, Cyriak Schwaighofer (Fraktionsobmann – Die Grünen), 19.4.2002, Werner Rossmann (Klubobmann – ÖVP), 16.4.2002, Karl Schnell (Klubobmann – FPÖ), 6.5.2002.
93 Interview mit Werner Rossmann (Klubobmann – ÖVP), 16.4.2002 und Walter Thaler (Klubobmann – SPÖ), 23.4.2002.
94 Interview mit Cyriak Schwaighofer (Fraktionsobmann – Die Grünen), 19.4.2002.
95 Interview mit Cyriak Schwaighofer (Fraktionsobmann – Die Grünen), 19.4.2002.
96 Interview mit Karl Schnell (Klubobmann – FPÖ), 6.5.2002.
97 Geistlinger, Michael (2001), Rechte der parlamentarischen Opposition im Salzburger Landtag. Ein Verfassungs- und Gesetzesänderungsvorschlag vor dem Hintergrund der Ergebnisse eines Verfassungsvergleiches. Rechtsgutachten im Auftrag der Grünen im Salzburger Landtag. Salzburg, S. 4 ff.
98 Ebenda, Anlage, S. 1–23.
99 Ebenda, Anlage S. 31.
100 Vgl. Geser, Hans (1991), Kleine Sozialsysteme. In: Helga Michalsky (Hg.), Politischer Wandel in konkordanzdemokratischen Systemen. S. 95–121, hier S. 99 f.

NORBERT MAYR

Grün versus »Speckgürtel«

Anmerkungen zu Architektur, Stadtentwicklung, Regionalplanung, Landschafts- und Naturschutz, Investorenbegehrlichkeiten und Politik im Salzburger Zentralraum

VORBEMERKUNG

Da Landes-, Regional- und Gemeindepolitik sowie Raumordnung und Naturschutz jene Basis maßgeblich mitformulieren, auf welcher Architektur als gestaltete Umwelt Platz greifen und ihre Potenziale ausformulieren kann, liegt der Schwerpunkt der drei Einzeluntersuchungen auf der Frage nach dem Landschafts- bzw. Grünraumschutz versus Verbauungsdruck durch politische Intervention oder private Investoren. Damit werden konkrete Beispiele analysiert, was im »Salzburger Raumordnungsbericht 2001« auf 80 Seiten vermieden wurde.[1] Der abschließende Vergleich der Einkaufszentren Airportcenter mit dem Europark behandelt die Ebene freiräumlicher und architektonischer Qualität im Kontext zum Gestaltungsbeirat. Ursprünglich ebenfalls geplante Untersuchungen zu Kongresshaus[2] und Bahnhofsvorplatz, zum »Museum am Berg«, »Museum im Berg« bzw. »Museumszentrum«,[3] zu den Wettbewerben SMCA und »Haus für Mozart«,[4] zur Vorgangsweise bei der Neustrukturierung des Mozarteums,[5] zum Standort des Spaßbades[6] oder zur so genannten Salzburg-Arena beim Messezentrum können in diesem Rahmen nicht behandelt werden. Hier treibt der schwelende Stadt-Land-Konflikt oft für die Stadtregion fatale Blüten.

1. »SPECKGÜRTEL« UND STADTREGION

> »So zu tun, als gäbe es die Abgründe nicht, als wäre alles ein ›Problem‹, für das es eine Lösung gibt, übersieht systematisch den jeweils aktuellen Abgrund – und führt geradewegs in den Untergang.« *Franz Schuh*

Was ist der »Speckgürtel«? Der aus Deutschland kommende Begriff bezeichnet bauliche Agglomerationen am Stadtrand mit verschiedenen Zonierungen für Wohnen, Gewerbe und Einkaufen. In Salzburg ist das Wachstum im Wesentlichen entlang der Autobahn – im Westen und Norden der Stadt – festzustellen. Der »Speckgürtel« bildet eine durch Topografie und weniger verbaute Bereiche aufgelockerte Sichelform zwischen Anif und Eugendorf.[8] Der überwiegend städtische Wachstumsschub für Gewerbe und Shopping fand somit auf dem Territorium der Umlandgemeinden als unkoordinierte Erweiterung der funktionalen Kernstadt Salzburg statt. Die letzte Gebietsreform in der Stadt war in den dreißiger Jahren erfolgt. Eine weitere Nachjustierung des städtischen Territoriums, die in Deutschland in den siebziger Jahren zu einer Welle von Eingemeindungen führte, trat nicht ein.

Der Geograf Prof. Peter Weichhart propagiert den Lösungsansatz einer »Europaregion Salzburg«. Als interkommunales Kooperationsmodell gedacht werden Teile Bayerns und Oberösterreichs mit einbezogen. Da Eingemeindungen als Tabuthema gelten, soll die Bündelung der regionalen Kräfte durch freiwillige Selbstbindung und privatrechtliche Verträge entstehen. Wie lang muss der Abwärtstrend Salzburgs im Ranking der Wirtschaftsstandorte noch anhalten, damit Lokalpolitiker – statt lukrative Einzelinteressen durchzusetzen – gemeinsame Schritte zur Überwindung der Abgründe setzen und Beiträge für die Stärkung der Regionen liefern? Den Weg weg von der Kirchturmpolitik beschreibt Weichhart als »hart, steinig, dornig und mühsam«.[9]

2. GRÜN VERSUS »SPECKGÜRTEL«

Während in der Stadt Salzburg eine breite Protestbewegung in den siebziger Jahren – es sei an Prof. Hans Sedlmayrs Buch »Stadt ohne Landschaft« von 1970 erinnert – zu einem Umdenken führte, Mitte der achtziger Jahre die Grünlanddeklaration vom Gemeinderat »feierlich« beschlossen und der Gestaltungsbeirat zur architektonischen Qualitätssicherung eingeführt wurde, ist heute außerhalb der Stadtgrenze, beispielsweise in Wals-Siezenheim, keine nachhaltige Entwicklung zu beobachten.

2.1 Stadion Kleßheim[10]
Das seit dem Jahr 2001 in Bau befindliche Fußballstadion vor dem Barockschloss Kleßheim verweist auf verschiedene, auch bei anderen Zukunftsentscheidungen relevante, die Stadtregion betreffende Problemfelder: ein bei der Suche nach dem Standort chaotisch agierender Gemeinderat der Stadt, ein entschiedenes Vorgehen eines potenten Umland-Bürgermeisters im Verein mit hochrangigen Landespolitikern, eine umstrittene Ad-hoc-Entscheidung ohne Verankerung in einer übergeordneten Entwicklungsperspektive der Stadtregion sowie fehlender architektonischer Anspruch trotz internationalen Wettbewerbsverfahrens.

Bei der Suche nach Ersatzstandorten für das alte Lehener Stadion in den neunziger Jahren konnte sich der Gemeinderat zu keinem gemeinsamen Beschluss durchringen – ein bekanntes Szenario in dieser Stadt. Unter dem Druck der Bewerbung Österreichs um die Europameisterschaft trat der Bürgermeister der Gemeinde Wals-Siezenheim auf den Plan. In einer Nacht-undNebel-Aktion organisierte er im Sommer 1998 Grünland von ausreichender Größe für Stadion, Mehrzweckhalle und Parkplätze knapp außerhalb des Stadtgebiets. Der Grund befindet sich im Landschaftsschutzgebiet zwischen dem Barockschloss Kleßheim und der Autobahn.

Im Regionalprogrammentwurf *Salzburg-Stadt und Umgebung* von 1998 war hier noch ein Grüngürtel als Teil einer unbebauten Zone rund um die Stadt festgelegt. Die Landesplanung hat – im Rahmen ihrer Stellungnahme zum Entwurf im September 1998 – die Voraussetzungen für einen Stadionbau vor Schloss Kleßheim hineinreklamiert. Die Planungsebene Regionalplanung kam ihrer Aufgabe, raumordnerische, von Einzelinteressen losgelöste Entwicklungsziele über Gemeindegrenzen hinweg sinnvoll zu formulieren, nicht nach. Die Folgen sind paradox: Nicht der Landschaftsschutz wurde aufgehoben, sondern das Stadion in das weiterhin aufrechte Landschaftsschutzgebiet Siezenheimer Au gebaut.

Aufschlussreich ist die Rolle des Landesumweltanwalts, ist seine Schlagkraft doch auch entscheidend bei der Steuerung des Verbauungsdrucks im Grüngürtel rund um die Stadt. 1998 konnte nach massiven, von den Medien unterstützten Proteststürmen des Teams der Landesumweltanwaltschaft (LUA) eine direkte Bestellung des Umweltanwalts durch die Landesregierung verhindert werden, wie im neuen LUA-Gesetz eigentlich vorgesehen. Es kam zu einer öffentlichen Ausschreibung. Im Sommer 1998 wurde mit Wolfgang Wiener ein langjähriger Mitarbeiter der LUA zum Landesumweltanwalt bestellt. Karin Hofer resümiert, dass trotz dieser Abwehr verdeckte Angriffe auf den Handlungsspielraum der LUA, »in der Diskussion um Naturschutzgesetzesnovelle und LUA-Gesetz beobachtet werden konnten«. In vielen kleinen Beispielen könne eine »Verschärfung der Konfliktlage erkannt werden … In der Diskussion um das geplante Megastadion in Kleßheim »erhob die Umweltanwaltschaft zwar ihre Stimme, wurde jedoch kaum mehr ge- oder gar erhört«..[11]

Bei den vorangehenden Stellungnahmen zum schließlich positiven Naturschutzbescheid vom 24. 7. 2000[12] fanden die Naturschutz-Sachverständigen klare Worte zu einem Stadionprojekt im Landschaftsschutzgebiet.

Dr. Wolfgang Schütz im Gutachten vom 9. 6. 2000 lapidar:

»Würde man eine Skala von 0–100 (0 = keine Beeinträchtigung, 100 = Zerstörung des Landschaftsbildes bzw. des Landschaftscharakters) anwenden, würde die Verwirklichung des beantragten Vorhabens auf Grund vorstehender gutachtlicher Ausführungen für das Landschaftsbild im Bereich von 95, für den Charakter der Landschaft wegen der Großräumigkeit der Betrachtung, die die benachbarten Gewerbegebiete einschließt, um 80 einzutragen sein. Die Vorschreibung von Auflagen oder Bedingungen kann daran nichts ändern.«[13]

Die Stellungnahme von Dr. Wolfgang Wiener für die Landesumweltanwaltschaft Salzburg schlug ursprünglich in dieselbe Kerbe:

»Wie aus dem Gutachten des naturschutzbehördlichen Amtssachverständigen schlüssig hervorgeht, ist das geplante Fußballstadion am eingereichten Standort naturschutzfachlich absolut abzulehnen. Auch durch Vorschreibung von Auflagen ändert sich nichts an dieser grundsätzlichen Aussage, da der Charakter des geschützten Raumes durch das Bauvorhaben zu 95 % zerstört werden würde. Nach Aussage des Amtssachverständigen würden auch Ausgleichsmaßnahmen nichts an dieser Beurteilung ändern können. Damit bleibt als letzte Möglichkeit nach dem Salzburger Naturschutzgesetz die Geltendmachung des überwiegenden öffentlichen Interesses am geplanten Bauvorhaben. Dieses wurde bereits geltend gemacht, jedoch nach Meinung der Landesumweltanwaltschaft Salzburg nicht ausreichend nachgewiesen.«[14]

Diese inhaltliche Festlegung des Landesumweltanwalts wird allerdings von seiner eigenen, abschließenden Stellungnahme konterkariert:

»Das rund 80 ha große Weidmoos im Norden der Stadt Salzburg wird von der Landesumweltanwaltschaft Salzburg als Ersatzleistung im Sinn der geltenden naturschutzrechtlichen Bestimmungen akzeptiert. […] Da beim durchgeführten Variantenvergleich von 8 potentiellen Standorten der gegenständliche als einzig realisierbar erscheint, schließt sich die Landesumweltanwaltschaft Salzburg hier dem Landesinteresse an.«[15]

Wiener, der im Naturschutzverfahren volle Parteistellung hatte, nahm sich durch seinen Umfaller bei der »abschließenden Stellungnahme« selbst die Möglichkeit zum Einspruch beim Verwaltungsgerichtshof. Die LUA hätte – unter Bezugnahme auf die klar negative Stellungnahme des naturschutzbehördlichen Amtssachverständigen Dr. Schütz, der als unempfänglich für politische Einflüsterungen gilt – Rechtsmittel (bis hinauf zum Verwaltungsgerichtshof) gegen den schließlich positiven Bescheid der Behörde ergreifen können. Bei einem Verzicht der LUA auf die Parteistellung im Verfahren hätte der zuständige weisungsungebundene Naturschutzbeauftragte, ein Landesbeamter, die Agenden übernehmen können – und diese eventuell genau so gut oder so schlecht wie eben die LUA erfüllt. Im Naturschutzgesetz ist nicht vorgesehen, dass Naturschutzvereine oder Anrainer solche Entscheidungen bis zum Höchstgericht anfechten können.

Der Naturschutzbund Salzburg hatte den Landesumweltanwalt noch aufgefordert, »– auch wenn der Druck seitens der Betreiber groß sein mag – […] eine klar ablehnende Haltung einzunehmen und nötigenfalls, d. h. im Falle einer Bewilligung durch das Land, einen Einspruch beim Verwaltungsgerichtshof einzubringen, ansonsten schafft sie sich selbst einen Präzedenzfall. Der Umweltanwalt gäbe damit den ›Anpfiff‹ auf die Zerstörung der Landschaftsschutzgebiete und hätte dann wohl in anderen Schutzgebieten – auch bei kleineren Eingriffen – ›kein Leiberl‹ mehr.«[16] Dieser »Konkurs des Kultur- und Landschaftsschutzes« ist mit dem »propagierten Ausgleich« – dem Kauf des 80 Hektar großen Weidmooses bei Lamprechtshausen – nicht ausgleichbar«, hält der Naturschutzbund unmissverständlich fest.[17]

Nach seiner 180°-Wendung sah Wiener durch den Stadionbau sogar Verbesserungen in den Naherholungsmöglichkeiten, obwohl gerade diese im Laufe des Planungsprozesses zum Argumentationsalibi wurden: So schrumpfte die 1998 angekündigte Öffnung eines Großteils des Schlossparks für die Bevölkerung. Das Freiraumkonzept der vom Land beauftragen Nö. Hypo Bauplanungs- und Bauträgerges.m.b.H. sah für gut 50 % des nördlichen Teil des Schlossparks (Golfanlage) die »Wiederherstellung der Wald- und Parkstruktur und die Öffnung für die Bevölkerung« vor.[18] Was den Schlossgarten betrifft, bleibt heute nur noch die Ankündigung, durch Verlegung der Driving Range des Golfclubs in den nördlichen Teil des Parks den südlichen Parkteil vor dem Kavalierhaus der Öffentlichkeit zugänglich zu machen. Wiener bezeichnete das Freiraumkonzept für das Stadion als »großartig, wenn es umgesetzt wird«.[19] Der Naturschutzbund indes erinnert daran, dass der Ex-Umweltanwalt Prof. Dr. Eberhard Stüber es geschafft hatte – über den Gang zum Höchstgericht –, den Ausbau des Golfplatzes im Landschaftsschutzgebiet hinter dem Schloss Kleßheim hintanzuhalten. Wiener hat hingegen »einem noch viel massiveren Eingriff, als es ein Golfplatz« im Landschaftsschutzgebiet darstellte, zugestimmt.[20]

Zwischen der anfänglich erhobenen Stimme von Landesumweltanwalt Wiener und seinem späterem Agieren ist ein Bruch, der die Vermutung nahe legt, dass politischer Druck im Hintergrund stand. Die Weichenstellungen für ein Stadion waren mit LH Franz Schausberger, dem einflussreichen Walser Bürgermeister Ludwig Bieringer (beide ÖVP) und Sport-Landesrat Othmar Raus (SPÖ) als Triumvirat offensichtlich kein Problem. Exekutiert wird die Errichtung von der SWS, der »Stadion Salzburg Wals-Siezenheim Planungs- und Errichtungs GmbH«.

Gegen eine Verbauung im Vorfeld des Baudenkmals Schloss Kleßheim sprach sich auch der Landeskonservator aus, ohne aber rechtliche Möglichkeiten beanspruchen zu können. Im späten 17. Jahrhundert hatten die in Stadtnähe einzigartige landschaftliche Großräumigkeit und die Weitung zur Saalach hin mit ihrer natürlich erhöhten Geländekante diese Gegend zum Standort für ein barockes

Lustschloß prädestiniert. Johann Bernhard Fischer von Erlach, der Architekt des Erzbischofs Johann Ernst Graf Thun, errichtete hier 1700–1709 seinen einzigen Schloßbau in Salzburg, der im Sinne barocker Landnahme zu einer Neudefinition der ihn umgebenden Landschaft führte.

Prof. Friedrich Achleitner stellte bereits 1998 zum Stadion fest, »daß mit dieser Standortwahl die letzten Landschaftsreserven vor dem Schloß vernichtet werden und die ohnehin schon bedrohlich das Schloß bedrängende Bebauung endgültig in einen vorstädtischen Verbaubrei hinüberkippt«.[21] Prof. Michael Petzet, der Präsident des International Council on Monuments and Sites und Berater der UNESCO, wandte sich in einem Brief im August 2000 u. a. an Landeshauptmann Franz Schausberger:

> »Nach der derzeitigen Planung soll jedenfalls das um 1700 für Erzbischof Johann Ernst Graf Thun errichtete Schloß – ein Hauptwerk von Johann Bernhard Fischer von Erlach und damit ein Baudenkmal europäischen Ranges – samt dem Park zum Anhängsel einer riesigen Sportanlage degradiert werden. Ein derart rücksichtsloser Umgang mit dem Barockschloß des Salzburger Landes mag auf spezielle lokalpolitische Interessen zurückzuführen sein, kann jedoch angesichts der großen Tradition des Kulturstaats Österreich aus internationaler Sicht nur mit Bestürzung zur Kenntnis genommen werden. Die geplante Verunstaltung der Schloßanlage Kleßheim wird deshalb auch als Fallstudie in den kommenden Oktober der Weltöffentlichkeit übergebenen Report von ICOMOS über Denkmäler und historische Stätten in Gefahr (Heritage at Risk) Aufnahme finden.«[22]

Angesichts der Schlossnähe gruben die Architekten Schuster aus Düsseldorf, die Sieger im internationalen Architekturwettbewerb Ende 1999, ihr Projekt tief ins Erdreich bis zum Grundwasserspiegel ein.[23] Die böschungsartige äußere Abstufung des Rechtecks sollte begehbar werden und zahlreiche Räumlichkeiten aufnehmen: »Wie bei einem Vulkan kann man von einem oberen Rand des Hügels die brodelnde Atmosphäre im Inneren erahnen«, zitierte die Jury die Architekten. Ernsthaft sprach ein Jurymitglied auch von »land-art-Qualitäten«. Land-art braucht allerdings Dialog und Auseinandersetzung mit Landschaft. Unabhängig von noch so raffinierten Plandarstellungen sind die begrenzten »landschaftlichen Qualitäten« von riesigen Parkflächen (1900 Parkplätze) aber hinlänglich bekannt. Bei Fischer von Erlachs Lustschloss waren das Wechselspiel von Baukörper und Landschaftsraum und die Prospektwirkung wesentliche Entwurfsideen.

Das Stadion mit der es umgebenden Infrastruktur frisst das letzte Stück Landschaft zwischen Autobahn, dem Spanplattenwerk Kaindl und dem Schlosspark großteils auf. Es wird zwischen Kleßheimer Allee und Europastraße gezwängt. Schusters »land-art«-Anspielung mit Böschungen wich einer – ohne Konsultation mit der Jury durchgeführten – Überarbeitung mit deutlich massiverem Erscheinungsbild. Die Planung für einen banalen Vierkanter wies gleichförmige Fassadenabwicklungen von insgesamt 760 Metern Länge auf. Vom Siegerprojekt des Wettbewerbs blieben bei der Einreichplanung nur Worthülsen: »Durch die Integration des Stadions in den mit Lärchenfassade bekleideten stilisierten ›Wall‹ gelingt die Einbindung des großen Volumens in den sensiblen Kontext.«[24] Durch die strukturellen Verschlechterungen des Entwurfskonzepts hatte die Einreichplanung nichts mehr mit dem Grundgedanken des Wettbewerbs zu tun, wie im Sommer 2000 klar wurde.[25] Im Herbst distanzierte sich die Jury mit Max Rieder als stellvertretenden Vorsitzenden: »Wir haben einige der namhaftesten Architekten Europas eingeladen. Und jetzt kommt diese Blamage, dass ein Projekt realisiert werden soll, das sicher keinen Preis erhalten hätte, wenn es so vorgelegt worden wäre. […] Diese Baubewilligung entspricht vom Typus her in keinster Weise dem ursprünglichen Projekt.« Mit dem Stadion in seiner veränderten Form sei international nichts zu holen, zeigte sich Rieder überzeugt: »Ob es jetzt verschindelt oder verkleidet ist, damit ist international kein Stich zu machen. Es ist eigentlich eine peinliche Verkleidungssache. Man hätte sich das ganze Verfahren, den Wettbewerb, die Aufwändungen ersparen können, weil das ist ein dekorierter Schuppen.«[26]

Der Architekturpublizist Walter M. Chramosta sprach von einer »offiziellen Entstellung« des Siegerprojekts: »Hier wird ein schlechtes Immobilienentwicklungsspiel von Landes Gnaden auf dem Rücken jener sportbegeisterten Salzburger gespielt, die sich zu Recht auf ein neues Stadion freuen.«[27] Zudem sprach sich auch die Kammer für Architekten und Ingenieurkonsulenten gegen die Einreichpläne aus.[28]

Alfred Denk, der Geschäftsführer der Stadionerrichtungsgesellschaft, konnte keinen wesentlichen qualitativen Unterschied zwischen einem teilweise begehbaren Wall und einer annähernd senkrechten Fassade erkennen.[29] Architektur ist eine komplexe Materie, für deren Begreifen eine intensive Beschäftigung notwendig ist. Alfred Denk, der zudem Leiter der Straßenbauabteilung und der Parkgaragengesellschaft war, ist heute Landesbaudirektor, übernahm eine Monsterabteilung mit 750 Mitarbeitern und damit auch die Architektur-Agenden des Landes. Trotz der Ankündigung, bis Mitte 2001 seinen Nebenjob als Stadion-Chef aufzugeben,[30] tritt er bis heute (Juni 2002) als Repräsentant des Stadionbaus auf.

Der zweite Geschäftsführer der Stadionerrichtungsgesellschaft war Friedrich Mair. Er wurde vor Inkraftsetzung der Verordnung zum Objektivierungsgesetz Ende 2000 zum Chef der Landesplanung eingesetzt. Erst nach Protesten wegen dieser Unvereinbarkeit ist er heute nicht mehr Geschäftsführer der Stadiongesellschaft. Er hat im Gegensatz zu seinem Vorgänger DI Wolfhart Fally keine fachspezifisch-raumordnerisch Ausbildung. Als Geschäftsführer der Baulandsicherungsgesellschaft »Land-Invest« machte er klar, dass die Verfügbarkeit von Grund vor raumordnerischen Kriterien geht. Scheibchenweise, ohne erkennbare Gesamtkonzepte, wurden in den Gemeinden Gewerbegebiete »entwickelt«. Nutzungskonflikte mit benachbarten Wohngebieten – etwa im Bereich der Schwarzenbergkaserne in Wals-Siezenheim – wurden durch Lärmschutzwände zum Spielplatz und Kindergarten »gelöst«. Statt der intelligenten Nachnutzung der Kasernenflächen durch ein Gesamtkonzept für einen als Adresse attraktiven Gewerbepark, der das großflächige Entwicklungspotenzial zur Ansiedlung eines Leitbetriebes nutzt, wurde nur eine banale Ansammlung containerartiger Bauten umgesetzt. Mair ist – in Anspielung auf die Struberkaserne im Stadtteil Maxglan – auf die Geschwindigkeit der Verwertung stolz.

Bei dem geballten Informationsvorsprung gegenüber dem gewöhnlichen Häuselbauer wundert es nicht, dass die Salzburger Nachrichten von »Trickreichen Betreibern«, die »mit Haken und Ösen« arbeiten, schreiben. »Selbst Gesetze werden geändert. […] Um das Projekt voranzutreiben, wird jede Möglichkeit ausgenutzt. So hat es die Errichtungsgesellschaft geschafft, der Genehmigung durch die Grundverkehrskommission zu entgehen. Diese muss normalerweise den Verkauf von Grün-, aber auch von Bauflächen zustimmen. Es gibt eine Ausnahme: Für das Grundstück muss ein so genannter Paragraph-14-Vertrag vorliegen. Eine solche Vereinbarung regelt die weitere Nutzung eines Grundstückes, solange es noch Grünland ist. Eingesetzt wurde diese Möglichkeit vor allem, um Flächen für günstige Mietwohnungen zu erhalten. ›Da die Absicht bestand, auf der Fläche ein Stadion zu bauen, war es auch in diesem Fall einsetzbar‹, so der ehemalige SWS-Geschäftsführer Friedrich Mair.«[31]

Massive Kritik am Stadion äußerte der Rechnungshof. Die hohen finanziellen Risiken der öffentlichen Hand werden bemängelt und die Sinnhaftigkeit bezweifelt.[32]

Für Hofrat Denk und Landeshauptmann Franz Schausberger gewinnen durch das Wettbewerbsprojekt sowohl Schloss Kleßheim wie auch der Schloßpark durch das Stadion an Bekanntheit und die Schloßachse werde aufgewertet und verkehrsberuhigt.[33] Für Kritiker wird indes die wichtige Hauptachse Richtung Müllner Kirche auf einen schmalen Streifen verengt, an welchem die Einreichplanung bis zu 19,1 Meter emporragen sollte. Es wird zum fragwürdigen »Wechselspiel« aus Schloss und Stadion kommen. Der Barockbau hätte rund 20-mal auf die 180 x 200 Meter große Stadionfläche gepasst, was den eklatanten Maßstabssprung zeigt. Später erfolgte eine geringe Reduktion des Stadions.

Betroffen vom zu erwartenden Verkehrschaos sind kaum die Gemeindebürger von Wals-Siezenheim, sondern die angrenzende Wohnbevölkerung im Salzburger Stadtteil Taxham. Nach steigenden Belastungen durch Autobahn, Flughafen und Einkaufszentrum Europark begann sie den Kampf gegen das zusätzliche Verkehrsaufkommen durch das Stadion (ursprünglich 20.000 Besucher, Ausbaustufe

32.000), durch die anfänglich geplante Sporthalle (5.500 Besucher) und Zusatznutzungen. Neun Kultureinrichtungen mit zusammen 30.000 Mitgliedern und ihre Proponenten forderten in einer gemeinsamen Deklaration erfolglos die Aufstellung einer durch Ballone leicht machbaren Baumaske, die sogar privat finanziert worden wäre. Neben der Taxhamer Bürgerinitiative BIT 99 lehnte eine breite Palette kulturhistorischer Vereine sowie prominente Persönlichkeiten prinzipiell den Standort vor dem Schloss Kleßheim aus Gründen der Stadtentwicklung, der Verkehrsplanung und der Denkmalpflege ab.[34] Der Denkmalpfleger der Erzdiözese, Prälat Johannes Neuhardt, sieht das Schloss zum »Klohäusel fürs Stadion« verkommen. Er musste wahrnehmen, dass beim Erzbischof interveniert wurde, um ihn »zu domestizieren«. Maßregelungsversuche aus Wien von Ministerin Elisabeth Gehrer gab es auch für Landeskonservator Walter Schlegel: Er hatte Schausberger vorgeworfen, mit »Sturheit und Verbissenheit an diesem Projekt festzuhalten« und seinem Bedauern Ausdruck verliehen, dass das Denkmalschutzgesetz nicht zur Verhinderung des »Wahnsinns« ausreicht.[35]

Die falsche Standortwahl vor Schloss Kleßheim, die eine »Verschwindungs-Ästhetik« provoziert, führt – wie auch der Gestaltungsbeirat der Stadt Salzburg analysierte – zur Ignorierung des enormen architektonischen und städtebaulichen Potenzials einer so großen, öffentlichen Freizeitanlage. Außerdem blieben die »Möglichkeiten zur Setzung neuer prägnanter Akzente im Stadt- und Landschaftsbild« völlig ungenützt.

Basis für ein selbstsicheres Zeichen für den heimischen Sport hätte der fachlich eindeutig besser geeignete Ersatzstandort Liefering – nördlich der Autobahn, westlich der Salzach – leisten können. Dies zeigen seit Herbst 1998 die von Planungs-Ressortchef Johann Padutsch beauftragten Studien der Salzburger Architekten Wimmer/Zaic. Alle relevanten fachlichen Faktoren hätten für Liefering gesprochen, darunter eine deutlich bessere Verkehrserschließung – öffentliche Verkehrsanbindung in Form der Lokalbahn und zweier Buslinien und ein leicht über den Autobahnzubringer kanalisierbarer Individualverkehr. Eine temporäre Sperre der einzigen vorhandenen Zufahrtsstraße, ausgenommen Anrainer, wäre leicht zu bewerkstelligen gewesen. Der Gestaltungsbeirat verwies zudem auf Synergien mit dem SAZ bei gemeinsamer Nutzung der Parkplätze.[36]

Der Standort wäre eine lohnende Aufgabe für einen Wettbewerb gewesen, der die Kreativität der Architekten nicht allein auf den Erfindungsreichtum beim Verstecken von Kubatur beschränkt hätte. Allerdings schwand diese letzte Chance, als sich die Mehrheit der Stadtpolitik gegen den Standort Liefering aussprach.

In der Würdigung des öffentlichen Interesses zum Thema »Raumplanung und Standortfrage« im Rahmen der »Naturschutzrechtlichen Bewilligung« wird festgehalten, »dass nach den vorliegenden Ermittlungsergebnissen die beantragten Maßnahmen an keinem anderen Standort errichtet werden könnten als an dem nunmehr beantragten, da einerseits eine Verfügbarkeit der diesbezüglichen Flächen nicht gegeben ist und andererseits weitere wesentliche Voraussetzungen wie Flächenwidmung und Gemeinderatsbeschlüsse für andere Standorte nicht gegeben sind«.[37] Diese Begründung ist das wohl unfreiwillige, aber umso offenere Eingeständnis, dass keinerlei aktive und interkommunal abgestimmte Regionalplanung die Basis von Entscheidungen im Zentralraum ist.

2.2 Megabau in Guggenthal

In der an die Stadt direkt angrenzenden Gemeinde Koppl, – sie ist Anfang der neunziger Jahre, um nicht bei der Verbauung der Heubergabhänge behindert zu werden aus dem Regionalverband ausgetreten –, soll das auf mehr als 70 Millionen Euro geschätzte Projekt Guggenthal zur Revitalisierung des denkmalgeschützten Ensembles mit Braugasthof, Villa und Brauhaus sowie die Nutzung als Konferenz- und Eventcenter inklusive einer Luxushotel- und Wohnanlage umgesetzt werden. Bedenken hegte beispielsweise die Arbeiterkammer. Von ihr wird »die Intensivierung der Verbauung ›eher als kontraproduktiv zu den jahrelangen Bemühungen, den Naherholungsraum rund um den Gaisberg aufzuwerten‹«, gesehen. Die geplante Errichtung eines Beherbergungsgroßbetriebes wird als »problematischer Eingriff« in einen Bereich bezeichnet, »dem raumordnungsfachlich als Grünraum überregionale Bedeutung zukommt«.[38] Auch Naturschutzbund und Alpenverein sprachen sich gegen diese massive Verbauung am Fuß des Gaisbergs aus. Ihr dringender Appell an die Landesregierung, den verbliebenen Grünraum um die Stadt Salzburg als solchen zu erhalten und im konkreten Fall von Guggenthal der Gemeinde Koppl »die Änderung der Flächenwidmung zu untersagen,«[39] war vergebens.

Für den Bau eines Luxushotels auf der Wiese »Professorfeld« im westlichen Teil des Gutes wurde ein Ausbau auf 250 Betten vorgesehen. Hinzu kommen 100 Appartements der Luxusklasse. In der Projektbeschreibung von Anfang 2001 sind zwei Appartementbauten dem Hotel vorgelagert und beide als Zweitwohnsitze mit dem Komfort des Luxushotels konzipiert. Die bauliche Ausnutzung mit einer GFZ von 1,1 ist zudem gemessen an den Erfordernissen einer landschaftsverträglichen Planung in diesem Raum sehr hoch. In der ersten Bauetappe soll das 5-Sterne-Luxushotel mit Business-, Wellnessbereich und mit 160 Zimmern ausgebaut werden. Als Grund wird eine Marktuntersuchung mit einer derartigen Optimalgröße in der Startphase angegeben.[40] Ob die geplante bzw. die Vollausbau-Größe eine Umweltverträglichkeitsprüfung erforderlich macht, wird sich im Umwidmungsverfahren für ein mittlerweile modifiziertes Projekt mit neuen Betreibern zeigen, das im Juni 2002 noch nicht abgeschlossen ist.

Nach dem Entwurf des Sachprogramms »Landschafts- und Grüngürtel im Salzburger Ballungsraum« war 1993 die Einbeziehung von Guggenthal als »Grünraum von überregionaler Bedeutung« in den Grüngürtel vorgesehen. Im Regionalprogramm Salzburg Stadt und Umgebungsgemeinden wird der angrenzende Regionalverband Osterhorngruppe aufgefordert, in seinem Regionalprogramm den Grüngürtel für den Salzburger Ballungsraum im Bereich Koppl zu ergänzen. Das sind allerdings theoretische Planspiele, ist doch Papier geduldig. Eine Realisierung des Hotels oder eines anderen Gebäudes wird auf dem Südhang des Tales – zwischen Heu- und Gaisberg – zu einer weiteren großflächigen Versiegelung in einem markanten Grünzug im Osten der Stadt Salzburg führen.

2.3 Urstein-Au
Noch großräumiger sind die für die nächsten Jahre geplanten oder zumindest möglichen Verbauungen in den Landschaftsräumen in den Umlandgemeinden südlich der Stadt. Jene Stelle, an der sich das Salzachtal zum Salzburger Becken öffnet, ist besonders sensibel: »Vorrangbereiche für künftige Gewerbezonen« westlich des bestehenden Sony-Werks in Neu Anif/Niederalm, die auch im Regionalprogramm Salzburg Stadt und Umgebungsgemeinden zu finden sind, bedeuten gemeinsam mit (bestehenden) Bebauungen in den Tennengauer Ortschaften Taxach und Rif auf dem Gemeindegebiet Hallein, dass die seit den fünfziger Jahren stark gewachsene Versiegelung westlich der Salzach eine weitere massive Steigerung erfahren wird. Hinzu kommen nun östlich des Flusses massivste Verbauungsüberlegungen in der Urstein-Au in Puch. Diese Gemeinde ist mit Hallein ebenfalls Mitglied des Regionalverbandes Tennengau.

Die Summe dieser baulichen Barrieren wird das wünschenswerte Ziel eines zusammenhängenden Grünzuges vom Salzachtal hinein in das Stadtgebiet bis zu den Wiesen entlang der Hellbrunner Allee – einem wichtigen Gebiet des so genannten Grüngürtels – stark beeinträchtigen.

Verschärft wird die Situation dadurch, dass – mit Elsbethen im Norden – vier benachbarte Gemeinden betroffen sind sowie die Stadt Salzburg, dass zwei Regionalverbände und gleichzeitig zwei Salzburger Gaue unterschiedliche und unkoordinierte Interessen verfolgen. In diesem sensiblen Gebiet hätte die in Salzburg längst überfällige Kooperation von Gemeinden, interkommunal ein sinnvoll situiertes Gewerbegebiet zu betreiben, beginnen können, wodurch ein Ausgleich zwischen legitimen wirtschaftlichen und ökologischen Interessen möglich gewesen wäre. Das einzige in Salzburg vorhandene Kooperationsmodell ist nur die Werbegemeinschaft »Seeland Tourismus GmbH«.[41]

Mit der Verwertung der Urstein-Au sind zwei Problemfelder verbunden, jenes des Ignorierens des Landschaftsschutzes und die Absiedlung der Fachhochschule aus der Kernstadt.

Die Gemeinde Puch wollte in der Urstein-Au einen Betriebsstandort ins Sachprogramm »Siedlungsentwicklung und Betriebsstandorte im Salzburger Zentralraum« von 1995 hineinreklamieren, was ihr nicht gelang. Später widmete das Land ein kleines Gewerbegebiet von 6 ha, machte den Anfang, ohne noch das Landschaftsschutzgebiet anzutasten. Auch eine Autobahnabfahrt wurde genehmigt. Im Mai 2000 schnappten die privaten Investoren Hans Asamer und Dietmar Aluta dem Developer des Landes, der »Land-Invest«, diese Flächen weg und kauften insgesamt 55 ha, davon 49 ha Landschaftsschutzgebiet und Grünland. Zwei überregionale Gewerbegebiete – ein 25 ha großer Gewerbepark nördlich der Autobahn mit nun eigenem Anschluß und ein 10 ha großer Technologiepark – sollen auf der Wiese zwischen Autobahn und Schloss Urstein nach der Umwidmung entstehen sowie die Fachhochschule aus dem Stadtteil Itzling hierher kommen. Die auf 300 Millionen Schilling geschätzte Sanierung einer dort vorhandenen Mülldeponie wird die Republik nach dem Altlastensanierungskonzept mit 65 % der Kosten fördern. Zudem gehört zu Asamers Imperium die RMVG Restmüllverwertungs GmbH im steirischen Erzberg, ein weiterer Schachzug, der für den Investoren jeden Quadratmeter günstig erworbenen Grünlands vergoldet.

> »Die ökologische Bedeutung dieses Talabschnittes wird durch die mehrmalige Unterbrechung des Gewässerkontinuums der Salzach sowie durch die sehr hohe Nutzungsintensität stark geschmälert. Demzufolge gewinnen noch erhaltene naturnahe Landschaftselemente in der ausgeräumten Kulturlandschaft an Bedeutung. Wenngleich stellenweise Fichtenaufforstungen oder andere Nutzungen die flurbegleitenden Auwälder oder Auwaldreste aufreißen, sind sie insgesamt für den intensiv genutzten Talboden ein wesentliches Element einer ›Restnatur‹, wo noch Aspekte der Vielfalt und Geschlossenheit des Landschaftsbildes auszumachen sind.«[42]

Nun wird nur ein schmaler, so genannter »Grünkorridor« am Salzachufer übrig bleiben. Der Naturschutzbund Salzburg spricht von »ausufernder Raumnutzung« und »mangelhafter Raumplanung«, der »Entwertung des Salzachtals«, »Grünraum kaputt«. Er

> »sieht es als Armutszeichen der Landesplanung an – gibt es eine solche überhaupt noch? –, wenn die letzten bestehenden Frei- und Grünräume im Talboden des Salzachtals und rund um die Landeshauptstadt sukzessive verbaut werden. Der Naturschutzbund hatte sich – genauso wie gegen den Standort Kleßheim – seinerzeit auch gegen den Standort Urstein-Au als Platz für ein Stadion ausgesprochen. Wenngleich besagter Raum in der Urstein-Au stellenweise schon durch frühere Nutzungen (Deponie, Umforstung) beeinträchtigt wurde, sollte das kein Freibrief zu einer gänzlichen Verbauung sein.«[43]

Diese Vorstöße privater Investoren für Gewerbegebiete bzw. die der Fachhochschulverlegung stehen in deutlichem Gegensatz zum rechtswirksamen Landesentwicklungsprogramm (LEP) 1994: »Großflächige Gewerbeansiedlungen« sollen vorrangig in so genannten »Verdichtungsgemeinden und Zentralen Orten der Stufen B und C des ländlichen Raumes« (S. 43), »Ansiedlungen und Erweiterungen von Bildungseinrichtungen vorzugsweise in Zentralen Orten der Stufen B und C« (S. 52), »Neuschaffung von größeren Arbeitsplatzkonzentrationen vorrangig in Zentralen Orten der Stufe B« (S. 61) getätigt werden. Puch ist mit dem Status »E« ganz hinten in dieser zentralörtlichen Hierarchie der Landesplanung, welche die Stadt Salzburg als »A« und beispielsweise Hallein, Oberndorf oder Bischofshofen/St. Johann als »B« kategorisierte.[44] Die Umsetzung der beiden Gewerbeparks und der Fachhochschule nahe des Schlosses zeigt die Unverbindlichkeit des LEPs, das durch die »Macht des Faktischen« widerstandslos ausgehebelt wird.

Die zweite, kontraproduktive Entwicklung neben den beiden geplanten Gewerbegebieten in der Urstein-Au ist die Fachhochschule. Die Wirtschaftskammer als Betreiber der Salzburger Fachhochschule, mit den Studiengängen Telekommunikationstechnik und -systeme, MultiMediaArt, Informationswirtschaft und -management, interaktive Dienste und Digitales TV, hat sich im Mai 2001 endgültig festgelegt, diese Bildungseinrichtung aus dem Stadtteil Itzling abzusiedeln und östlich des Schlosses Urstein in einem Neubau unterzubringen. Die politischen Grundsatzentscheidungen sind gefallen, der Termin der Übersiedlung der Fachhochschule ist fixiert, obwohl die notwendigen Verfahren noch nicht abgewickelt sind. Neben dem von der Stadtplanung längst widerlegten Argument, es gäbe keine Erweiterungsmöglichkeiten in Itzling,[45] führte die Wirtschaftskammer als zweiten Grund für den folgenschweren Schritt an, in Puch mit günstigeren jährlichen Gesamtkosten (ATS 17 statt 22 Millionen) kalkulieren zu können.

Das von den Betreibern angepeilte »Kompetenz-Zentrum und der Betriebsstandort für IT-Anwendungen« bedeutet einerseits die äußerst bedenkliche Abwanderung der zentralörtlichen Funktion Bildungseinrichtung und mittelfristig wohl auch die Übersiedlung der meisten mit der FH kooperierenden Betriebe aus Itzling in den südlichen »Speckgürtel«. Das Abwanderungs-Argument »schlechte Adresse« des Stadtteils wird durch den Wegzug weiter verschärft, anstelle gemeinsam mit der Stadt die Verantwortung einer Institution wie der Fachhochschule wahrzunehmen, diese Adresse attraktiver zu machen. Für die dringend notwendige, aber erst am Anfang stehende strukturelle Stadtteilerneuerung Itzlings ist die Abwanderung eines vitalen Hochschulbetriebs ein schwerer Schlag. Sinnvoll sind die im Räumlichen Entwicklungskonzept der Stadt (REK) festgelegten Prioritäten für den Bereich Itzling als »auszubauendes Mittleres Zentrum« mit »Schwerpunktraum Nutzungsintensivierung« bei gleichzeitiger »Verbesserung der Grünflächenversorgung«. Die Abwanderung bedeutet, dass jene der rund 1500 Schüler und der rund 100 Lehrer, die in der Stadt wohnen wollen, zu täglichen Auspendlern nach Puch werden müssen.

Am Beginn der definitiven Etablierung Urstein-Au als Gewerbe-, Technologie- und Bildungsstandort stand am 8. 5. 2001 der einstimmige Beschluss der Bürgermeisterkonferenz des Tennengaus für den Entwurf zum Tennengauer Regionalprogramm. Der von der Gemeinde Puch umgesetzte Wunsch der Investoren unterhöhlte die vorbildhafte strategische Umweltplanung des Regionalkonzepts damit massiv.

Am 14. 2. 2002 waren die Würfel endgültig für die Urstein-Au gefallen: »Der Standort liegt im Zentralraum, ist gut erschlossen und relativ leicht erreichbar«, stand im Endbericht der Arbeitsgruppe, in der Vertreter von Stadt und Land, Raiffeisen (Techno-Z), Wirtschaftskammer (FH), Salzburg Agentur sowie Urstein-Betreiber Hans Asamer und Dietmar Aluta (Alpine) saßen. Birgitta Schörghofer schrieb in den Salzburger Nachrichten über so manchen Meinungswandel seitens der Stadt Salzburg, die zuvor die Randlage der Tennengauer Gemeinde kritisiert hatte. Als Trostpflaster sollen in die leer stehenden Gebäude Teile der naturwissenschaftlichen Fakultät – im Gespräch sind die Biowissenschaften – einziehen. Die Entscheidung des Bundes, ob dieser Ausbau der Nawi überhaupt stattfinden wird, soll im Herbst 2002 fallen.[46]

Der prompte Protest der Stadt »Keine Einigung mit der Stadt« widerspricht dem Endbericht. Sie hielt ihre Kritik an einem überregionalen Gewerbestandort Urstein-Au und an der Ansiedlung der Fachhochschule aufrecht, die beide »allen geltenden Verordnungen und Sachprogrammen des Landes« widersprächen. Im Entwicklungsplan »Die Stadt Salzburg und ihr Umland« ist die Urstein-Au als »immissionsfreie Zone« ausgewiesen.

Dies deckt sich mit der Fachmeinung von Landesumweltanwalt Wolfgang Wiener, dass durch die geplanten Verbauungen dieses Talraumes in der Urstein-Au der »Grünkeil wesentlich abgeschwächt« würde: »Ich kann Grünraumverlust nicht ausgleichen durch eine Aufforstung woanders. Man verschiebt einen Rest zum nächsten Rest. Letztlich bleibt immer weniger Grün übrig.« Auf die Frage der SN im März 2002, ob er als Landesumweltanwalt im Fall Urstein-Au machtlos wäre, meinte Wiener: »Eigentlich schon.«[47] Wieners Rollenspiel als hilfloses Opfer ist nicht nachvollziehbar. 10 Tage später erinnerten ihn vier seiner Mitarbeiterinnen der Landesumweltanwaltschaft in einem Leserbrief daran, dass er in seiner rechtlichen Situation keineswegs machtlos sei, sondern »weisungsfrei und unabhängig«: »Er kann seine Rechte bis zum Verwaltungsgerichtshof durchsetzen. Ebenso wie alle anderen österreichischen Umweltanwälte hat er im Verfahren zur Prüfung der Umweltverträglichkeit (UVP) Parteistellung. Damit werden ihm auch im Bundesrecht umfangreiche Rechte zugestanden.«[48] Die LUA hat im

Rahmen der Flächenwidmung und der folgenden Verfahren wie Umweltverträglichkeitsprüfung sehr große Gestaltungsmöglichkeiten. Die Umweltanwaltschaft kann Bescheide beeinspruchen auf Landesebene, beim Umweltsenat als zweiter Instanz. Besonders wichtig ist die Möglichkeit, im weiteren Procedere Beschwerde beim Verwaltungsgerichtshof einbringen zu können.[49]

Die Möglichkeit der Beschwerde beim Verwaltungsgerichtshof ist besonders wichtig. Seit Anfang der neunziger Jahre, seit dieses Recht der LUA besteht, war beim Verwaltungsgerichshof rund eine Beschwerde pro Jahr anhängig. Wiener hat seit Beginn seiner Tätigkeit als Landesumweltanwalt 1998 noch keine einzige Eingabe gemacht.

Ist der Nachfolger von Umweltanwalt Eberhard Stüber, dem »schier unantastbaren« »Ökologie-Kapazunder« (Manfred Perterer),[50] unabhängig und weisungsfrei? Dieser Eindruck drängt sich bei Wolfgang Wiener nicht auf. Bevor die Stellungnahme der LUA zur »Umweltverträglichkeits-Erklärung« (UVE) für die Urstein-Au erfolgt ist (sie ist Anfang Juni 2002 noch nicht öffentlich zugänglich), kündigt Wiener bereits seine Machtlosigkeit an. Wird es im weiteren Genehmigungsverfahren – entsprechend seiner zitierten Fachmeinung – eine negative Stellungnahme geben und im Falle eines positiven Naturschutzbescheides eine Beschwerde beim Verwaltungsgerichtshof?

Aus diesem ökologisch wichtigen Grünkeil sollen 27 Hektar für Gewerbe- und Technologiepark sowie Fachhochschulen herausgebrochen werden. 18 Hektar Wald und zwölf geschützte Tierarten müssen weichen. Sowohl Gewerbegebiet als auch Fachhochschule wären auch möglich gewesen, ohne das Landschaftsschutzgebiet anzutasten und ohne derart umfangreiche Rodungen durchzuführen. Die Akzeptanz der Maximalforderung der Investoren wäre eine gänzliche Bankrotterklärung von raumordnerischen und naturschutzrechtlichen Steuerungsmöglichkeiten insgesamt.

In der Causa Urstein-Au geht es nicht allein um sehr viel Geld, sondern es kommt der in Insiderkreisen bekannte, schon länger tobende Kampf zwischen dem Landeshauptmann und seinem Parteifreund Wolfgang Gmachl als Direktor der Wirtschaftskammer hinzu. Die Interessenvertretung hat mit dem Betreiben der Ansiedlung der Fachhochschule ihre Glaubwürdigkeit als Lobbyist gegen die Zerstörung von gewachsenen Strukturen verloren.[51]

Dass die Lokalpolitiker in Puch durch die Tragweite ihrer Entscheidung, einen großen Schulkomplex sowie Gewerbegebiete auf Wiesen zu stellen, überfordert sind, zeigt bereits der Architekten-Wettbewerb für die Fachhochschule unweit des Schlosses Urstein. Puchs Vizebgm. Georg Schüler, der mit sieben Gemeindevertretern als beratendes Gremium bei der Jury-Sitzung Anfang Mai 2002 dabei war, befürchtet eine »massive und sehr dichte Verbauung«. Er war schockiert von siebenstöckigen, bis zu 24 Metern hohen Häusern.[52]

Neben dem Stadion vor Schloss Kleßheim und dem Hotel- und Apartmentkomplex in Guggenthal (Koppl) ist das Absiedeln der Fachhochschule nach Puch ein besonders fatales Zeichen, verbindet sich doch hier der Verlust von Landschafts- und Freiräumen mit einer Ausdünnung städtischer Kernkompetenzen. Neben dieser für die Stadt kontraproduktiven Auszehrung, deren Anstrengen mittelfristig auch zum Nachteil für die Stadtregion wird, weist die Stadt – gegenüber den meisten Umlandgemeinden – eine ungleich konsequentere Selbstbeschränkung auf.

Die Stadt Salzburg muss in die Offensive gehen. Sie verfolgt die international übliche stadtplanerische Entwicklungsstrategie der »kompakten Stadt« und der »Stadt der kurzen Wege«. Allerdings ist die Stadt Salzburg in einer Zwickmühle. Zu den großen, durch die Grünlanddeklaration festgeschriebenen Freiräumen kommt ein sehr hoher Anteil an Einfamilienhäusern. Dieser besonders im Süden zu beobachtende »Gartenstadt-Charakter« ist ein wesentlicher Teil der hohen Lebensqualität Salzburgs, führt aber zu geringen Baulandreserven innerhalb der Stadtgrenzen. In den achtziger Jahren erfolgte ein 180-gradiges Umdenken in der Verkehrsplanung, von Projekten zu autogerechten Straßenschneisen und Entlastungstangenten hin zu einer Drosselung des Individualverkehrs im Stadtkern. Gleichzeitig wurde versäumt, in den öffentlichen Verkehr zu investieren, sodaß die Entwicklungen im »Speckgürtel« eine Beschleunigung erfuhren.

3. GESTALTUNGSBEIRAT UND ARCHITEKTURQUALITÄT

Ist die Stadt Salzburg auch keineswegs frei von Defiziten und Unzulänglichkeiten – beispielsweise in der Rolle als Bauherr von Großprojekten –, so ist das architektonische Niveau erfreulich hoch. Nicht nur Letzteres fällt außerhalb der Stadtgrenzen im »Speckgürtel« und besonders in den Gauen rapid ab. Verkürzt kann gesagt werden, dass das Instrument »Gestaltungsbeirat« in der Stadt das Architekturniveau in den letzten 19 Jahren in Summe zweifellos positiv beeinflusst hat, während die seit Mitte der neunziger Jahre auf Bezirksebene und in Landgemeinden etablierten Beiräte nur zum Teil zeitgemäße Architektur fördern. Der andere Teil macht das Gegenteil, be- oder verhindert es sogar. Eine Reform der Landesverwaltung wäre also dringend notwendig, bleibt doch nach Befassung von Ortsbildkommission, Gestaltungsbeirat, Bezirksarchitekt, Amtssachverständigen, Bauamt und Naturschutzbehörde unter der Patronanz des Bürgermeisters als erste Bauinstanz oft nur der kleinste gemeinsame Nenner der Beteiligten übrig, eine schlecht Ausgangslage für die Stimmigkeit architektonischer Konzepte. Im Rahmen einer grundsätzlichen Neustrukturierung stellt der Vorschlag des Salzburger Architekten Gerhard Garstenauers aus dem Jahr 1986, einen qualifizierten Gestaltungsbeirat »für das Land Salzburg als Ganzes« einzusetzen, eine verfolgbare Möglichkeit dar.⁵³ Aber auch der bestehende Gestaltungsbeirat der Stadt Salzburg müsste längst über die Stadtgrenzen hinaus für den gesamten Ballungsraum eingesetzt werden.

Unternehmen empfinden die sinnvolle Forderung der Stadt Salzburg nach architektonischem Anspruch oft als Hürde. Sie bewährt sich jedoch in den meisten Fällen. Augenfälliges Beispiel ist der Vergleich von Airportcenter und Europark. Fast wäre der Europark allerdings als banale Containerarchitekur entstanden. Der Gestaltungsbeirat der Stadt wehrte sich so lange gegen den zähen Wunsch der Spar-Manager nach einem eingegrabenen Riesencontainer, bis diese schließlich einen beschränkten Architekturwettbewerb akzeptierten. Der römische Stararchitekt Massimiliano Fuksas gewann ihn und konnte sein Konzept mit geringen innenräumlichen Abstrichen errichten. Er plante nicht nur das »schönste Einkaufszentrum Europas« (»*Architektur Aktuell*«), zusätzlich zu seiner Orientierung an der Autobahn übernimmt die künstliche »Werktagsstadt« zum Teil die Funktion eines Stadtteilzentrums für Taxham. Bei der aktuellen geplanten Erweiterung konnte den Bauwerbern Europark und IKEA abgerungen werden, dass ein Teil der zukünftigen Hofbildung verkehrsfrei sein und ein Freiraumkonzept realisiert werden wird.

Das Airportcenter in Wals-Siezenheim ist hingegen eine immer unübersichtlicher werdende Einkaufs- und Entertainment-Agglomeration ohne architektonische und freiräumliche Qualität sowie ohne Gesamtkonzept. Es wuchs auf der grünen Wiese an einer Autobahnabfahrt im letzten Jahrzehnt unter Ausnutzung jeglichen rechtlichen Schlupflochs stetig. Hotels, Shopping-Mall, Möbelmarkt und Baumarkt – ergänzt um einen Großkinocontainer und eine Disco als »Urban Entertainment Center« – wurden als isolierte, architektonisch anspruchslose Solitärbauten aufgefädelt. Die Abstandsflächen füllt ein Labyrinth von Parkplätzen auf. So wundert es nicht, dass im April 2002 der Generaldirektor der Wiener Städtischen Versicherung – nach nur acht Jahren Betrieb – eine Erneuerung des Airportcenters ankündigte. Als Ideengeber wurde die deutsche Firma ECE Projektmanagement engagiert, der europäische Marktführer für die Revitalisierung von Einkaufszentren.⁵⁴

Ludwig Bieringer war es, der Wals zur »erfolgreichen Rambo-Gemeinde« machte, wie die Salzburger Nachrichten am 1. August 1998 titelten. Auf Betreiben Bieringers übersiedelte das Casino vom Mönchsberg in das Schloss Kleßheim und damit allein 1,4 Millionen Euro an jährlichen Steuereinnahmen. Die damalige Einschätzung in den SN, dass Bieringer nicht nur mit der Stadt, sondern auch mit der Raumordnungsabteilung des Landes »des öfteren im Clinch« liege,⁵⁵ hat sich wohl spätestens mit dem gemeinsamen Stadion-Projekt von Land und Gemeinde Wals vor Schloss Kleßheim gewandelt. 1998 wollte Bieringer »durch Gutachten« die fehlende Widmung des damit als Schwarzbau gerade entstehenden Baufachmarkts bauMax beim Airportcenter erreichen. Im Dezember 1998 hat die Landesregierung eine solche nachträgliche Umwidmung des Geländes noch abgelehnt und Bieringers Gemeinde klagte gegen den negativen Raumordnungsbescheid des Landes beim Verfassungs- und Verwaltungsgerichtshof. Nach der Landtagswahl im März 1999 beschlossen Landes-ÖVP und Landes-SPÖ die nachträgliche Widmung als Einkaufszentrum. Bieringers nächster Streich, die Erweiterung um einen Gewerbepark mit 4100 Quadratmeter in mehreren verschiedenen Gebäuden, erhöhte die Unübersichtlichkeit weiter. Die Aufsichtsbeschwerde der Stadt, dass die Betriebsgebäude eine funktionelle Einheit bildeten und es sich damit um einen bewilligungspflichtigen Handelsgroßbetrieb handelt, wurde vom Land abgelehnt. Beim Land war man allerdings auch der Meinung, dass die BH Salzburg Umgebung gut beraten gewesen wäre, die Beurteilung der Raumordnungsfrage nicht durch einen eigenen Sachverständigen, sondern durch einen Experten des Landes durchführen zu lassen.[56] Die vollkommen unzureichenden Lenkungsmaßnahmen bei Einkaufs- und Fachmarktzeintren können aber hier nicht mehr erörtert werden. Auch sie erzeugen auber auf politischer Ebene wachsenden Druck.

ANMERKUNGEN

1   Friedrich Mair (Hg.): Salzburger Raumordnungsbericht 2001, Salzburg 2002.
2   Vgl.: Norbert Mayr: Dimensionen gesprengt. In: Salzburger Nachrichten, 31. 8. 1998.
3   Vgl.: Norbert Mayr: Eine Museumsbox auf dem Mönchsberg. In: Salzburger Nachrichten 17. 10. 1998; Norbert Mayr: Keine schöne Aussicht ohne späte Einsicht. In: Salzburger Nachrichten 14. 4. 2001; Norbert Mayr: Klotz an Berg und Bein. In: Architektur und Bauforum, 1/2002, S. 6–7.
4   Norbert Mayr: Bombe gegen Holzmeister? In: Salzburger Fenster, 24. 4. 2002, Ausgabe 13/02; Norbert Mayr: Wandel eines Bezirks. In: Salzburger Nachrichten, 20. 4. 2002; Norbert Mayr: Entscheidung für Mozart. In: Salzburger Nachrichten, 20. 9. 2001; Norbert Mayr: Sorge um das »Haus für Mozart«. In: Salzburger Nachrichten, 19. 4. 2001.
5   Norbert Mayr: Dreifaltigkeitskirche kein Meisterstück – Das kritische Urteil eines Barockexperten. In: Bastei, 50. Jg., 4. Folge, Dezember 2001, S. 15.
6   Vgl.: Norbert Mayr: Öffnung zu Sonne, Landschaft und zur Stadt. In: Salzburger Nachrichten (Stadtteilzeitung), 2. 3. 2001.
7   Richard Plunz, Hubert Klumpner, Norbert Mayr, Eva Held: Architektur: Situation in Salzburg. Strategie für den »Speckgürtel«, Städtebauliches Studio der Internationalen Sommerakademie für Bildende Kunst zwischen 30. Juli und 1. September 2001 auf der Perner-Insel in Hallein.
8   Für genauere Entwicklungsdaten siehe: Norbert Mayr: Shopping im Speckgürtel. In: Salzburger Nachrichten, 28. Juli 2001; Norbert Mayr: Shopping im Salzburger Speckgürtel. In: Dérive (Zeitschrift für Stadtforschung), September 2001, S. 4–7; Norbert Mayr: Stadtregion, Speck- und Schlafgürtel. in: Kunstfehler, Jänner 2002.
9   Peter Weichhart: Europaregion Salzburg. Impulsvortrag des Symposiums »Das Phänomen ›Speckgürtel‹ und die Salzburger Stadtregion« am 10. 8. 2001 (Veranstalter INITIATIVE ARCHITEKTUR, Kurator Norbert Mayr in Kooperation mit der Internationalen Sommerakademie für Bil-

dende Kunst und den Salzburger Nachrichten); vgl.: Peter Weichhart: Haben die Orts- und Stadtzentren noch eine Chance. In: Herbert Dachs/Roland Floimair (Hg.), Salzburger Jahrbuch für Politik 1999, Salzburg/Wien 1999, S. 127.

10 Vgl.: Norbert Mayr: Nieder mit Fischer von Erlach II. In: Architektur und Bauforum, 4/2000, S. 6–8, Norbert Mayr: Ein Fußballstadion gegen Fischer von Erlach. In: Die Presse, Gastkommentar vom 8. 5. 2000, S. 2.

11 Karin Hofer: Konfliktverschärfung und gesellschaftlicher Bedeutungsverlust: Die Landesumweltanwaltschaft seit 1997. In: Dachs/Floimair: Jahrbuch 1999, S. 155.

12 Der Bescheid der Naturschutzbehörde des Landes vom 24. 7. 2000 kam durch eine – so der Naturschutzbund – »fragwürdige, zum Teil unglaubwürdige Interessenabwägung« zu einem positiven Ergebnis. Der Naturschutzbund zeigte in der Medieninformation vom 22. 8. 2000 zusätzliche Widersprüche auf Seite 53 im Abschnitt Ersatzmaßnahmen auf, wo zu unrecht von einer »aus Sicht des Amtssachverständigen erfolgten positiven Beurteilung im Hinblick auf die Angemessenheit betreffend die Ersatzmaßnahmen« die Rede war.

13 Naturschutzrechtliche Bewilligung vom 24. 7. 2000 betreffend »SWS Stadion Salzburg Wals-Siezenheim Planungs- und ErrichtungsgesmbH; Errichtung eines Fußballstadions mit wirtschaftlichen und sonstigen Nebennutzungen (Parkplätze u.a.) im Landschaftsschutzgebiet Siezenheimer Au auf GN 1219/1 u.a. KG Liefering I«, S. 32

14 Naturschutzrechtliche Bewilligung vom 24. 7. 2000, S. 12.

15 Naturschutzrechtliche Bewilligung vom 24. 7. 2000, S. 15.

16 Österreichischer Naturschutzbund – Landesgruppe Salzburg, Stadion: Umweltanwalt gefordert, Medieninformation vom 2. 6. 2000.

17 Österreichischer Naturschutzbund – Landesgruppe Salzburg: Stadion: Konkurs des Kultur- und Landschaftsschutzes, Medieninformation 03. 08. 2000.

18 Hypo NÖ. Bauplan, Stadion Salzburg-Wals, St. Pölten o.J., S. 9. Gleichzeitig sollte in dieser Studie in der Schlossachse der gesamte zentrale Rasen des Schlossparks zum Parkplatz für Reisebusse degradiert werden (Plan S. 16).

19 Karin Zauner, Dickes Lob für Freiraumkonzept. In: Salzburger Nachrichten (Lokal-Teil), 30. 1. 2002, S. 4–5.

20 Österreichischer Naturschutzbund: Stadion, Medieninformation.

21 Friedrich Achleitner: Brief an Traude und Heinz Waschgler vom 13. 12. 1998. Zit. in: Mayr, Nieder mit Fischer von Erlach II, S. 7.

22 Prof. Michael Petzet (UNESCO): Brief an Landeshauptmann Franz Schausberger vom 25. August 2000; siehe auch: ICOMOS-Stellungnahme zum projektierten Fußballstadion vor Schloß Kleßheim. In: Steine sprechen, Zeitschrift der österreichischen Gesellschaft für Denkmal- und Ortsbildpflege, September 2001, Nr. 121.

23 Zum Wettbewerb siehe: Norbert Mayr, »Land-Art« ohne Land. In: Architektur und Bauforum News-Letter vom 21. 1. 2000.

24 Schuster Architekten: Einreichplanung Stadion in Salzburg Wals-Siezenheim (Stand 28. 4. 2000), S. 4.

25 Norbert Mayr: Der Fluch des Standortes. In: Gastkommentar vom 26. 7. 2000 im Salzburger Fenster, S. 7.

26 ORF.at-Forum vom 26.9.: Vgl. Brief von Max Rieder vom 21. 9. 2000.

27 Walter M. Chramosta: Die Walser Kindesweglegung. In: Die Presse (Spektrum), 7. 10. 2000.

28 Vgl.: Walter M. Chramosta, Verschandelung durch Verschindelung. In: Architektur und Bauforum, 6/2000, S. 6–7.

29 Gespräch mit Alfred Denk, Salzburg 20. 4. 2000.

30 Stadion-Chef vor dem Abschied. In: Salzburger Nachrichten (Lokal-Teil), 10. 1. 2001.
31 Trickreiche Betreiber. In: Salzburger Nachrichten (Lokal-Teil), 25. 4. 2001, S. 2.
32 Stadion im Visier. In: Salzburger Nachrichten (Lokal-Teil), 12. 12. 2001, S. 2.
33 Vgl.: Landeshauptmann Franz Schausberger zu Stadion Projekt: Kleßheim wird aufgewertet. In: SVZ vom 27. 4. 2000, S. 2.
34 Guido Müller: Keine Verbauung vor Schloß Kleßheim. In: Landeskunde Info (Meinung) 2/2000, S. 4; Deklaration zu Schloß Kleßheim, in Bastei 2/2000, S. 19; »Kein Stadion vor Schloß Kleßheim«, ganzseitige Einschaltung in den Salzburger Nachrichten, 22. 7. 2000. S. 11.
35 Schulterschluss gegen Stadion Kleßheim. In: Salzburger Nachrichten (Lokal-Teil), 6. 4. 2000; Hartes Ringen ums Stadion. In: Salzburger Nachrichten (Lokal-Teil), 15. 4. 2000.
36 Vgl.: Stellungnahme des Gestaltungsbeirats zum Projekt Nr. 328 Stadion Liefering in der 94. Sitzung.
37 Naturschutzrechtliche Bewilligung vom 24. 7. 2000, S. 44.
38 Daniela Strasser: Megabau in Guggenthal vor Abschluß. In: Salzburger Fenster 2001/12.
39 Gemeinsame Stellungnahme von Naturschutzbund und Alpenverein Salzburg vom 6. 4. 2001.
40 Neuer Wind für altes Gut. In: Salzburger Nachrichten (Lokal), 10. 12. 2001, S. 7.
41 Nach massiven Einbrüchen der Nächtigungszahlen im Salzburger Seengebiet Mitte der neunziger Jahre haben sich acht Gemeinden zusammengeschlossen, um das touristische Angebot gemeinsam zu vermarkten und zu bewerben. Vgl.: Christoph Braumann (Hg.): Kooperation von Gemeinden zur Entwicklung von Wirtschaftsstandorten. Bundesländer Oberösterreich, Salzburg, Tirol, Vorarlberg, Salzburg 2001, S. 22.
42 Österreichisches Institut für Raumplanung, Gesamtuntersuchung Salzach (GUS): Landschaftsanalyse im Auftrag des Amtes der Salzburger Landesregierung, Wien im März 1995; zit. in: Österreichischer Naturschutzbund – Landesgruppe Salzburg: Medieninformation Gewerbegebiet Urstein-Au, Salzburg 15. 3. 2002.
43 Österreichischer Naturschutzbund: Gewerbegebiet Urstein-Au.
44 Ebenso wenig gehört Puch zu jener Kategorie »ausgewählter Entwicklungsstandorte«, die im Sachprogramm »Siedlungsentwicklung und Betriebsstandorte im Salzburger Zentralraum« (1995) für die »Konzentration des Wohnungswachstums und der Betriebsstandort von überörtlicher Bedeutung« aufgeführt sind.
45 Vgl. Birgitta Schörghofer: Hoffen auf Neustart in Itzling. In: Salzburger Nachrichten (Lokal). 11. 9. 2001, 6–7.
46 Birgitta Schörghofer: Millionen-Geschäft. In: Salzburger Nachrichten (Lokal). 14. 2. 2002, S. 7.
47 Zit. in: Brigitta Schörghofer: Immer weniger Grün. In: Salzburger Nachrichten (Lokal), 15. 3. 2002, S. 2.
48 Brigitte Peer, Heike Randl, Michaela Rohrauer, Sabine Werner, Landesumweltanwaltschaft 5020 Salzburg: Leserbrief Salzburger Nachrichten (Lokal), 25. 3. 2002.
49 Diese Möglichkeit der Anrufung des Verwaltungsgerichtshof gibt es in Tirol und Vorarlberg nicht, hingegen im Osten Österreichs schon.
50 Manfred Perterer: Unabhängiger Umweltanwalt; In: Salzburger Nachrichten (Lokal), 31.5.1997
51 Vgl.: Hermann Fröschl: Eine Frage der Glaubwürdigkeit. In: Salzburger Nachrichten (Lokal). 14.2.2002, S. 2.
52 Kein Sieger. In: Salzburger Nachrichten (Lokal), 3. 5. 2002.
53 Vgl. N. Mayr: Wann wird umgesattelt? In: Salzburger Nachrichten, 13. 1. 2001.
54 Ideen für das Airportcenter. In: Salzburger Nachrichten (Lokal), 17. 4. 2002.
55 Wals: erfolgreiche Rambo-Gemeinde. In: Salzburger Nachrichten (Lokal), 1. 8. 1998.
56 Aufsichtsbeschwerde abgelehnt. In: Salzburger Nachrichten (Lokal), 27. 5. 2002, S. 8.

WALTER SCHERRER

Der Wirtschaftsstandort Stadt Salzburg aus Investorensicht

Standortfaktoren und Informationsangebot im Internet

1. GEÄNDERTES GESAMTWIRTSCHAFTLICHES UMFELD FÜR DIE STANDORTPOLITIK

Die gesamtwirtschaftlichen Erfolgsindikatoren der österreichischen Volkswirtschaft, wie Wirtschaftswachstum, Arbeitslosen- und Erwerbsquote, Inflationsrate, Leistungsbilanz und Finanzierungssaldo, zeigen, dass Österreich im langfristigen Vergleich mit den Ländern der Europäischen Union sehr günstig liegt, wenngleich der Wachstumsvorsprung der österreichischen Volkswirtschaft seit den 1980er Jahren verloren gegangen ist[1]. Diesem günstigen makroökonomischen Befund stehen Ergebnisse von wirtschaftlichen Analysen auf Branchen- und Strukturebene gegenüber, die der österreichischen Volkswirtschaft meist wenig schmeichelhafte Zensuren erteilen. Verwiesen sei hier nur auf das große Gewicht von traditionellen und bestenfalls in mittleren Technologiesegmenten tätigen Industriebranchen und die vergleichsweise bescheidenen Ausgaben sowohl des öffentlichen Sektors als auch der Privatwirtschaft für Forschung und Entwicklung. Wiederholt spricht das Österreichische Institut für Wirtschaftsforschung in diesem Zusammenhang vom »Österreich-Paradoxon«[2]: Wie kann eine Wirtschaft mit »alten« Strukturen eine vergleichsweise sehr günstige gesamtwirtschaftliche Entwicklung nehmen?

Mit nur geringen Modifikationen lässt sich dieser Befund für die österreichische Wirtschaft im EU-Vergleich auf die Salzburger Wirtschaft im Österreich-Vergleich übertragen. Zum einen war lange Jahre hindurch die Wirtschaftsentwicklung Salzburgs im Bundesländervergleich durch ein überdurchschnittliches Wirtschaftswachstum und durch Spitzenpositionen bei den Arbeitsmarktindikatoren gekennzeichnet. Auch hier ist der Wachstumsvorsprung verloren gegangen und seit der zweiten Hälfte der 1990er Jahre nimmt die Salzburger Wirtschaft keine Spitzenposition mehr bei den zentralen wirtschaftlichen Erfolgsindikatoren ein, sondern sie wächst seither ungefähr im Gleichschritt mit dem Durchschnitt der österreichischen Bundesländer. Zum anderen zeigen Bundesländervergleiche, dass die Salzburger Wirtschaft bei Strukturindikatoren Schwachstellen aufweist. So ist insbesondere die Forschungsintensität der Salzburger Wirtschaft deutlich geringer als die Forschungsintensität der österreichischen Wirtschaft, und zwar auch, wenn man berücksichtigt, dass in Salzburg die Sachgüterproduktion – ein traditionell forschungsintensiver Sektor – deutlich weniger stark entwickelt ist als im österreichischen Durchschnitt. So beanspruchen Salzburger Industrie- und Gewerbeunternehmen deutlich weniger Gelder aus dem Forschungsförderungsfonds, als ihrem Beitrag zur gesamtösterreichischen Wertschöpfung dieses Sektors entspricht.[3]

Der Rückfall in die wirtschaftliche Normalität in den 1990er Jahren[4] fiel mit einem wirtschaftlichen und wirtschaftspolitischen Integrationsschub und der Ausbreitung neuer Informations- und Kommunikationstechnologien in alle Bereiche des Wirtschaftslebens zusammen. Diese tief greifenden Veränderungen in den Umfeldbedingungen machen es erforderlich, auch die Strategien der regionalen Standortpolitik zu überprüfen. Im Zuge der Veränderungen des Umfeldes können sich neue Standortfaktoren herausbilden und im Standortwettbewerb wichtig werden, auch Verschiebungen in der Bedeutung von Standortfaktoren in den einzelnen Regionen und zwischen den Regionen infolge des geänderten Umfeldes sind zu erwarten.

Zur Vertiefung der internationalen Integration der österreichischen Wirtschaft in den 1990er Jahren trug die Öffnung geografisch nahe liegender Märkte ebenso bei wie Österreichs Beitritt zur Europäischen Union und die anschließende Schaffung der Europäischen Wirtschafts- und Währungsunion. Der mit der Wirtschaftsintegration einhergehende Abbau von Mobilitätsbarrieren führte zu einer Verschärfung des Standortwettbewerbs, gleichzeitig aber auch zur Reduktion der Handlungsspielräume der nationalen Wirtschafts- und Standortpolitik[5]: Handlungsspielräume fallen auf der einzelstaatlichen Ebene weg, weil die entsprechenden Kompetenzen weitgehend auf EU-Institutionen übergehen wie zum Beispiel in der Handels- und Förderpolitik oder sie werden stark eingeschränkt wie zum Beispiel in der Finanzpolitik durch den Stabilitäts- und Wachstumspakt. Handlungsspielräume werden in ihrer Wirksamkeit reduziert wie zum Beispiel die einzelstaatliche Budgetpolitik angesichts der zunehmenden Außenhandelsverflechtung oder können aufgrund budgetärer Beschränkungen nicht genutzt werden wie zum Beispiel bei der Finanzierung von Infrastrukturinvestitionen.

In der Regionalpolitik werden auf nationalstaatlicher Ebene die Möglichkeiten der Regionalförderung durch die EU in Form der Förderungshöchstgrenzen der »Wettbewerbskulisse« sowie durch die Zuwendungen aus dem Struktur- und Kohäsionsfonds – dem EU-Kofinanzierungsanteil der Förderungen – bestimmt. Auf der regionalen (d. h. subnationalen) Ebene sind daher die Gestaltung des Regulierungsrahmens, soweit dies in den Kompetenzbereich der Länder fällt, sowie die Gestaltung der Qualität und des Umfangs des Dienstleistungsangebots der öffentlichen Verwaltung auf der regionalen Ebene wichtige Ansatzpunkte zur Absicherung des Wirtschaftsstandortes. In beiden Bereichen sind Anpassungen an die geänderte Wettbewerbs- und Umfeldsituation vorzunehmen. Schließlich ist angesichts des eingeschränkten fiskalischen Handlungsspielraums eine Schwerpunktsetzung beim Einsatz öffentlicher Mittel erforderlich.

Ein zweiter die wirtschaftliche Entwicklung seit den 1990er Jahren prägender Trend ist die Ausbreitung von neuen Informations- und Kommunikationstechnologien (IKT). Als Orientierungslinie sollte hier nicht der öffentliche Diskurs über die »New Economy« mit seinem gebannten Blick auf die Aktienkursentwicklung auf dem neuen Markt oder an der Nasdaq dienen, denn er blendet in erstaunlichem Maße die höchst wirksamen Kräfte aus, die mittel- und längerfristig den Strukturwandel der Wirtschaft prägen. Unabhängig von Ausschlägen der Aktienkurse eröffnet der Einsatz von IKT ein beträchtliches wirtschaftliches Wachstumspotenzial, das einen langfristigen und wesentlich über die Dauer eines Konjunkturzyklus hinausreichenden wirtschaftlichen Aufschwung auslösen kann, nämlich eine »lange Welle« der wirtschaftlichen Entwicklung[6]. Die Ausbreitung von IKT erhöht aber auch die Komplexität des Wirtschaftsprozesses, indem sie gleichzeitig die Globalisierung des Wirtschaftens und seine Individualisierung fördert. Beide Tendenzen führen zu einer Verringerung der Steuerungskapazität der einzelstaatlichen und regionalen Wirtschaftspolitik. Da nun aber der Faktor Information die zentrale Ressource eines langfristigen wirtschaftlichen Aufschwungs darstellt, nimmt die potenzielle Bedeutung des öffentlichen Sektors als Anbieter von Informations- und Koordinationstätigkeiten zu.[7]

Das hier grob skizzierte Geflecht von Einflussfaktoren zeigt, dass die Bereitstellung von Informationen für potenzielle Investoren unter Nutzung von IKT ein Ansatzpunkt für die Wirtschaftspolitik auf regionaler und lokaler Ebene ist. In der Folge wird die Rolle der öffentlichen Hand als Informationsanbieter und -vermittler im Rahmen der regionalen Standortpolitik am Beispiel der Stadt Salzburg untersucht. Nach einigen Vorüberlegungen zur Optimierung des Informationsangebots im Abschnitt 2 werden im Abschnitt 3 die wichtigsten für Salzburg spezifischen Einflussfaktoren auf die Investitionsentscheidung dargestellt. Im Abschnitt 4 wird das Informationsverhalten potenzieller Investoren und die Zufriedenheit mit dem Informationsangebot über den Wirtschaftsstandort Stadt Salzburg diskutiert; im Vordergrund steht dabei die Frage, welche Informationen potenziellen Investoren im Internet angeboten werden können und sollen. Einige Schlussfolgerungen für die Standortpolitik und die Gestaltung des Informationsangebotes werden im Abschnitt 5 gezogen.

2. VORÜBERLEGUNGEN ZUR AUSRICHTUNG DER STANDORTPOLITIK

Die Investitionsmotive und das Informationsverhalten von Investoren sowie die Informationsbereitstellung für Investoren waren unter anderem Gegenstand einer Befragung von Unternehmen in der Stadt Salzburg. Diese Befragung hatte zum Ziel, Informationen zum Wirtschaftsstandort Stadt Salzburg zu identifizieren, die für die Investitions- bzw. Standortentscheidung relevant sind, sowie die Einschätzung des derzeit bestehenden Zugangs zu relevanten Daten und Fakten über den Wirtschaftsstandort Stadt Salzburg durch (potenzielle) Investoren zu erheben.

Von der Frage nach den Investitionsmotiven und Motiven der Standortwahl privater Investoren ist die Frage zu unterscheiden, welche Wirtschafts- und Unternehmensstruktur die Wirtschaftspolitik einer Region anstrebt bzw. anstreben soll. Konkret bedeutet dies in Bezug auf die Region Salzburg, dass die Stadt und ihr Umland nicht primär als Industriestandort anzusehen ist und daher in der Standortpolitik auch nicht die Profilierung der Region als Industriestandort in den Vordergrund zu stellen ist. Der Beitrag der Industrie zur Wertschöpfung und Beschäftigung liegt im Bundesland Salzburg einige Prozentpunkte unter dem österreichischen Durchschnitt, und Salzburg hat eine vergleichsweise bescheidene industrielle Tradition.

Große zusammen hängende Grundstücksflächen für Unternehmen sind insbesondere in der Stadt Salzburg kaum verfügbar und die Bevölkerungsdichte ist vergleichsweise hoch. Zudem könnte Flächenverbrauch und Umweltbelastung durch Industriebetriebe die Entwicklungschancen der Tourismus- und Freizeitwirtschaft beeinträchtigen, die sehr weit gehend auf die Standortfaktoren »schöne Landschaft« und »saubere Natur« aufbaut und für Stadt und Land Salzburg ein wesentlicher Wirtschaftsfaktor ist. Beeinträchtigungen könnten dabei primär durch konkrete Nutzungskonflikte zwischen Tourismus, Ökologie und Industrie entstehen, aber auch durch mögliche Imageprobleme: Wie viel Industriebesatz verträgt eine Region, um sich glaubhaft als »die« Tourismusregion zu präsentieren?

Gleichzeitig ist aber zu beachten, dass sich eine industrielle Basis vorteilhaft auf die Entwicklung und Diffusion von neuen Technologien und auf das Wachstum im Bereich der wirtschaftsnahen Dienstleistungen und des Bank- und Kreditwesens in einer Region auswirkt. Diese Dienstleistungsbranchen weisen grundsätzlich ein hohes Wachstumspotenzial von Wertschöpfung und Beschäftigung auf, was vor allem in der steigenden Wissensintensität der Produktion und in der immer tiefer gehenden zwischenbetrieblichen Spezialisierung – zum Beispiel im Zusammenhang mit Outsourcing – begründet ist. Die besondere Attraktivität einiger dieser Branchen besteht darin, dass sie Beschäftigungsmöglichkeiten für hoch qualifizierte Erwerbstätige verbunden mit entsprechenden Einkommenschancen bieten.

Bei einem in der Region Salzburg im Österreich-Vergleich überproportional bedeutenden Wirtschaftsbereich, nämlich dem Handel, ist dies ganz anders. Hier werden meistens nur relativ geringe Qualifikationserfordernisse an die Beschäftigten gestellt und damit auch nur relativ geringe Einkommenschancen geboten. Darüber hinaus ist zumindest für die Stadt Salzburg auch der hohe Flächenverbrauch, die Kostenbelastung durch den erforderlichen Infrastrukturaufbau sowie die aus dem steigenden Verkehrsaufkommen resultierende Umweltbelastung als Folge einer weiteren regionalen Konzentration des (Einzel-)Handels in die Betrachtung mit einzubeziehen.

In der Folge wird daher unterstellt, dass aufgrund der Umfeldbedingungen eine Profilierung der Stadt Salzburg primär als Dienstleistungsstandort sinnvoll erscheint. Dabei ist wiederum zwischen dem (Einzel-)Handel und den für den Standort Salzburg besonders attraktiven wirtschaftsnahen Dienstleistungsbranchen zu unterscheiden. Eine weitere Zielgruppe der Standortpolitik in der Region Salzburg können Produktionsbetriebe mit geringem Flächenverbrauch und geringer Umweltbelastung sein.

Als Ergebnis dieser Vorüberlegungen zur möglichen Profilierung des Wirtschaftsstandortes wurden Dienstleistungsunternehmen aus den Branchen Immobilienentwicklung, Automobilhandel und damit verbundene Dienstleistungen, Industrieautomatisierung, Softwareschulung und Kraftfahrzeug-Reparaturdienstleistungen im Nutzfahrzeugbereich befragt. Es wurden nur Unternehmen erfasst, deren Entscheidung für eine Investition am Standort Stadt Salzburg zum Befragungszeitpunkt nicht länger als zwei bis drei Jahre zurücklag. Damit konnte einerseits ein möglichst aktuelles Bild der Investitionsmotive erzielt werden, andererseits war diese zeitliche Beschränkung erforderlich, um das Informationsverhalten der Unternehmen in Bezug auf die Nutzung des Internets erfassen zu können, weil dieses Medium faktisch erst seit ein paar Jahren zur Verfügung steht.

Befragt wurden zunächst auswärtige Investoren, die sich für den Standort Stadt Salzburg entschieden haben, und die grundsätzlich einen sehr großen Bedarf an Informationen über den Wirtschaftsstandort Stadt Salzburg haben. Weiters wurden in Salzburg ansässige Unternehmen befragt, die eine Entscheidung über den Verbleib am Standort bzw. einen Ausbau des Unternehmensstandortes Salzburg zu treffen hatten. Der Zugang dieser Unternehmen zur Thematik ist ebenfalls durch ein breites Spektrum von Standortaspekten geprägt, sie verfügen aber über gute bis sehr gute lokale Marktkenntnisse und – insbesondere große Unternehmen – verfügen zudem über professionelle und oftmals auch informelle Zugänge zu lokalen Informationsquellen. Schließlich wurden Immobilienentwickler befragt, die über hervorragende regionale Marktkenntnisse sowie über professionelle und ausgeprägte informelle Zugänge zu Informationsquellen verfügen. Neben der Eigensicht können diese Unternehmen auch die Sicht ihrer Kunden in die Untersuchung einbringen. Kriterium der Auswahl von zu befragenden

Unternehmen war hier, dass sie eine möglichst umfangreiche und regelmäßige Tätigkeit in der Entwicklung von Gewerbe- oder gemischt genutzten Immobilien in der Stadt Salzburg entfaltet haben.

3. STANDORTFAKTOREN UND INVESTITIONSHEMMNISSE

Wie stoßen eigentlich Investoren auf Salzburg als interessanten Wirtschaftsstandort? Am Anfang des Prozesses, der zur Standortentscheidung für Salzburg führt, stehen oft *persönliche Beziehungen und Bindungen*. Dies wird etwa am Beispiel der Expansion eines deutschen Unternehmens nach Österreich deutlich: Mit ausschlaggebend für die Standortwahl war, dass der österreichische Partner und jetzige geschäftsführende Gesellschafter des Tochterunternehmens – der übrigens nicht aus Salzburg stammt! – bereits seit einigen Jahren hier lebte. Weiters sind bestehende Kontakte – vor allem Kundenkontakte – zu Unternehmen aus der Region sowohl bei der Standortwahl als auch bei der Expansion vor Ort wichtig: Tradition und Kundennähe spielte in mehreren Fällen eine zentrale Rolle, sei es, weil die Kunden »den Standort schon gewöhnt«[8] waren, sei es, weil der sukzessive Ausbau der Marktpräsenz vor vielen Jahren – zufällig oder auch nicht – mit dem Kauf eines Kleinbetriebes im Salzburger Zentralraum begonnen hatte.

Wenngleich die Bedeutung von Anknüpfungspunkten, die auf einer individuell-persönlichen Ebene liegen, nicht überbewertet werden soll, bestätigen die genannten Beispiele die Aussage von Immobilienentwicklern, dass selbst im gewerblichen Bereich Standortentscheidungen in erheblichem Umfang emotional bestimmt sind. Die subjektive Wahrnehmung der Eigenschaften eines Standortes ist besonders für diejenigen Entscheidungsträger und Investoren von Bedeutung, die an den neuen Standort übersiedeln und selbst dort wohnen werden bzw. wohnen müssen. Aus Unternehmenssicht ist ein attraktiver Standort zudem interessant, weil Arbeitnehmer – und hier geht es insbesondere um Arbeitnehmer mit Schlüsselqualifikationen – eher bereit sind, dorthin zu übersiedeln.

Als wichtigste Motive für eine Investition in Salzburg werden denn auch als Erstes und am häufigsten *weiche Standortfaktoren* genannt. Das Image als »Kultur- und Weltstadt« mit seiner kompakten Altstadt macht Salzburg ganz einfach zu einer »guten Adresse«. Darüber hinaus kann die Stadt auch eine gute Lebensqualität, einen hohen Freizeitwert und eine intakte natürliche Umwelt bieten. Diese Standortfaktoren werden nicht nur mit der Stadt Salzburg assoziiert, sondern mit der gesamten Wirtschaftsregion Salzburg; politische und administrative Grenzziehungen sind für Investoren meist von untergeordneter Bedeutung.

Die *räumlich-geografische Lage* Salzburgs ist ein wichtiger Faktor für Investoren. Die Lage in der Mitte von Zentraleuropa war ausschlaggebend für die Standortwahl einer Gruppe von Unternehmen, für andere steht insbesondere der Zugang zum süddeutschen Raum und die Nähe zur dynamischen Wirtschaft Oberitaliens im Vordergrund. Wieder andere haben den österreichischen Markt im Visier und entscheiden sich für Salzburg aufgrund seiner Lage in der Mitte Österreichs. In all diesen Fällen wird der Einfluss des Faktors geografische Lage durch bestehende Kundenkontakte und durch Aufträge aus ganz Österreich oder aus den Nachbarländern verstärkt. Auffallend ist dabei, dass die Mehrzahl der Unternehmen den Standort Salzburg wegen seines Einzugsbereichs – hier in einem weiten Sinne verstanden – für attraktiv halten und nicht wegen des regionsinternen Marktpotenzials, das nur für eine Minderheit von Unternehmen insbesondere aus dem Bereich Einzelhandel von Bedeutung ist.

Während somit über die Standortgunst aufgrund der geografischen Lage Salzburgs grundsätzlich Konsens besteht, werden die Auswirkungen der *internationalen Wirtschaftsintegration* auf den Standort Salzburg von den befragten Investoren unterschiedlich eingeschätzt. Für einige der befragten Unternehmen führte der EU-Beitritt Österreichs zu einer Standortaufwertung, weil Verzollungsprobleme wegfielen. Andere geben zu bedenken, dass die Öffnung der Märkte in den mittel- und osteuropäischen Ländern nicht unbedingt den Standort Salzburg begünstigt; eines der befragten Unternehmen hat aus diesem Grund die Österreich-Zentrale von Salzburg nach Wien verlegt. Weitere wichtige Standortfaktoren sind die Verfügbarkeit von Grundstücken, das Vorhandensein von attraktiven Partnern (insbesondere mit einem guten Vertriebsnetz) sowie die Geschwindigkeit des möglichen Marktzugangs, die ganz wesentlich von den administrativen Genehmigungsverfahren bestimmt wird.

Gibt es nun spezifisch mit dem Standort Stadt Salzburg zusammenhängende Risiken bzw. Hemmnisse für potenzielle Investoren? Ein erstes großes Investitionshemmnis ist die *(Nicht-)Verfügbarkeit von Grundstücken;* die Stadt Salzburg besitzt kaum eigene Grundstücke, die für Betriebsansiedlungen oder -erweiterungen genutzt werden können. Weil Boden in der Stadt Salzburg knapp ist, ist er auch teuer; der Preis muss aber »stimmen«, um bei einer bestimmten genehmigten Bebauungsdichte die Renditeerwartungen von Investoren erfüllen zu können. Die Ansiedlung von Betrieben mit großem Flächenverbrauch ist daher auch wegen der Grundstückspreise schwierig – ein Problem, das nicht nur auf die Stadt Salzburg beschränkt ist, sondern auch das Umland betrifft.

Die *Dauer von administrativen Verfahren* zur Erlangung von Genehmigungen wird als zweite wesentliche Investitionshürde genannt. Auch wenn anerkannt wird, dass sich die Verfahrenskonzentration bei den Bezirksverwaltungsbehörden bewährt habe und in der Stadt Salzburg das Wirken des »Wirtschaftsservice«[9] zu greifen beginne, werden diese Verfahren meist als kompliziert und langwierig erlebt. Ein Problem liegt im Spannungsverhältnis zwischen Stadt und Land, insbesondere wenn Raumordnungsprobleme angesprochen sind. Für Investoren sei oft nicht erkennbar, »ob Stadt und Land tatsächlich am gleichen Strang ziehen«; Investitionsvorhaben würden dadurch verzögert, die Kosten und Risiken für den Investor steigen.

Ein weiteres und für die Stadt Salzburg spezifisches Problem wird im Wirken des »Gestaltungsbeirates« gesehen, einem Gremium, das die architektonische und städtebauliche Qualität von größeren Investitionsvorhaben prüft. Während die Approbierung durch den Gestaltungsbeirat bei einem Investitionsprojekt in Stadtrandlage »reine Formsache« gewesen sei, sehen mehrere Befragte das Verfahren vor dem Gestaltungsbeirat als besonders problematisch an. Es steigere die Baukosten und insbesondere für externe Investoren verzögerten sich Investitionsprojekte, wobei die Länge der Verzögerung nicht kalkulierbar sei. Für auswärtige Investoren sei es schwierig, sich ein Bild von der Rolle dieses Gremiums zu machen. »Gibt man dieses Wort [Gestaltungsbeirat; W. S.] in eine Internet-Suchmaschine ein, erhält man eine große Zahl von Projekten, die er verhinderte.« Man finde nur negative Nachrichten über das Wirken des Gestaltungsbeirats, aber keine Informationen über seine Dienstleistung bzw. seine Funktion. Insgesamt sei die Situation in der Stadt Salzburg wenig befriedigend im Vergleich zu anderen Investitionsstandorten, was ein Befragter in recht drastischen Worten zusammenfasst: »Eine einigermaßen seriöse Vorhersage, was man in Salzburg bis wann bauen kann, ist nicht möglich!« Vor allem aufgrund der unklaren politischen Mehrheitsverhältnisse könne man sich auf von Politikern gegebene Zusagen nicht immer verlassen.

Auch die Transport- und Kommunikationsinfrastruktur weist Schwachstellen auf. Es gebe nur wenige Direktverbindungen nach Deutschland, dem wichtigsten Wirtschaftspartner[10], und zudem sind als Folge der Kooperation des AUA-Konzerns mit der Lufthansa in der Star Alliance gerade die Flüge insbesondere nach Deutschland spürbar teurer geworden. Weiters sei die Postverbindung zwischen Salzburg und Deutschland ungenügend, weil extrem langsam, was zu ungewöhnlichen Lösungsansätzen führt: Eines der befragten Unternehmen wickelte zum Zeitpunkt der Befragung die Geschäftspost mit der deutschen Muttergesellschaft über die Privatadresse einer Mitarbeiterin ab, die ein paar Kilometer jenseits der Staatsgrenze in Deutschland wohnt. Der Postweg wurde dadurch von ungefähr einer Woche auf ein bis zwei Tage verkürzt.

Schließlich stellt auch der Arbeitsmarkt einen begrenzenden Faktor für Investitionen am Standort Salzburg dar. Generell wird angemerkt, dass qualifiziertes Personal am regionalen Arbeitsmarkt knapp und insbesondere für größere Betriebe das Arbeitskräftepotenzial in der Region zu gering sei.

4. INFORMATIONSVERHALTEN POTENZIELLER INVESTOREN UND INFORMATIONSBEREITSTELLUNG IM INTERNET

Um die Effektivität und Effizienz der Bereitstellung von Informationen, die potenzielle Investoren im Zuge der Standortentscheidung nachfragen, zu gewährleisten, sind zumindest drei Aspekte des Informationsverhaltens zu untersuchen. Erstens sollte man, um die Aufmerksamkeit potenzieller Investoren zu wecken, jene Standortfaktoren kennen, auf die sie im Prozess der Standortfindung zuerst schauen. Zweitens sollte bekannt sein, welche Informationskanäle potenzielle Investoren nutzen und wofür sie sie nutzen, um ein zielgerichtetes Informationsangebot erstellen zu können. Besonderes Augenmerk ist dabei auf die Nutzung des Internets im Zuge der Standortfindung zu legen. Drittens sind schließlich die von potenziellen Investoren wahrgenommenen Lücken und Mängel im Informationsangebot über den Wirtschaftsstandort Salzburg zu erheben, um dieses Angebot verbessern zu können.

Auf welche Standortfaktoren achten nun potenzielle Investoren bei der Standortentscheidung als erstes? Meistens fällt der erste Blick auf die nichtpreislichen Charakteristika von Grundstücken bzw. Liegenschaften wie zum Beispiel die Erreichbarkeit und Zufahrt, Flächengröße, Flächenwidmung und vorhandene Infrastruktur; danach wird auf den Grundstücks- bzw. Liegenschaftspreis geschaut. Bereits sehr früh im Entscheidungsprozess werden Informationen über die Abwicklung von Investitionsprojekten und die Ansprechpartner in der öffentlichen Verwaltung eingeholt, um klären zu können, wie rasch ein Investitionsvorhaben umgesetzt werden kann. Informationen über das Marktumfeld am Standort spielen ebenfalls schon früh im Entscheidungsprozess eine Rolle: Welche Unternehmen gibt es am Standort, die als Kunden oder als Kooperationspartner in Frage kommen?

Welche *Informationskanäle* nutzen nun potenzielle Investoren? Zumindest informelle Kontakte zum Wirtschaftsservice der Stadt Salzburg hatten die meisten Befragten. Etwa die Hälfte der Investoren gibt an, dessen Dienstleistungen in Anspruch genommen zu haben, ebenso hat etwa die Hälfte der Befragten die »Salzburg Agentur« – eine öffentliche Standort-Marketing-Einrichtung – in Anspruch genommen. Die Befragten schätzen sowohl die Arbeit des Wirtschaftsservice als auch des Projektbetreuers in der Salzburg Agentur sehr. »Kurze Dienstwege« konnten erreicht werden, in einem Fall war die »Vermittlung in der Anrainerproblematik durch das Wirtschaftsservice ausgezeichnet«. Nachteilig für beide Salzburger Standortmarketing-Organisationen ist, dass sie nicht selbst über Grundstücke verfügen bzw. Grundstücke besitzen wie etwa der Wiener Wirtschaftsförderungsfonds, der vor allem aus diesem Grund »eine hervorragende Adresse« sei.

Weitere unternehmensexterne Informationsquellen, die von potenziellen Investoren bei der Standortwahl genutzt werden, sind Immobilienunternehmen, Banken, Rechtsanwälte, Steuerberater, die Wirtschaftskammer Salzburg sowie private Datenbankanbieter wie etwa Kreditschutzverbände. Diese Organisationen sollten daher potenzielle Kooperationspartner im Standortmarketing der Region sein. Schließlich verfügen Unternehmen, die häufig Standorte erschließen oder erweitern, über ein beträchtliches unternehmensinternes Know-how im Bereich Immobilienwirtschaft und Standortsuche. Sie benötigen klarerweise keine Grundlageninformationen über einen Wirtschaftsstandort und nutzen unternehmensexterne Quellen zur Einholung von spezifischen Informationen, deren Bereitstellung durch die öffentliche Hand gar nicht erwartet wird.

Knapp die Hälfte der befragten Unternehmen nutzt das *Internet* zur Informationsbeschaffung im Zuge der Standortentscheidung. Umgekehrt bedeutet dies, dass mehr als die Hälfte der Befragten das Internet (noch?) nicht für diesen Zweck nutzt. Dabei ist jedoch zu bedenken, dass die Mehrzahl der befragten Unternehmen ihren Sitz oder eine bestehende Niederlassung am Standort Salzburg hatte und somit über gute Kenntnisse der Verhältnisse am Standort und/oder einen guten Zugang zu lokalen Informationsquellen verfügt. Das Internet wird daher von diesen Unternehmen nicht zum Einholen von Erstinformationen genutzt, sondern allenfalls als zweiter Schritt zur Beschaffung weitergehender Informationen. Bei potenziellen Investoren, die keine detaillierte Kenntnis von den lokalen Verhältnissen haben, und bei Unternehmen, die ihre Vorauswahl unter möglichen Standorten aus großer räumlicher Entfernung treffen, ist das Internet aber auch ein wichtiges Medium zur Einholung von Erstinformationen über einen Wirtschaftsstandort. Neben der Recherche von Zahlen und Fakten steht dabei die Suche nach Ansprechpartnern und möglichen Kunden in der Region im Vordergrund.

Zwei grundlegende und weit verbreitete Probleme der Nutzung des Internets zur Bereitstellung von Informationen für Investoren werden auch am Beispiel der Stadt Salzburg deutlich: Zum einen sind die Informationen zum Wirtschaftsstandort Salzburg im Internet über viele Webseiten verstreut (u. a. Stadt Salzburg, Land Salzburg, Salzburg Agentur, Wirtschaftskammer Salzburg). Für potenzielle Investoren ist es daher nicht einfach, sich einen Überblick zu verschaffen. Zum anderen wird der Internet-Nutzer auf mancher Webseite mit einer großen und nur schwer überschaubaren Menge von Informationen konfrontiert, sodass die für ihn relevanten Informationen nur schwer zu finden sind.

Mehr bzw. bessere Information über den Wirtschaftsstandort Stadt Salzburg erwarten sich potenzielle Investoren – auch im Internet – vor allem zu den Themen Markttransparenz auf dem regionalen Grundstücks- und Liegenschaftsmarkt und Transparenz von administrativen Abläufen und Dauer von Genehmigungsverfahren. Es gebe zu wenig konkrete Angaben über verfügbare Grundstücke, auf die die Stadt Salzburg auch tatsächlich zugreifen kann, wobei als Kriterien der Verfügbarkeit Flächenwidmung, Aufschließung und die Verkaufsbereitschaft des Liegenschaftseigentümers genannt werden. Ebenso fehlen umfassende Angaben über den Bestand von Gewerbe- und Büroflächen sowie über in Planung befindliche und leer stehende Gewerbe- und Büroflächen (Leerstandsraten), die ein wesentlicher Faktor für die Schätzung von Mietzinsausfällen und damit zur Kalkulation der Rentabilität von Immobilieninvestitionen sind. Insbesondere auswärtige Investoren erwarten sich einen einfachen Zugang zu einem Immobilien- und Mietpreisspiegel für die Stadt Salzburg und das Umland. Verbindliche Informationen über die behördlichen Verfahrensabläufe sind für Investoren von großer Bedeutung; es werden daher Aussagen zur zeitlichen Abwicklung und zum Ablauf von Bauprojekten in der Stadt Salzburg mit der »großen Unbekannten Gestaltungsbeirat« gewünscht.

Weiters werden – wiederum auch via Internet verfügbare – aussagekräftige Informationen über Anbieter von wirtschaftsnahen Dienstleistungen sowie von potenziellen Partnerunternehmen in der Region vermisst. Schließlich erwarten sich Investoren aus den Bereichen Einzelhandel und Immobilienentwicklung detaillierte Informationen über lokale Kaufkraftkennzahlen auf der Ebene von Stadtteilen. Derartige Kennzahlen könne die Stadt mit Hilfe von ihr zur Verfügung stehenden Daten grundsätzlich selbst erarbeiten, zumindest aber sollten Hinweise angegeben werden, wo solche Daten erhältlich sind.

5. SCHLUSSFOLGERUNGEN FÜR DIE STANDORTPOLITIK

Die Analyse lässt Schlussfolgerungen zur inhaltlichen Gestaltung der Standortpolitik, zur Art der Bereitstellung von Informationen für potenzielle Investoren und schließlich zur Frage zu, wieweit den Wünschen von Investoren nachzukommen ist. Auswärtige Investoren – insbesondere aus dem Ausland – sind an einem *Wirtschaftsstandort* interessiert. Administrative Grenzziehungen werden bei der Standortsuche kaum wahrgenommen, und potenzielle Investoren unterscheiden denn auch – wenn sie nicht an einer ganz bestimmten »noblen Adresse« interessiert sind – nicht zwischen der Stadt Salzburg und dem Umland, sondern fassen »Salzburg« als eine einzige Wirtschaftsregion auf. Auch die Nähe Salzburgs zu München und das im Vergleich dazu deutlich niedrigere Preisniveau bei Grundstücken und Liegenschaften (sowohl Kaufpreise als auch Mieten) machen Salzburg für auswärtige Investoren attraktiv. Eine hervorragende Verkehrsanbindung an den Großraum München sowohl über die Autobahn als auch die Eisenbahn ist somit für die Region Salzburg zur Wahrung von wirtschaftlichen Entwicklungschancen unverzichtbar.

Die große Bedeutung der weichen Standortfaktoren (insbesondere der Faktoren Kultur, Altstadt, Umwelt) als Motive für Investitionen am Standort Salzburg sollte auch weiterhin in den Marketingaktivitäten zum Ausdruck kommen: »Salzburg sollte sich auf seine Stärken in diesem Bereich konzentrieren!« Allerdings stellt dies auch hohe Ansprüche an die Wirtschaftspolitik in der Region. Zur langfristigen Absicherung der weichen Standortfaktoren sind immer wieder kräftige Akzentsetzungen erforderlich, die aber deutlich über der internationalen Wahrnehmungsschwelle liegen müssen; das gilt – um zwei aktuelle Salzburger Beispiele anzusprechen – für ein Museum genauso wie für einen Nationalpark! Die Untersuchung von Investitionsmotiven und Einflussfaktoren auf die Standortwahl von Unternehmen zeigt, dass die Auswirkungen derartig kräftiger Akzente weit über die unmittelbaren Bereiche von Kunst und Kultur oder Natur- und Umweltschutz hinausreichen.

Durch eine Steigerung der Transparenz von administrativen Verfahrensabläufen könnte das zeitliche Risiko von Investitionen gesenkt werden und auch jene Schnittstellen würden offenkundig, an denen es zur zeitlichen Streckung von Verfahren kommt. Für Investoren wäre insbesondere ein Ablaufschema hilfreich, das die Schritte enthält, die im Rahmen eines Betriebsansiedlungs- oder Betriebserweiterungsverfahrens zu absolvieren sind, sowie Angaben über die zu erwartende Dauer dieser Schritte. Anhand eines derartigen Modells ließen sich auch die Vorteile eines »Investoren-Coaching« darstellen, wie es vom Wirtschaftsservice der Stadt Salzburg bereits angeboten wird. Das bedeutet, dass ein Mitarbeiter des Wirtschaftsservice für einen Investor Behördenwege koordiniert und zum Teil für ihn erledigt; die Entscheidungswege und damit die Geschwindigkeit der Entscheidung werden dadurch erheblich verkürzt.

Bei der wirtschaftspolitischen Umsetzung aller dieser Schlussfolgerungen zur Gestaltung der Standortpolitik kommt der Kooperation und Koordination zwischen den regionalen wirtschaftspolitischen Entscheidungsträgern eine entscheidende Rolle zu. Für Salzburg bedeutet dies, dass nur bei einer verstärkten Kooperation und Koordination zwischen Land und Stadt Investitionsbarrieren in Form von administrativen Grenzziehungen überwunden werden können, dass nur dann die weichen Standortfaktoren weiterentwickelt werden können, und dass nur dann die erforderlichen zeitlichen Aussagen zum Ablauf von Investitionsprojekten getätigt werden können. Die Bemerkung eines auswärtigen Investors zur Darstellung des Wirtschaftsstandortes Salzburg: »In den Medien gibt es kaum positive Wirtschaftsnachrichten, sondern nur Berichte darüber, wer was verhindert hat«, sollte denn auch zu denken geben. Investoren beobachten regelmäßig regionale Wirtschaftsmeldungen, und ein Standort, über den nur wenig Positives berichtet wird, ist für sie wenig attraktiv.

Das Wirtschaftsservice der Stadt Salzburg leistet nach Auskunft der Befragten, die seine Dienstleistungen in Anspruch nahmen, ausgezeichnete Arbeit. Diese würde, was die *Art der Bereitstellung von Informationen* für potenzielle Investors durch die Stadt Salzburg angeht, durchaus einen offensiveren Auftritt im Eigen-Marketing rechtfertigen. Zum einen ist dies an Details festzumachen wie etwa der Dienstleistung »Investoren-Coaching«, die höchst erfolgreich durchgeführt, aber bislang nicht unter diesem in Investorenkreisen gebräuchlichen Begriff angeboten wurde. Zum anderen ist das Wirtschaftsservice selbst bei Unternehmen in der Immobilienbranche, die ja potenzielle Meinungs- und Informationsmultiplikatoren sind, wenig bekannt. Um den Bekanntheitsgrad und die Effizienz der erbrachten Dienstleistungen steigern zu können, wäre die Ausweitung der Gestaltungsspielräume des Wirtschaftsservice sehr förderlich.

Der durch die verstärkte Internet-Nutzung ausgelösten »Informationslawine« ist mit dem Erstellen von zielgruppenspezifischen Informationsangeboten zu begegnen. Die Erstellung von »Fact sheets«, die in überschaubarem Umfang zu Fragestellungen von spezifischem Interesse Auskunft geben und im Internet als *pdf-downloads* angeboten werden, ist dafür ein Ansatzpunkt. Dort, wo kein eigenes Datenangebot existiert und auch nicht mit vertretbarem Aufwand erstellt werden kann, sollten Kooperationen mit einschlägigen Anbietern geprüft, jedenfalls aber *links* zu deren Angeboten eingefügt werden. Solche Kooperationsmöglichkeiten sind zum Beispiel im Zusammenhang mit dem Informationsangebot über Grundstückspreise und Unternehmen in der Region zu prüfen.

Insbesondere für auswärtige Investoren wäre eine nach Branchen geordnete Aufstellung von Unternehmen, die in der Region tätig sind, von großem Nutzen. Daraus könnte ein interessantes Informationsinstrument über den Wirtschaftsstandort entstehen, das zusehends an Bedeutung gewänne, weil der klassische Typus der Betriebsansiedlung »auf der grünen Wiese« an Bedeutung verliert. Wenn Investitionen immer häufiger im Rahmen von Unternehmenskooperationen oder eines Joint Venture getätigt werden, kommt daher gerade der Informationsbereitstellung über potenzielle Kooperationspartner eine größere Bedeutung zu. Ebenfalls vor allem für auswärtige Investoren wären Informationen über qualifizierte und spezialisierte unternehmensexterne Berater (Anwälte, Notare, Wirtschaftstreuhänder etc.) wichtig; hier setzen allerdings die berufs- und wettbewerbsrechtlichen Rahmenbedingungen der Bereitstellung solcher Informationen Grenzen.

Abschließend ist die grundsätzliche Frage zu stellen, ob und wieweit denn überhaupt allen Wünschen und Erwartungen potenzieller Investoren durch die öffentliche Hand zu entsprechen sei. Zwei Aspekte sind hier maßgeblich: Erstens ist die Abgrenzung zwischen Aktivitäten der öffentlichen Hand und privatwirtschaftlicher Informationsanbieter anzusprechen und damit die Frage möglicher

Verzerrungen des Wettbewerbs als Folge von Eingriffen des öffentlichen Sektors. Wie weit kann es Aufgabe des öffentlichen Sektors sein, aus Steuergeldern finanzierte Ressourcen für das Anbieten von Informationen einzusetzen, die in ähnlicher Form private Unternehmen ebenfalls anbieten, diese Unternehmen aber im Gegensatz zur öffentlichen Hand ihre Kosten über Marktpreise decken müssen? Interessenkonflikte sind offenkundig, und eine reservierte Haltung potenzieller Kooperationspartner gegenüber den Einrichtungen des Standortmarketings ist die logische Folge. In einzelnen Problembereichen könnte hier eine institutionalisierte Zusammenarbeit zwischen Einrichtungen des öffentlichen Sektors mit privaten Unternehmen Abhilfe schaffen.[11]

Zweitens sind die Erwartungen und Wünsche mit den strategischen Überlegungen zur längerfristigen Entwicklung eines Wirtschaftsstandortes abzustimmen. Zum Beispiel äußern vor allem Investoren aus dem Bereich Einzelhandel den Wunsch nach detaillierten Kaufkraftkennzahlen. Inwieweit passt aber eine weitere Expansion des Einzelhandels in die längerfristige Entwicklungsplanung der Stadt Salzburg? Einerseits scheint der Standort für diese Branche ohnedies sehr attraktiv zu sein, andererseits stellt sich die bereits im Abschnitt 2 aufgeworfene Frage, ob eine künftige Schwerpunktsetzung der Regionalentwicklung im Bereich Einzelhandel tatsächlich erstrebenswert ist. Es sei hier nochmals auf die geringe Forschungs- und Innovationsintensität dieser Branche, auf den hohen Anteil von Arbeitsplätzen mit relativ geringen Anforderungen an die Qualifikation der Arbeitskräfte und die damit verbundene unter dem gesamtwirtschaftlichen Durchschnitt liegende Entlohnung sowie auf die sich verschärfende Verkehrsproblematik verwiesen.

ANMERKUNGEN

1 Vgl. Markus Marterbauer: Der Verlust des Wachstumsvorsprungs. Österreichs makroökonomische Entwicklung 1970 bis 2000. In: Wirtschaft und Gesellschaft 27, 4 (2001), S. 443–465.
2 Zuletzt Michael Peneder: Eine Neubetrachtung des »Österreich-Paradoxon«. In: Monatsberichte des Österreichischen Instituts für Wirtschaftsforschung 75, 12 (2002), S. 737–748.
3 Vgl. Jahresbericht 2001. Forschungsförderungsfonds der Gewerblichen Wirtschaft, Wien 2002.
4 Vgl. Christian Dirninger/Walter Scherrer: Salzburger Wirtschaft und Wirtschaftspolitik – Wieder zurück auf dem Weg zur Spitze? In: Herbert Dachs, Roland Floimair (Hrsg.): Salzburger Jahrbuch für Politik. Salzburg 1999, S. 93–117.
5 Vgl. Beirat für Wirtschafts- und Sozialfragen: Wirtschaftspolitische Handlungsspielräume. Publikation Nr. 73, Wien 1998.
6 Vgl. Walter Scherrer: Lange Wellen, neue Technologien und Beschäftigung. Ein Überblick, Wirtschaftspolitische Blätter 43, 2 (1996), S. 132–141.
7 Zu den Herausforderungen an die regionale Wirtschaftspolitik als Folge der Ausbreitung neuer Informations- und Kommunikationstechnologien vgl. Walter Scherrer: Langfristiger Struktur-

wandel und Aufgaben des Staates. In: Massimo Bianchi (ed.): La pubblica amministrazione di fronte all'Europa. Cesena 1998, S. 391–404.

8 Textpassagen in Anführungszeichen geben wörtlich Aussagen von Befragten gegenüber dem Autor wieder.

9 Das Wirtschaftsservice ist eine Einrichtung des Magistrats der Stadt Salzburg und u.a. für die Beratung und Betreuung von Investoren zuständig.

10 Zum Zeitpunkt der Befragung gab es auch keine Direktverbindung von Salzburg nach Brüssel, dem Hauptsitz der Institutionen der Europäischen Union!

11 Vgl. Walter Scherrer: Information deficiencies in place marketing and the scope for PPP: Evidence from the city of Salzburg. In: Luiz Montanheiro et al. (eds.): Public and Private Sector Partnerships: Exploring Co-operation. Sheffield Hallam University Press 2002.

HANS LINDENBAUM

Freie Bahn der Straße

Auch im Land Salzburg kommt der Schienenverkehr mit Verspätung in Fahrt

Zwar sind nicht alle Teile der Bevölkerung einverstanden – aber politisch ist der Ausbau der Tauernautobahn akkordiert. Bei der Aufwertung der ebenbürtigen Westbahn schaut es nicht so gut aus.

Rasch ist die Verbreiterung und Untertunnelung der Westautobahn in der Stadt Salzburg durchgezogen. Ein drittes Gleis, das zufälligerweise Nachbar der Autopiste werden soll, lässt noch lang auf sich warten.

Ortsumfahrung und Kreisverkehr termingerecht. Aber warten auf neue Pendlerzüge. Warten auf eine Entscheidung für die Pinzgau-Bahn. Warten auf die Altstadt-Buslinie in der Landeshauptstadt. Warten auf eine zumutbare Buslinie nach Freilassing. Warten auf eine Erweiterung des Verkehrsverbundes. Warten auf ein Wartehäuschen.

KYOTO-ZIELE FÜR DIE KATZ?

Geht es nach dem Generalverkehrsplan Österreich 2002 und den Leitlinien des Salzburger Mobilitätskonzeptes 2002, sollen künftig Bahn und Straße als Korridore gemeinsam betrachtet, »intermodale Systemvorteile« berücksichtigt werden.[1] Das sollte leichter fallen, weil neuerdings in beiden Gebietskörperschaften alle Verkehrskompetenzen im Ressort des Bundesministers oder eben eines Mitglieds der Landesregierung vereinigt sind.[2] Die Salzburger Landesverkehrsplanung schlägt darüber hinaus ein globales Mobilitätsbudget für das gesamte Verkehrswesen vor, das im Aufgabenbereich des Landes steht: »Dieses Budget umfasst alle Landesmittel zum Straßenverkehr (›verländerte Bundesstraßen‹, Landesstraßen), zum Öffentlichen Verkehr und zum Radverkehr (rund 80 Millionen Euro).«[3]

Bei der Evaluierung des Landesverkehrskonzeptes 1991 kommen die Verkehrsplaner des Landes zum Schluss, viele Maßnahmen hätten gegriffen.[4] Das Kernproblem, die »vom motorisierten Individualverkehr verursachte Lärm- und Schadstoffemission sowie der Flächenverbrauch« hätten allerdings weiter zugenommen. »Bei Fortsetzung dieses Trends kann das Kyoto-Ziel nie erreicht werden.«[5] (Im Kyoto-Abkommen erklären die Industriestaaten, bei den Treibhausgasen verbindliche Grenzwerte einzuhalten.)

CO_2 – Emissionen aus Verkehr im Land Salzburg

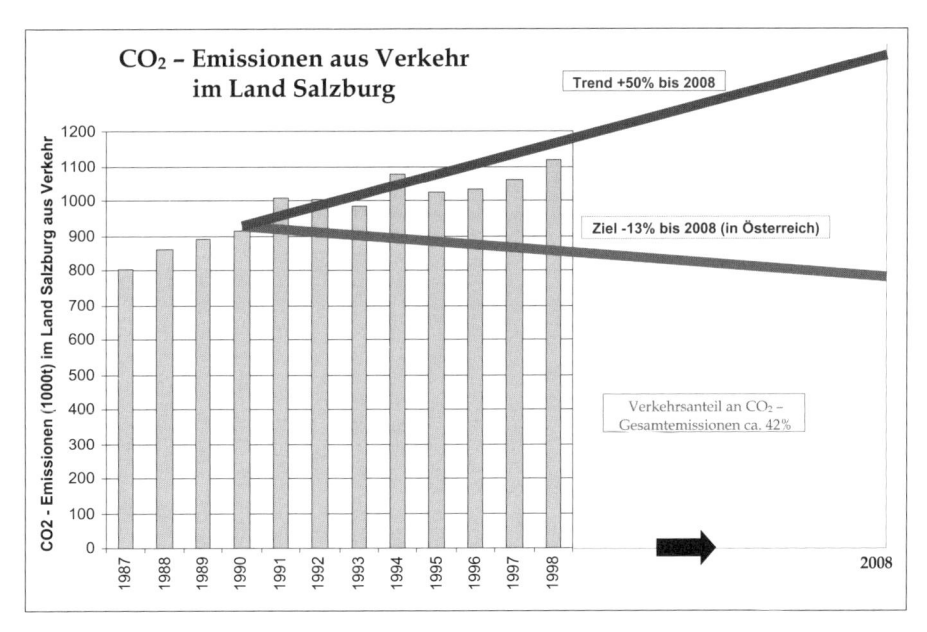

Trend +50% bis 2008

Ziel -13% bis 2008 (in Österreich)

Verkehrsanteil an CO_2 – Gesamtemissionen ca. 42%

Grafik: Land Salzburg, Verkehrsplanung

Im Mai 2002 verlautbart die Statistik Austria den aktuellen Fahrzeugbestand. »Schon jeder Zweite hat einen Pkw.« Im Land Salzburg seien 2001 auf 1000 Einwohner 487 Pkws und Kombis gekommen.[6] Grund genug also für Rückblick, Zwischenbilanz und Ausblick mit besonderem Augenmerk auf das Angebot bei Bahnen und Bussen im Land Salzburg.

»KORRIDORZUG ÜBER KUFSTEIN«

Von der Öffentlichkeit unbeachtet ist im Februar 2002 eine Infrastruktureinrichtung zwanzig Jahre alt geworden: die Gleisverbindung beim Bahnhof Rosenheim, die zu den Strecken Salzburg–München und Kufstein–München einen dritten Schenkel bildet und österreichischen Korridorzügen die Fahrt über das Große Deutsche Eck auf der Schiene ermöglicht – ohne Richtungswechsel und ohne den Bahnhof Rosenheim zu durchfahren. Das verkürzt seit 1982 die Fahrt mit dem »Korridorzug über Kufstein« (Ansage der Bahnsteiglautsprecher) auf der West-Ost-Magistrale Bregenz–Wien im Vergleich zu jener über Kitzbühel und Zell am See um rund 90 Minuten.

Der Bau kostet Österreich 7,8 Millionen Deutsche Mark und basiert wie auch der Grunderwerb auf einem Staatsvertrag mit der Bundesrepublik Deutschland. Nicht nur dieses »Auslandsprojekt der Österreichischen Bundesbahnen« (ÖBB) selbst ist damals spektakulär.[7] Pionierhaft ist ab 1985, dass Lokführer der ÖBB die Korridorzüge über die Strecken der damaligen Deutschen Bundesbahn fahren. Im Fahrplanjahr 2002 nutzen täglich 19 Zugpaare, darunter 12 Reisezugpaare, die so genannte Rosenheimer Schleife.[8]

Was zeigt dieser Blick zurück? Lang vor der Mitgliedschaft in der Europäischen Union und deren Erwerbs- und Wegefreiheit auf der Straße, noch vor »Transithorror«, Straßenmaut und Öko-Punkten schafft die Schiene einen gerechten Modellfall. Einerseits wären Vorarlberg und Tirol, gäbe es nur den Schienenweg durch den Pinzgau, längst abgeschnitten. Die Folge wäre mehr Straßen- und Flugverkehr. Anderseits zahlen die ÖBB für die Benützung der Korridorstrecke pro Zug bislang rund 10.000 Schilling und decken damit die der Deutschen Bahn entstehenden Kosten.[9] Diese Regelung nimmt also auch jene Liberalisierung bei den Eisenbahnen vorweg, die zur Zeit europaweit langsam anläuft.

NACHKRIEGSZEIT AUF DER WESTBAHN

Noch ein kurzer Blick noch weiter zurück. Allerheiligentag 1952, Bahnhof Steindorf bei Straßwalchen. Am frühen Morgen fährt in diesem Bahnknotenpunkt eine rangierende Lokomotive in eine Gruppe wartender Fahrgäste. Eine Frau wird tödlich, fünf Menschen werden schwer verletzt. Tage danach stirbt der Bahnhofsvorstand, möglicherweise wegen der durchlebten Aufregung. Der Unfall bewirkt vor allem in der kommunistischen Tagespresse etliche Schlagzeilen. Für diese ist das Ereignis eines unter vielen, an denen die (Personal-)Einsparungen des sozialistisch geführten Verkehrsressorts, des »Waldbrunner-Ministeriums«, Schuld tragen. »Ein kleiner Eisenbahner soll es büßen.« Ihm werde nun die Schuld für die unzulängliche Situation auf dem Bahnhof zugeschoben.[10]

Fünfzig Jahre später und nach dem Epochenwechsel von der Not der Nachkriegsjahre zur Überflussgesellschaft gibt es auf demselben Bahnhof zwar eine moderne Sicherungstechnik, der grundsätzliche Mangel besteht jedoch wie beim »Unglück von Steindorf«.[11] Wer ein- oder aussteigt, muss auf der Renommierstrecke unter den österreichischen Eisenbahnen über Geleise der Gegenrichtung gehen; wer einen Kinderwagen, ein Fahrrad oder schweres Gepäck verlädt, braucht Geschick und Kraft.

Ähnlich wie auf dem Flachgauer Knotenpunkt ist es in den Pendlerstationen Hallwang-Elixhausen, Seekirchen am Wallersee, Straßwalchen und auf der anschließenden oberösterreichischen Westbahnstrecke. Auch dort gibt es keine Bahnsteigtunnels oder Brücken. Um zu verhindern, dass auf der von insgesamt rund 260 Zügen pro Tag befahrenen Bahnlinie Ein- und Aussteigende in Gefahr kommen, müssen Züge vor den Bahnhöfen anhalten.[12] In das vertraute Bild des Verkehrssystems Straße gebracht: Hier verläuft eine Autobahn mit Ampelkreuzung.

Investitionen auf dem Flachgauer Westbahnabschnitt hängen nur mittelbar mit der künftigen Hochleistungsstrecke zwischen Wels und Salzburg zusammen, denn auf der alten Trasse wird in jedem Fall der Regionalverkehr rollen.

DIE MAGISTRALE – EIN SORGENKIND

Seit Dezember 1989 ist die Strecke Attnang-Puchheim–Salzburg von der damaligen österreichischen Bundesregierung zur Hochleistungsstrecke erklärt. Seit Februar 1990 hat die Eisenbahn-Hochleistungsstrecken AG (HL-AG), eine Aktiengesellschaft der Republik Österreich, den Planungsauftrag. Wiederholt wurde vorgeschlagen, für eine künftige transeuropäische Magistrale Paris–Budapest zwischen München und Wels die um 40 Kilometer kürzere und durch besser geeignetes Gelände führende Route durch das Innviertel zu wählen. Für Oberösterreich verbände sich damit eine längst überfällige Aufwertung. Am weiteren Verlauf auf bayerischem Boden liegt der Münchner Flughafen.[13]

Erst im Oktober 1998 einigen sich die Beteiligten auf den viergleisigen Ausbau der Westbahn bis Salzburg – seltsamerweise unter dem Begriff Donaukorridor. Der schnelle Reiseverkehr gibt das Ausbauziel vor: Von Wien soll ab etwa 2012 in einer Stunde Linz zu erreichen sein, in 2 Stunden Salzburg, in 3 Stunden München.[14]

Bei der Präsentation in Flachgauer Gemeinden im September und Oktober 1999 wird der Begriff Horrortrasse geprägt. Neue Siedlungen lägen in Tuchfühlung mit der Schnellfahrstrecke.[15] Der Salzburger Landeshauptmann Franz Schausberger (ÖVP) stoppt das Projekt und schlägt Arbeitsteilung vor: Der (belastende) Ferngüterverkehr müsse durch das Innviertel fahren, der (willkommene) internationale Personenverkehr über Salzburg.[16] Kurz danach zieht die HL-AG das umstrittene Projekt zurück.

Nach zwei Jahren des Umplanens präsentiert Schausberger gemeinsam mit seinem oberösterreichischen Amtskollegen Josef Pühringer (ÖVP) den »partiellen Ausbau«, der im Wesentlichen eine neue Trasse nur von Salzburg bis Seekirchen vorsieht. Inwieweit auf dem anschließenden Streckenabschnitt, auf dem sich die viergleisige Trasse auf zwei Gleise verengt, die geplanten Zugfahrten abzuwickeln sind, soll eine Betriebssimulation ergeben, die bis zur Jahresmitte 2002 erarbeitet wird.[17] Wieder ins Bild der Straße gebracht: Beim Ausbau der Westbahn zur Schienenmagistrale möchte man sich mit Bundesstraße und Ortsumfahrung begnügen.

95

PECH MIT DEN PENDOLINI

Beim Projekt Neue Westbahn, dem wichtigsten Infrastrukturvorhaben im Land Salzburg, reiht sich ein Versagen an das andere: Erst zieht sich die Entscheidung hin, ob Innviertel oder Salzburg; dann gelingt es der HL-AG auch im Land Salzburg nicht, ein Vorhaben mit Augenmaß zu präsentieren[18]; die Landespolitik steckt einige Wochen vor der Nationalratswahl allzu weit zurück; die anschließende Option für so genannte Neigezüge erweist sich als schlechte Karte.

Denn schon Monate nach der Präsentation der (von rund 20 Milliarden Schilling) auf 5 Milliarden zusammengestrichenen Variante[19] steigt die Deutsche Bahn aus einem gemeinsamen Beschaffungsprojekt für Neigezüge von deutscher, schweizerischer und österreichischer Bahn aus.[20] Die speziell konstruierten Garnituren können, weil sie sich wie Zweiradfahrer in die Kurve legen, auf herkömmlichen, stark gewundenen Strecken bis zu rund 20 Stundenkilometer schneller fahren und auf diese Weise Fahrzeitgewinne erzielen.[21] Im Mai 2002 verabschieden sich auch die ÖBB von ihrer Absicht.[22] Es ist das, nach Probefahrten mit Pendolini (italienischer Begriff) 1990 auf der Südbahn, schon deren zweite Abkehr von dieser Beschleunigungstechnik.[23]

Auf der Westbahn die Neigezüge einzusetzen, wäre allein aus kaufmännischer Sicht problematisch gewesen, denn ein mit dieser komplizierten und teuren Technik ausgestatteter Zug hätte auf der für 200 Stundenkilometer ausgelegten Hochleistungsstrecke zwischen Wien und Attnang-Puchheim und damit auf drei Viertel der Distanz sein Können nicht auszuspielen vermocht. Ein weiteres Mal ins vertraute Bild der Straße gebracht: Ein Geländewagen fährt großteils auf der Autobahn.

Zwischen langsameren Zügen eingestreute Hochgeschwindigkeitszüge verhalten sich zueinander wie Lkw und Pkw im Überholverbot. Im Juni 2002 ist somit ungeklärt, wie das vorrangige Ziel im Sinn eines integrierten Taktfahrplanes, die 58-minütige Fahrzeit schneller Züge zwischen Linz und Salzburg, zu erreichen ist und inwieweit die fixierten Züge des Nahverkehrs-Taktes angeboten werden können.

Da abermals ein Zeitziel verfehlt wird, stehen die Chancen gut, dass auf dem Korridor Paris–Budapest der salzburgische und der oberbayerische Abschnitt Nostalgie-Etappen im Voralpenland werden.[24]

DRITTES GLEIS ALS LANGZEITPROJEKT

Vom Einzugsbereich der Landeshauptstadt im Osten zu jenem im Westen, an die Grenze mit Bayern. Seit April 1998 ist Österreich ein Schengen-Vertrags-Staat.

Der Salzburger Hauptbahnhof hat damit seine Rolle als Grenzkontrollstelle verloren. Züge Richtung Bayern rollen nicht mehr mit exterritorialem Status durch die Stadt Salzburg, sondern könnten auch – mit Zwischenhalten – für den österreichischen Binnenverkehr genutzt werden.

Jenseits der offenen Grenze liegen in Südostoberbayern vier Städte mit zwischen 15.000 und 20.000 Einwohnern – in unmittelbarer Nähe Freilassing und Bad Reichenhall, im Dreißig-Kilometer-Bereich Traunreut und Traunstein. Diese und weitere bayerische Gemeinden sind seit 1995 mit den meisten Salzburger Kommunen in der EuRegio Salzburg – Berchtesgadener Land – Traunstein verbunden. Das Bündnis soll gemeinsame Identität stiften und grenzüberschreitendes Leben fördern.

Derzeit setzt eine Fahrt mit der Bahn, dem so genannten Rückgrat unter den Nahverkehrsmitteln, auf der Hauptstrecke von Hallein oder Seekirchen nach Freilassing neben dem Umsteigen entweder einen internationalen Fahrschein oder den zweimaligen Kauf einer Karte für die jeweilige Etappe der ÖBB und jene der Deutschen Bahn (DB) voraus. Für die Kurzstreckenfahrt über die offene Grenze gibt es weder durchgehende Einzel- noch Pendlerkarten.[25]

Das Projekt für eine Schnellbahn soll auch diesen Schienenweg einbeziehen. Im August 1997 unterzeichnen Republik Österreich, Land und Stadt Salzburg und ÖBB einen Planungsvertrag. Ende 2005 sollten 124 zusätzliche Züge in die Haltestellen Mülln, Aiglhof, Taxham und Liefering auch auf einem dritten Gleis rollen und 23.000 Anwohner und 13.000 Arbeitsplätze anbinden.[26] Nun sieht der Generalverkehrsplan die Fertigstellung bis 2011 vor.[27] Ein Betriebskonzept der Deutschen Bahn aus 1998 wiederum wollte eine erste Stufe beim grenzüberschreitenden Regionalzugsangebot bis 2000 in Fahrt bringen.[28]

Teil des Vorhabens ist die rund 400 Meter lange Schienenstrecke von der Staatsgrenze in der Flussmitte der Saalachbrücke bis zum östlichen Freilassinger Bahnhofskopf. Doch seit 1990 warten die Salzburger Partner sowohl auf eine Zusage aus Deutschland für dieses kurze Streckenstück als auch jene für den Ausbau der so genannten Bayerischen Tauernbahn München–Mühldorf–Freilassing.[29] In diesem Zeitraum ist der Begriff Drittes Gleis ein fester Bestandteil im Alltagssprachgebrauch der Region, zuletzt im bayerischen Kommunalwahlkampf zu Jahresanfang 2002, geworden.

Standpunkt ist, dass es sich dabei um Infrastruktur handle und deren Errichtung Aufgabe des Bundes sei. Politiker der Region erreichten über den bayerischen Verkehrsminister Otto Wieshau (CSU), dass das Dritte Gleis in die Listen der deutschen Infrastrukturprojekte aufgenommen wird. Dort steht es freilich im Wettbewerb mit Verkehrswegen in zentralen deutschen Räumen.[30]

»MIT DER KIRCHE UMS KREUZ«

Die grenzüberschreitende Bahnlinie spielt auch im kombinierten Güterverkehr, dem etappenweisen Transport auf Schiff, Schiene und Straße, eine Rolle. Sie ist Zufahrtsweg zum Container-Terminal im Salzburger Stadtteil Kleßheim. Seine Anbindung gilt als zusätzlicher Grund für die Notwendigkeit des Dritten Gleises. Dabei zeigt sich allerdings, dass die dem Kranen vorangehenden oder nachgelagerten Verschubbewegungen der ÖBB in unnötigem Ausmaß Schienenkapazität binden: Container mit Gütern, die vom Terminal Kleßheim über München etwa zur Schiffsverladung gelangen, legen zuallererst »mit der Kirche ums Kreuz« den Weg von Kleßheim über den Hauptbahnhof bis zum Verschiebebahnhof Gnigl zurück, um von diesem aus den Weg anzutreten.

Das führt zu häufigen Verschubfahrten auf dem von rund 250 täglichen Zügen frequentierten Streckenabschnitt.[31] Die ÖBB nennen fehlende und inkompatible Sicherungstechnik als Grund, warum sie den nahen und teilweise brachliegenden Güterbahnhof von Freilassing nicht nutzen. Korrespondenz von Landeshauptmann Franz Schausberger mit dem Berliner Verkehrsministerium schlug vor, DB und ÖBB sollten bei knappen Kapazitäten die einige hundert Meter entfernten Gütergleise im Bahnhof Freilassing gemeinsam nutzen. Doch an der geübten Praxis hat sich nichts geändert.[32] Der Grund dafür ist in zusätzlichen Kilometergebühren zu vermuten, die die ÖBB mit diesen Umwegfahrten erlösen. Ist eventuell die Großinvestition eines Dritten Gleises ohne diese umständliche Verschubpraxis verzichtbar?

MEHR AUTOBAHN IM ZWEITEN ANLAUF?

Das Generalverkehrskonzept reiht die zweiten Autobahntunnelröhren für Tauern und Katschberg mit erster Priorität und Gesamtkosten von 2,5 Milliarden Euro. In der zweiten Etappe, beginnend mit 2007, ist der dreistreifige Ausbau zwischen den Knoten Salzburg und Hallein um 0,5 Milliarden Euro aufgelistet.[33]

Mit der Budgetierung wiederholt sich die Situation von 1988. Der Bau der zweiten Tunnelröhren steht damals unmittelbar bevor. Eine Notwendigkeit wird mit acht Millionen Fahrzeugen begründet, die für das Jahr 2000 erwartet werden. Das bedeute ein um 650 Prozent höheres Staurisiko als 1988. Nun sollte mit einem »Umweltpaket« die Zustimmung der Anrainergemeinden erreicht werden.[34]

Landeshauptmann Wilfried Haslauer (ÖVP) und sein Stellvertreter Wolfgang Radlegger (SPÖ) formulierten als Schlagsatz »Stopp dem Stau«. Es gehe um den Schutz der Anrainer vor Lärm und Abgasen und nicht um bequeme Durchfahrtsrouten.[35]

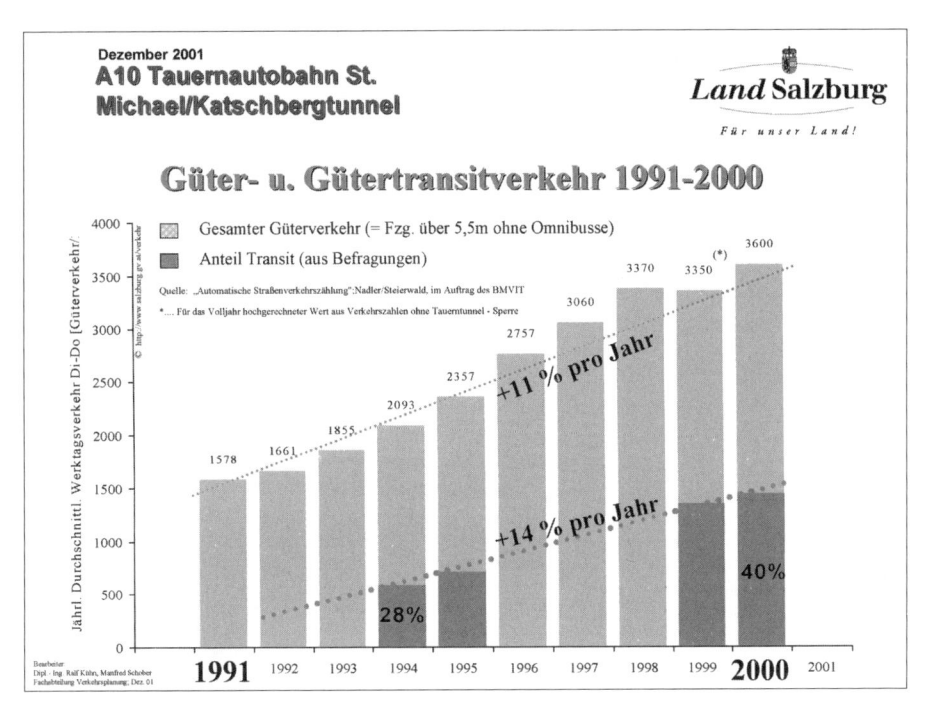

Grafik: Land Salzburg, Verkehrsplanung.

Wenige Wochen später finden in St. Michael und Zederhaus im Lungau und in Flachau im Pongau jene Bürgerdiskussionen statt, die das Bauprojekt bis auf weiteres zu Fall bringen.

Betroffenheit herrscht Monate später bei einer Enquete des Landes Salzburg, als Nachbarn der Lungauer Tauernautobahn über ihre Lebensqualität berichten: »Die Bauern und die Anrainer unterbrechen ihre Gartenarbeit, weil sie es gar nicht aushalten, durchgehend im Garten zu stehen und dort zu arbeiten. Sie gehen wieder hinein zur Erholung. Also: Man flüchtet ins Haus zur Erholung, nicht umgekehrt.«[36]

Die verringerte (Transit-)Belastung als Folge des Krieges auf dem Balkan bewirkt Anfang der 1990er Jahre eine trügerische Phase. Doch nun liegt die Tauernautobahn längst wieder voll im Trend steigenden Autoverkehrs generell, darunter inländischen und ausländischen Güterverkehrs im Besonderen.

Gegenwärtiges und prognostiziertes Verkehrsaufkommen führt in der bayerischen Nachbarschaft dazu, die bisher gültige Festlegung von 1989 umzustoßen: Staatsregierung und die Kreistage der Landkreise Berchtesgadener Land und Traunstein sprechen sich für den »natur- und umweltverträglichen Ausbau« der Bundesautobahn zwischen Felden und der Staatsgrenze auf sechs Spuren aus.[37]

1999 setzt eine Serie von Unfällen in Straßentunnels ein. Am 29. Mai 1999 löst im Tauerntunnel ein Lastwagen eine Massenkarambolage aus; zwölf Menschen sterben.[38] Nun kommt unter dem Aspekt höherer Sicherheit erneut Bewegung in die Diskussion um zweite Tunnelröhren. Nach wie vor besteht der Bedarf nach mehr Kapazität nur an wenigen so genannten Stautagen. Um den Verkehrsfluss zu entflechten, schlägt in der Folge die Verkehrsplanung des Landes als Sofortlösung gestaffelte, an Tagen mit starkem oder schwachem Verkehr orientierte Mauttarife vor.[39]

»LÄRMDORF SCHÖNBERG« ZWEI

Im Kontext der Verhandlungen mit der Europäischen Union um eine Verlängerung der Öko-Punkte-Regelung und der Entscheidung, eine Lkw-Maut (Road Pricing) einzuführen, bleibt der Straßengüterverkehr ein Medienthema. Die Lungauer Gemeinde Zederhaus erhält in Bezug auf die Tauernautobahn eine Rolle, wie sie das »Lärmdorf Schönberg«, im Tiroler Wipptal in einer Schleife der Brennerautobahn gelegen, für die Transit-Belastung in Tirol seit Jahren hat.[40]

Beim Protest gegen mehr Lkw-Verkehr schließen sich zur Jahrtausendwende verstärkt grenz- und regionenüberschreitend Initiativen zusammen. Man wolle sich nicht mehr gegeneinander ausspielen lassen und gemeinsam auftreten.[41] Im Land Salzburg kommen zu Betroffenen im Lungau und Pongau jene aus dem Tennengau: Als Folge der schlechten Umweltbedingungen durch die Autobahn werde in Hallein der Grund knapp, der für Siedlung oder Gewerbe geeignet sei und genutzt werden könne.[42]

Der Bau zweiter Tunnelröhren ist auf politischer Ebene auf den Weg gebracht. Wird er umgesetzt, ist die Verdoppelung der Verkehrsfläche ein Signal an die Europäische Union: Österreich ist willens, den fallweisen Engpass an so genannten Stautagen zu beseitigen, die Kapazität der Tauernautobahn auf Dauer zu erhöhen und gegen Mauteinnahmen mit steigendem Transitverkehr zu leben. Weil diese zusätzliche Kapazität für den Binnenverkehr maßlos überhöht wäre, kann ein Vollausbau nur im Hinblick auf künftig mehr Durchfahrten sinnvoll sein. Aber diese Entscheidung stünde im Widerspruch zur restriktiven Haltung der österreichischen Verkehrspolitik im Sinn des Umweltschutzes und der Alpenkonvention.

Zeitlich parallel muss die Landespolitik einerseits im Sinn des Regierungsübereinkommens von ÖVP und SPÖ zur Kostenwahrheit im Verkehr und Engagement für dieses Ziel (Juli 1999), andererseits im Sinn der Leitlinien der Landesmobilitätspolitik (Nachhaltigkeit) über die Dimensionierung zweier Verkehrsprojekte entscheiden. Wie sollen Eisenbahn-Magistrale und wie die beiden Verkehrswege der Tauernroute aussehen? Bei welchem Projekt ist eine Sparvariante angezeigt? Wie schafft man Gleichbehandlung bei den Menschen in Seekirchen und im Gasteinertal, die vor der Bahn geschützt werden wollen, und jenen in Zederhaus, die die Autobahn nicht länger vor ihren Fenstern haben wollen?[43]

EIN LANDESTEIL IM ABSEITS

Durch die Einführung der Lkw-Maut ist eine Verteuerung des Straßengüterverkehrs möglich. Inwieweit den Lastwagen ihre verursachten Kosten – ein Lkw-Zug beansprucht die Fahrbahn so stark wie 160.000 Pkw – zugeschieden werden, hängt von der Höhe des Kilometerpreises und von der Berücksichtigung des Schadstoffausstoßes ab.[44]

Wie auch immer die Lösung aussieht – sie trifft den Verkehr mit dem Landesteil Lungau, ist doch die (Maut-)Autobahn die einzige wintersichere Verbindung. Diese exponierte Situation war Grund für eine Pauschalabgeltung der Autobahnmaut durch das Land für alle Kraftfahrzeuge mit Lungauer Kennzeichen.

Probleme bereiteten allein die Postautobusse, die zwar als einziges öffentliches Verkehrsmittel den Lungau seit dem Frühjahr 1983 via Autobahn mit den anderen Landesteilen verbinden, allerdings kein Kennzeichen der Bezirkshauptmannschaft Tamsweg hatten. So kostet anfangs die Fahrt im Postbus über die Autobahnstrecke mit mindestens 35 Minuten Zeitersparnis um 6 Schilling Mautzuschlag mehr, während Lungauer Taxi- und Kleinbusunternehmer in den Genuss der kostenlosen Autobahnfahrt kommen.[45]

Mit Jahresende 1999 muss die Salzburger Landesregierung die pauschale Refundierung der Maut für den Wirtschaftsverkehr beenden, weil diese Praxis nach Meinung der Verkehrskommission der Europäischen Union eine Bevorzugung bedeutet und den Wettbewerb verzerrt. In diesem Zusammenhang taucht allerdings auch der Verdacht von Missbrauch auf: Unternehmer hätten vorwandweise eine Betriebsstätte eingerichtet und auf Grund derer Fahrzeuge angemeldet.[46]

Nachdem die Entscheidung für das Road Pricing für Lkw gefallen ist, weist die Salzburger Wirtschaftskammer auf die Möglichkeit einer künftigen Dreifachmaut für den Wirtschaftsverkehr mit dem Lungau hin und appelliert an die Politik: Zur Lkw-Maut komme jene für die Scheitelstrecke der Autobahn, als dritte Gebühr der Zuschlag für das Befahren sensibler Gebiete – entsprechend den Zugeständnissen einer geplanten Wegekosten-Richtlinie der Europäischen Union.[47]

IMMER WIEDER SCHWARZE SCHAFE

Der Erfolg des Straßengüterverkehrs liegt in niedrigen Transportpreisen, in Flexibilität und Schnelligkeit. Straßentransporte sind billig, weil diese Transportart je nach Betrachtungsweise nur für einen Teil ihrer Kosten aufkommt.[48] Sie nutzt ein gut ausgebautes Autobahnnetz und die Verantwortung für einen Transport über einige hundert Kilometer ist allein einem Lenker aufgebürdet.[49]

Seit vielen Jahren gelangen aber auch, zuletzt unter dem Schlagwort Frächterskandal, fragwürdige oder illegale Praktiken der Straßentransport-Branche an die Öffentlichkeit. Sowohl prekäre Arbeitsverhältnisse wie Sicherheitsmängel und überzogene Lenkzeiten sind seit langem bekannt, detailliert beschrieben, lasche Kontrollen bleiben unwidersprochen.[50] Reportagen oder Schilderungen des Arbeitslebens von Fernfahrern berichten ausschließlich über sehr schlechte Arbeitsbedingungen – im Boulevard ebenso wie im Feuilleton.[51] Ein Augenschein an einem Samstagnachmittag oder Sonntag am – seit 1998 aufgelassenen – Autobahngrenzübergang Walserberg macht denn auch das soziale Elend deutlich, unter dem Lenker in ihrem und um ihr Fahrzeug, unter »Billig-Flagge« registriert, das Ende des Wochenend-Fahrverbots abwarten.

In Salzburg als traditionellem Standort von Speditionen und Fuhrunternehmen hat sich beim Thematisieren dieser Umstände ein sozialpartnerschaftliches Ritual eingespielt: Arbeiterkammer und Gewerkschafter dokumentieren krasse Missstände und behaupten, das sei Normalität im Straßengüterverkehr.[52] Woraufhin regelmäßig Wirtschaftskammer und Arbeitgeber kontern, es handle sich um einzelne schwarze Schafe unter den Frächtern – die »Anschuldigungen sind unhaltbar!«[53]

Seit ein Salzburger Frächter-Großbetrieb wegen einer Vielzahl von vermuteten Verstößen vor das Arbeitsgericht geladen wurde, ist die Frage berechtigt, wie viele schwarze Schafe in der Herde leben.[54] Fest steht, dass übermüdete Fernfahrer, zu hohe Geschwindigkeit, Überladung und technische Mängel andere Verkehrsteilnehmer gefährden. Fest steht auch, dass bei jeder stichprobenartigen Kontrolle des Schwerverkehrs auf der Salzburger Tauernautobahn das Behörden-Team aus Exekutive, Zoll, technischen Sachverständigen und Arbeitsinspektorat fündig wird: Schwarzarbeiter am Volant, Lenker, die ohne Ruhepause zu lange fahren, solche, die zu wenige Ökopunkte gebucht haben, oder Fahrzeuge, deren technischer Zustand zwischen mangelhaft und schrottreif liegt.[55]

Kontrollen des Straßengüterverkehrs sind Agende des Verkehrsressorts der Landesregierung.[56] Ebenso liegt es beim Amt der Landesregierung, bei schweren Verstößen gegen Arbeits- und Lenkzeiten, Vorschriften zur Entlohnung, Kraftfahrzeuggesetz und Straßenverkehrsordnung die Konzession für den gewerblichen Gütertransport zu entziehen. Das sei, so argumentiert die zuständige Sektion der Wirtschaftskammer, noch nie geschehen und zieht daraus den fragwürdigen Umkehrschluss, dass keinerlei Straftatbestände erfüllt seien.[57]

EIN TRANSITKORRIDOR MIT TÜCKEN

Wenn so vieles gegen das Übermaß an Transportgut auf der Autobahn spricht, wo bleibt auf der Tauernroute die Bahn – beim Beitritt Österreichs zur Europäischen Union als Transitkorridor ausgewiesen und mit der Pflicht zum Ausbau (allerdings ohne Zeitziel) versehen? Güterverkehr auf der Schiene ist meist teurer als Straßentransport. Aber das allein ist nicht immer entscheidend. Und obwohl der Ausbau der Tauernbahn seit Ende der 1960-er Jahre dauert und noch immer nicht abgeschlossen ist, gibt es bei täglichen 140 Zügen noch freie Schienenkapazität.[58]

Beim transalpinen Güterstrom über die Tauern sind die ÖBB von ihren Nachbarbahnen in Italien und Slowenien abhängig. Die Eisenbahnverbindung von Kärnten nach Norditalien, die so genannte Pontebbana, wurde zwischen Villach und Udine während 22 Jahren neu gebaut und zu Jahresende 2000 eröffnet. Ab der Grenze bei Tarvis verläuft die High-Tech-Bahn um umgerechnet 11 Milliarden Schilling auf 90 Kilometern zu 70 Prozent in Tunnels.[59] Bis zu 250 tägliche Züge könnten unterwegs sein – tatsächlich sind es Ende Mai 2002 zwischen 40 und 50.

Im Güterverkehr vor allem zum Hafen Triest sei im Frühjahr 2002 den ÖBB eingeräumt worden, in Tarvis maximal 20 Züge pro Tag und Richtung zu übernehmen und zu übergeben – weniger als zur Zeit der alten Strecke aus dem 19. Jahrhundert. Der Rückstau von Güterzügen reiche mitunter bis in die Tschechische und die Slowakische Republik.[60]

Warum, das ist auch bei der Delegation der Italienischen Staatsbahnen in Wien nicht zu erfragen. »Das weiß man nur in Rom.«[61] Bei den ÖBB vermutet man einen Mangel an italienischen Lokführern und Lokomotiven.[62] Als einzigem Land Westeuropas sind in Italien stets zwei Lokführer auf der Maschine.

Spediteure kennen diese Restriktionen und berichten über Container, die per Bahn von Österreich aus fünf Wochen zu norditalienischen Häfen unterwegs gewesen seien. Frachtprojekte, die man mit den ÖBB abgeschlossen habe, hätten die Klausel der »betrieblichen Akzeptanz« der italienischen Nachbarbahn enthalten.[63] Die zweite Schienenroute, jene zum Hafen Koper, ist schlechter ausgestattet und hat geringere Kapazitäten.

Mit beiden Nachbarbahnen seien nach Vorverhandlungen und diversen Fahrplankonferenzen nun Güterverkehrsabkommen geschlossen und Leitstellen eingerichtet worden,[64] wobei es für die Schnittstelle Tarvis auch im Reiseverkehr Handlungsbedarf gibt: Über diesen Korridor zu klassischen Urlaubsgebieten bieten die Bahnen in den Saisonen 2001 und 2002 ihrem Salzburger Publikum untertags nur eine tägliche akzeptable Verbindung, eine weitere nachts.

PRIVATE SCHIENE STATT VERKEHRSLAWINE?

Schwerfälligkeit und Marktferne der Staatsbahnen soll nach dem Willen der Europäischen Union durch die Freigabe der Schienenwege gegen Maut für Personen- und Güterverkehr überwunden werden. Liberalisierung räumt aber auch diesen bisherigen Monopolisten die Möglichkeit ein, bei Logistik und Transport außerhalb des angestammten Territoriums zu reüssieren.[65] Dabei werden die klassischen nationalen Bahnunternehmen von – an den Grenzen einander zuarbeitenden – Partnern zu Konkurrenten. Sie kooperieren auch mit Logistik-, Speditions- und Transportunternehmen, nicht notwendigerweise aber mit ihresgleichen.[66]

Hintergrund sind größere Anforderungen beim Warentransport. Es geht darum, rasch und billig Güter vom Absender zum Empfänger zu transportieren, eventuell einschließlich weiterer Spediteurs-Dienstleistungen, Just-in-time-Verpflichtung oder Transportüberwachung via Satellit – statt des bloßen Transports von Güterbahnhof zu Güterbahnhof (Carrier-Funktion).[67]

Auf »fremden« Schienen kann fahren, wer den Befähigungsnachweis dafür erbringt; Trassen (Slots) gegen Gebühr soll eine objektive Instanz nach festgelegten Kriterien vergeben. In behutsamen Ansätzen werden diese neuen Spielregeln nun umgesetzt. Seit Mai 2002 versorgt eine Partnerschaft von Salzburger Lokalbahn und neu gegründetem Logistik-Anbieter das Holzfaserplattenwerk in Hallein mit einzelnen Transporten auf der Schiene, deren Umfang Zug um Zug größer werden soll. An das Land Salzburg richtet sich dabei der Appell um finanzielle Unterstützung bei flankierenden Maßnahmen wie der Verbesserung der Werksbahn.[68]

In der bayerischen Nachbarschaft laufen zwei Projekte. Auf der so genannten Brennerachse (und damit auf der, neben der Tauernbahn, zweiten westösterreichischen Nord-Süd-Verbindung) soll die Fahrzeit von vorerst zwei Güterzugpaaren zwischen den Container-Terminals München und Verona auf sechs Stunden halbiert werden. Die Idee für dieses Logistikkonzept kommt nicht von den drei großen Bahnunternehmen DB, ÖBB und Ferrovie dello Stato (FS), sondern von privaten Partnern in Bayern und Italien unter Federführung des Logistikzentrums Prien am Chiemsee – unterstützt vom Freistaat Bayern im Rahmen des Projekts Bayern Innovativ. Das Vorhaben erregt nun auch die Aufmerksamkeit von Landesrat Walter Blachfellner (SPÖ), Ressort-Verantwortlicher für den Verkehr in der Salzburger Landesregierung.[69]

Die Südostbayernbahn mit Sitz in Mühldorf am Inn wiederum ist aus dem Mammut-Unternehmen Deutsche Bahn ausgelagert und unter dem Begriff Mittelstandsoffensive als eines von mehreren Profit Centers organisiert worden. Das Pilotprojekt soll auf dem an Salzburg grenzenden Nebenstreckennetz durch »regionale Präsenz« ein »kundennahes Angebot« umsetzen – darunter auch neue Ideen, wie an Wochenenden im Sommer 2002 einen Radlerzug zwischen Landshut und Salzburg oder, zu kaufmännischen Grenzkosten, Mülltransport, der von der Schiene auf die Straße verlagert werden sollte.[70]

Gemeinsam mit der Gütertochter der Deutschen Bahn AG (DB Cargo) wiederum betreibt Danzas, ein so genannter Big Player unter dem Dach des Logistikkonzerns Deutsche Post AG, einige Güterschnellzüge (Parcel Intercity-Züge) zwischen deutschen Zentren, um den Staus auf Autobahnen zu entkommen.[71]

Kalküls wie diese zeigen, dass die Marktführer bei Transport und Logistik sich allein auf die Perspektive weltweiten Wirtschaftens einstellen.[72] Und die Beispiele weisen auch darauf hin, dass Unternehmen der Transportwirtschaft mit Weitblick und finanziellen Ressourcen jetzt Alternativen zum Straßengütertransport suchen und beim System Schiene Erfahrung sammeln. Schließlich sind sie im Alltag mit steigenden Forderungen der Kunden konfrontiert. Es sucht gewissermaßen die Oberliga der Logistikbranche jetzt bei Pilotprojekten nach Problemlösungen für die Zukunft.

Im Vergleich mit den anderen Bahnunternehmen der EU-Staaten haben sich die ÖBB in den vergangenen Jahren beim Gütertransport gut gehalten. Sie konnten, flankiert von Logistikleistungen für die Kunden (wie im Logistikzentrum Bischofshofen angeboten), die beförderten Mengen Jahr für Jahr steigern: Das Bahnunternehmen des Acht-Millionen-Einwohner-Staates transportiert fast ein Drittel der Menge des Schwesterunternehmens im Achtzig-Millionen-Staat Bundesrepublik.[73]

PARADIGMEN-WECHSEL BEI DER BAHN

Dem Erfolg der ÖBB auf dem Gütermarkt stehen Versäumnisse im Personenverkehr in der zweiten Hälfte der neunziger Jahre gegenüber. »Das rollende Material wurde vernachlässigt.«[74] Im Nahverkehr des Salzburger Zentralraums können die ÖBB dem Verkehrsdienstevertrag, im Mai 1998 mit dem Land Salzburg geschlossen, seit dem Juni 2000 nicht entsprechen.[75] Sie setzen renovierte Garnituren mit 200 Tonnen Leergewicht statt der vereinbarten neuen und leichten Fahrzeuge ein. Erst in der zweiten Jahreshälfte 2003 soll dieser Teil des Vertrags einzulösen sein.

1997 spricht sich auch das regionale ÖBB-Team für Leichttriebwagen aus, die mit jenen der Lokalbahn kompatibel sind und über ein Verbindungsgleis in den Tunnelbahnhof (und, wenn umgesetzt, unterirdisch weiter) fahren können. Noch 1999 baut man bei der Deutschen Bahn in München auf Koordination bei Fahrzeugen und Fahrplänen.

Die ressortzuständige Landesrätin Gabi Burgstaller (SPÖ) setzt sich für diesen grenzüberschreitenden salzburgisch-bayerischen Fahrzeug-Pool aller in der Region tätigen Eisenbahnunternehmen, DB Regio, ÖBB und Salzburger Lokalbahn, ein. Die gemeinsame Nutzung lasse positive Synergien bei Einsatz, Service und Reparaturen (eventuell verbunden mit dem Weiterbestand des gefährdeten Standortes Freilassing) erwarten.

Inzwischen steht fest, dass die regionalen Besonderheiten des Raumes Salzburg nicht berücksichtigt werden, sondern ein »optimaler Fahrzeugtyp« gemeinsam mit den Bundesländern Steiermark, Tirol und Oberösterreich »erarbeitet« wurde.[76]

Diese quasi EuRegio-Züge hätten vor allem zwei technische Parameter vorausgesetzt: einerseits eine räumliche Konfiguration, die sich an den Dimensionen der Lokalbahn misst (Kleinprofil mit minimaler Einbuße an Komfort), anderseits Fahrzeuge, die sowohl unter dem hochgespannten Wechselstromnetz von DB und ÖBB als auch mit dem Gleichstrom der Lokalbahn fahren können (Mehrsystemtriebwagen).[77]

SALZBURG WIRD SELBSTSTÄNDIG

Zu Jahresanfang 1996 setzen die ÖBB ihre Strukturreform um. Bis dahin wird deren Angebot für das Land Salzburg von drei Bundesbahndirektionen aus geleitet: Die Tauernbahn zählt ab Schwarzach-St. Veit zum Direktionsbereich Villach, die Strecke von Zell am See bis zur Landesgrenze bei Hochfilzen zu jenem von Innsbruck, der übrige Großteil zu dem von Linz. Nun hat ein Regionalmanagement seinen Standort in der Stadt Salzburg. Dessen Aufgabe ist es, den Nahverkehr in neuer Qualität zu betreuen.[78]

Schon im Sommer 1997 zeigt sich, wie schwer es dem Unternehmen fällt, Kompetenz von den Wiener Zentralstellen auszulagern und dem klassischen Vorwurf der Bundesbahn-Bürokratie zu begegnen. Die Unternehmensleitung beabsichtige, aus Regionalmanagern bloße Gebietsrepräsentanten mit eingeschränktem Handlungsspielraum zu machen.[79] Aber man traut den Repräsentanten der Länder in der Folge doch wieder Performance zu, als mit Jahresanfang 2000 die Regionalmanager mit Ergebnisverantwortlichkeit für den Betrieb von Zügen und Bussen betraut werden.[80] Wiederholt »umorganisiert« wird auch die regionale Unternehmenskommunikation.[81] Diese muss vermitteln, warum im Juni 1996 der Neue Austro Takt (NAT 91), der in Österreich ein neues Eisenbahn-Zeitalter einleiten sollte, wegen seiner hohen Kosten reduziert wird.[82]

EINST BIMMELBAHN, NUN BUMMVOLLE BAHN

Dass sich mit Pragmatismus und kontinuierlichen Verbesserungen in kleinen Schritten ein Nahverkehrsanbieter während rund zwanzig Jahren in einer Region fest verankern kann, zeigt die Salzburger Lokalbahn. Der Betrieb befördert 1980 rund 1,45 Millionen Personen oder 4000 pro Tag[83], im Jahr 2000 vier Millionen oder werktägliche 10.000[84].

In diesem Zeitraum werden nie Angebote zurückgenommen, im schlimmsten Fall lassen Investitionen einige Zeit auf sich warten: in vier Tranchen neue Fahrzeuge, Taktfahrplan, Betrieb am späten Abend, Übergang vom Stunden- zum Halbstundentakt, beschleunigte Züge, Übernahme der Flügelbahn nach Trimmelkam, originelle Bahnhofs-Architektur, touristische Angebote. Und während an Silvesterabenden Deutsche Bahn und ÖBB auf den Hauptästen des Regionalverkehrs die Züge streichen, fährt die Lokalbahn, teilweise zum Nulltarif, durchgehend in den Neujahrsmorgen.

Die Entwicklung beginnt 1982 mit einem Investitionsübereinkommen von Bund, Land und Stadt von 117 Millionen Schilling.[85] Ein Vorschlag der ÖVP-Fraktion im Salzburger Landtag, den Bahnbetrieb dem Bund bzw. den ÖBB zu übergeben, wird zwar nicht umgesetzt, ist aber Anlass für die Gründung der privaten Initiative »Rettet die rote Elektrische«. Aus dieser ist längst eine Fahrgastinitiative geworden, die – mitunter lautstark und allzu vollmundig – als Lobby für den Linienverkehr eintritt.[86] So lässt deren Bausteinaktion 1996 Politik und Unternehmensführung erkennen, dass ein wesentlicher Teil der regionalen Bevölkerung hinter der Forderung nach einem größeren Platzangebot im Pendlerverkehr der Lokalbahn steht.[87]

Die Verlängerung der Lokalbahnstrecke als Tunnelbahn durch die Stadt – eine Kernforderung der Verkehrsinitiativen – ist seit Mitte der 1980er Jahre Thema von politischem Diskurs, Grundsatzbeschlüssen, Untersuchungen von Zivilingenieuren und Forschungsinstituten.[88] Seit Herbst 1996 fährt die Lokalbahn vom Tunnelbahnhof ab; dass aus dem blinden Ende eine Tunnelröhre wird, scheiterte an der Meinungsverschiedenheit über das Ausmaß des Fahrgast-Potenzials und damit der Rechtfertigung einer unterirdischen Stadtbahn.

»SCHLUSSLICHT SALZBURG«

Vergleichsweise spät, dann aber entschieden. So lässt sich das Engagement des Landes Salzburg beim regionalen Bahn- und Busverkehr charakterisieren.

Vom »Schlusslicht Salzburg« ist Mitte der 1980er Jahre beim Thema Pendlerzüge die Rede. Schlusslicht meint, dass andere Bundesländer längst auf die so genannte Nahverkehrsmilliarde des Bundes zugegriffen haben, um zeitgemäße Schieneninfrastruktur zu bekommen. So kann 1978 zwischen Innsbruck und Telfs-Pfaffenhofen im Tiroler Oberland ein schnellbahnähnlicher Berufsverkehr im Halbstundentakt mit fabriksneuen Triebwagenzügen angeboten werden. Anfang der 1980-er Jahre folgt die Verlängerung auf einer weitgehend neuen zweigleisigen Trasse bis Ötztal.

In Vorarlberg beginnt 1977 die Aufwertung der Bahnachse von Bludenz bis Bregenz vom Ausgangszustand einer eingleisigen, beinahe auf dem technischen Stand der Zwischenkriegszeit befindlichen Strecke. Seit Juni 1986 bieten die ÖBB Schnellbahnverkehr im Takt zwischen Bregenz und Feldkirch.[89] Die Verlängerung bis Bludenz erschließt im Weiteren die gesamte Vorarlberger Hauptverkehrsachse. Im Linzer Zentralraum wiederum tritt zu Sommeranfang 1985 ein Verbundtarif und ein ansatzweiser Schnellbahn-Takt in Kraft.[90]

Das Land Salzburg schließt keinen Nahverkehrsvertrag mit Bund bzw. Bundesbahnen ab. Landeshauptmann Wilfried Haslauer (ÖVP) wird mit der Aussage zitiert: »Das können wir uns nicht leisten.« Das Angebot der ÖBB lautet: Zehn Jahre lang 54 Millionen Schilling Beitrag des Landes (Äquivalent: Kosten für zwei Kilometer Straße) lösen viermal so viel Bundesbeitrag für Streckenausbau und Zuggarnituren aus.[91] Im Gespräch mit Journalisten deutet Haslauer Ideen zur Einrichtung von Schnellbussen aus verschiedenen Landesteilen an, die die Autobahnen benutzen und von privaten Unternehmen betrieben werden sollten.

Die Salzburger Sozialisten sprechen sich damals für eine Verbesserung der Schieneninfrastruktur aus. Sie schlagen einen Schnellbahnverkehr im Halbstunden-Takt ab Golling-Abtenau und Straßwalchen via Salzburg-Hauptbahnhof zum vorgeschlagenen Endpunkt Salzburg, Rudolf-Biebl-Straße (Arbeitsplatz- und Wohnschwerpunkt) vor. Errechnet sind 25 Minuten Fahrzeit – zwischen zehn und 15 Minuten kürzer als 1983 angeboten. An die Haltestellen sollen Buslinien »andocken«.[92]

Anfang der 1980er Jahre gibt es keine ansprechende Morgenverbindung von der Landeshauptstadt nach Zell am See und Saalfelden: »Tagesausflug oder Dienstreise per Bahn in den Pinzgau (auf zumutbare Weise) nicht möglich!«[93] Lokalzeitungen berichten über Unzulänglichkeiten: »Viele Pendler sind mit den Zuständen entlang der Westbahn nicht zufrieden.« Es gäbe an den Bahnhöfen zu wenige Parkplätze und Abstellplätze für Fahrräder, die wenigen Züge seien überfüllt, an eine Verbesserung der Situation denke man in der zuständigen Bundesbahndirektion Linz jedoch nicht.[94] 1983 pendeln rund 30.000 Menschen täglich in die Landeshauptstadt ein. Aber es gelingt erst im Sommer 1986, auf der Flachgauer Westbahnstrecke eine einstündige Angebotslücke im morgendlichen Pendlerverkehr zu schließen.[95]

Landesrat Arno Gasteiger (ÖVP) wiederum bemängelt das Fehlen von Parkplätzen an Bahnhöfen der Salzachtalstrecke und frägt im Brief an ÖBB-Generaldirektor Heinrich Übleis, warum Züge in den Bahnhöfen Bischofshofen und Schwarzach-St. Veit »oft bis zu einer Viertelstunde« ohne Notwendigkeit hielten.[96]

Im Rückblick handelt es sich bei dieser Verweigerung in der »Ära Haslauer« um ein Versäumnis, das der Schieneninfrastruktur auf den Salzburger ÖBB-Strecken noch immer nachhängt.

Fest steht allerdings auch, dass die damaligen ÖBB, gibt es doch einmal Geld für Investitionen, wiederholt die Maßlosigkeit des kameralistischen Systems vorleben. Als Beispiel kann die 1982 eröffnete die Kraftwagenbetriebsleitung im Salzburger Stadtteil Kasern stehen. Man nimmt kilometerlange Zufahrten zum üblichen Einsatzpunkt der Busse vor dem Hauptbahnhof in Kauf. Weil eine bis zu vier Meter dicke Torfschicht abzutragen ist, dauert der Bau mehr als vier Jahre und es müssen von Anfang an Kompromisse eingegangen werden. Die Gesamtkosten steigen auf 90 Millionen Schilling.[97] Nach zwanzig Jahren Nutzung steht die Anlage seit Ende 2001 leer und wartet auf eine weitere Verwendung. Noch vor der Zusammenführung der beiden Busbetriebe übersiedeln die Bahnbusse in die Garage der Postbusse im Salzburger Stadtteil Itzling.

NAVIS HAT VERSPÄTUNG

Erst 1989 schließt das Land Salzburg einen Nahverkehrsvertrag. 1992 erklärt die Landesregierung, dem öffentlichen Verkehr grundsätzlich den Vorrang zu geben.

Das Investitionspaket bringt bis 1993 die Bahnstrecke bis Golling-Abtenau auf einen zeitgemäßen technischen Standard samt neuer Haltepunkte.[98] Diese Route ist bislang Schrittmacherin geblieben: Wieder mit Investitionshilfe des Landes startet 1991 ein Stundentakt, 2000 ein Halbstundentakt und 2001 folgen zusätzlich die beschleunigten Salzach-Sprinter-Züge als Ersatz für den gestrichenen Intercity-Verkehr.

Unter dem Akronym NAVIS läuft seit 1997 ein Nahverkehrs-Infrastrukturprogramm für die Verbesserung des Bus- und Bahnangebotes im Zentralraum. Es sieht über einen Zeithorizont von zehn Jahren Investitionen von 2,7 Milliarden Schilling (Preisbasis 1997) in die Schieneninfrastruktur vor, von denen 20 Prozent das Land Salzburg übernimmt.[99] Inzwischen ist NAVIS, was Infrastrukturbauten und neue Züge angeht, mit Verspätung unterwegs.

Seit 1994 gibt es als erste ihrer Art in Österreich Ampelschaltungen auf Einfallstraßen, die im Spitzenverkehr einem Linienbus eine grüne Welle einräumen. Sie bewähren sich nach Ansicht der Landesverkehrsplaner vor allem in der Ab-

NAHVERKEHRSBUDGET Land Salzburg 1991 - 2000

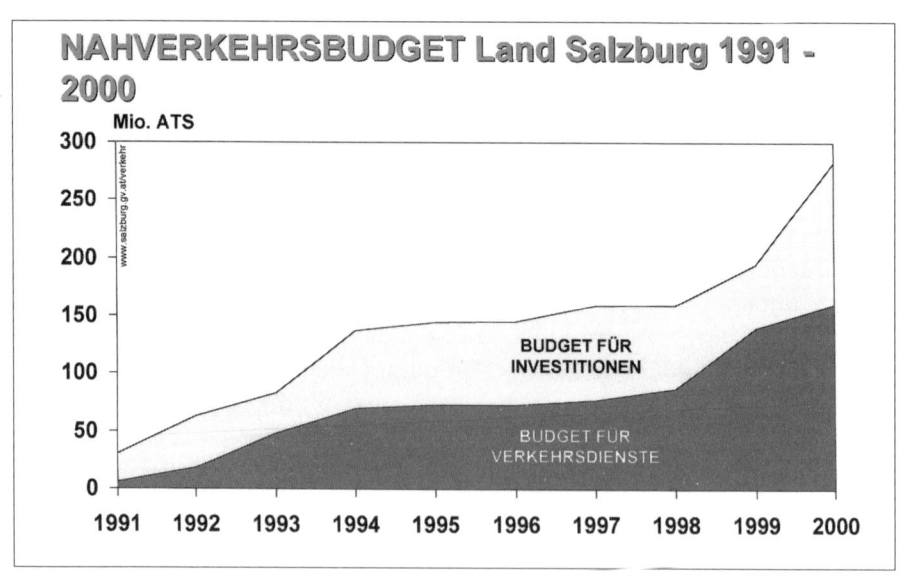

[Diagramm: Mio. ATS, 1991–2000, mit Flächen „BUDGET FÜR INVESTITIONEN" und „BUDGET FÜR VERKEHRSDIENSTE"]

Grafik: Land Salzburg, Verkehrsplanung

wägung von Aufwand und Nutzen. Erhebungen dokumentieren, dass auf diesen Buskorridoren die Pünktlichkeit steigt.[100]

In einem Beziehungsgeflecht von Land, Salzburger Verkehrsverbund (SVV), Gemeinden und Verkehrsunternehmen sind regionale Taktverkehre organisiert. Bis auf den noch lückenhaften Flachgau-Takt verbessern sie die Anbindung der dünn besiedelten Räume zu Bedingungen, die für Nutzer, Anbieter und unterstützende öffentliche Hände leistbar sind.[101]

Das Land Salzburg hat damit eine bundesgesetzliche Regelung vorweggenommen, die mit dem Öffentlichen Personennah- und Regionalverkehrsgesetz (ÖPNRV-G 2000) zum ersten Mal eine Verantwortung der Gebietskörperschaften für Grundmobilität festhält. Der Anstoß für dieses Bundesgesetz sei aus dem SPÖ-Landtagsklub gekommen und vom Ressort-Politiker, Landeshauptmann-Stellvertreter Arno Gasteiger, aufgegriffen und den Instanzen des Bundes nahe gelegt worden. Im Zug seiner Sparmaßnahmen verhalte sich nun der Bund bei der Dotation des Nahverkehrsgesetzes allerdings restriktiv und lasse sich nicht auf Zusagen für Folgejahre und somit Planungssicherheit ein.[102]

Vorbild sollte das Modell der Bundesrepublik sein. Seit 1996 liegt die »Aufgaben- und Finanzierungsverantwortung« für den schienengebundenen Nahverkehr in Deutschland bei den Bundesländern. Der Bund gibt aus dem Mineralölsteueraufkommen Beträge an die Länder weiter, die diese zum Bestellen von

Nahverkehrsleistungen bei anbietenden Unternehmen verwenden. Der Freistaat Bayern hat für diese Rolle die Bayerische Eisenbahngesellschaft (BEG) eingerichtet, die pro Jahr um 800 Millionen Euro bestellt, das Ausmaß der gewünschten Nahverkehrsdienstleistungen definiert und Verträge nach kaufmännischen Gesichtspunkten abschließt.[103]

Das entsprechende österreichische Bundesgesetz regelt auch die Organisation der Verkehrsverbünde. Das bedeute »für die Verkehrsunternehmen aber auch verstärkte wirtschaftliche Mitverantwortung und Mitbestimmung für die im Rahmen des Verkehrsverbundes erbrachten Leistungen, für die sie teilweise das wirtschaftliche Risiko übernehmen«.[104]

»MIT EINER KARTE ANS ZIEL«

Das Tarifangebot des Salzburger Verkehrsverbunds tritt im Juni 1995 in Kraft. Die 16 im Verbund zusammengeschlossenen Verkehrsunternehmen sind nun landesweit mit einem durchgehend gültigen Fahrausweis zu benutzen; die Notwendigkeit, mehrere Einzelfahrten zu lösen, entfällt ebenso wie der damit verbundene besondere Preisnachteil beim Kauf jeweils »erster« Kilometer aufgrund degressiver Tarifkurven. Stattdessen gilt »Durchtarifierung«.

Der SVV ist die wesentliche Verfeinerung eines Verbundes, der schon seit Juni 1986 für Wochen- und Monatskarten angeboten wurde.[105] Mit Jahresanfang 1993 wiederum tritt ein landesweiter Tarifverbund in Kraft, dessen Vertragspartner Bund, Land, Landeshauptstadt und 118 Gemeinden sind und die Mindereinnahmen tragen, die durch die Verbilligung entstehen. Diese Stufe trägt schon die Handschrift von Ressort-Politiker Arno Gasteiger und belegt den politischen Willen zur Förderung des Linienverkehrs.[106]

Die größte Außenwirkung des neuen SVV entfaltet dessen plausibles Wabensystem. Es verhindert Anlaufschwierigkeiten, wie sie beispielsweise beim oberösterreichischen Verbund auftreten. Ein Marketing-Erfolg für den SVV ist das Einbeziehen der Buslinien des Unternehmens Regionalverkehr Oberbayern im Landkreis Berchtesgadener Land ab Juni 1997. Ein Jahr später sollten die Züge der Deutschen Bahn auf der Linie Salzburg–Freilassing–Bad Reichenhall–Berchtesgaden folgen.[107]

Dieses Zeitziel ist längst verfehlt. Das gilt ebenso für Ambitionen, den anschließenden bayerischen Landkreis Traunstein – Teil des EuRegio-Raumes – in das Salzburger System einzubeziehen. Auch ist es bisher nicht gelungen, allen Inhabern der »VorteilsCard« der ÖBB, und damit einem Stammpublikum von Bahn und Bus, einen generellen Bonus einzuräumen. Anders als bei den Pendants in der Schweiz (»Halbtax-Abo«) und in Deutschland (»BahnCard«) gilt freilich die österreichische »VorteilsCard« in ihrer Variante für Einzelreisende vor dem Seniorenalter nicht einmal für Ermäßigungen im ÖBB-eigenen Bahnbus.

Ende September 2000 ist auch bei der nunmehrigen Salzburg AG der Vorsatz »Alle Busse, alle Bahnen, eine Karte« umgesetzt. Mit dieser Vereinheitlichung wird, allerdings nur für zwei Jahre, aus der beliebten 24 Stunden gültigen Umweltkarte eine Netzkarte, die jeweils nur von Betriebsbeginn bis Betriebsschluss in der Landeshauptstadt gültig ist. Nachteile entstehen für Stadtrandgemeinden, da jetzt deren Platzierung außerhalb der Waben der Landeshauptstadt entscheidet. Diese Verschlechterung trifft in besonderere Weise auf Freilassing zu: Während die Nachbargemeinden Bergheim, Elsbethen und Wals-Siezenheim tariftechnisch noch in der Stadt liegen, verteuert sich die Tageskarte für die bayerische Nachbarstadt von 40 auf 60 Schilling – wobei das Befahren dieser Route mit besonders unangenehmen Umsteigebedingungen verbunden ist.[108]

AUTONOMIE OHNE AUTOMOBIL

Die Touristik-Hochburg Land Salzburg wirbt mit Akzenten wie dem Genießen weitgehend intakter Naturlandschaften. Überbordender Straßenverkehr passt nicht zu diesem Bild. Als Nischen gibt es Angebote, die auf ökologisch vorbildliche Mobilität setzen – wie seit 1989 das Projekt Lungauer Tälerbus, das es in der Sommersaison 2001 auf rund 20.000 Fahrgäste in 19 Tälern der Region bringt und inzwischen mit mehreren Umweltpreisen ausgezeichnet wurde.[109]

Das Pongauer Modellvorhaben »Sanfte Mobilität – Autofreier Tourismus« geht einen Schritt weiter. Es holt potenzielle Gäste aus Westeuropa virtuell von zu Hause ab, indem es mit wenigen Mausklicken den Weg mit Zug und Bus bis in den Urlaubsort bahnt. In die Keimzelle dieses Angebots, die Gemeinde Werfenweng, gelangt man mit inbegriffenem Service. Dieses kehrt auch für jedwede Mobilität während des Aufenthaltes mit ungewöhnlichen Mitteln wie elektrisch angetriebenen Kleinmobilen vor. Unter dem Namen »mobilito – die Mobilitätszentrale im Pongau« agiert sichtbar und unsichtbar ein Beraterteam: sichtbar in der neuen Form eines Kundenraumes statt des klassischen Fahrkartenschalters am Bahnhof Bischofshofen; unsichtbar bei Bestellung und Koordination von Bahn, Bus und Logistik-Leistungen. In der Anlaufphase fördern Land, Ministerien und Europäische Union das Vorhaben als transnationales Pilotprojekt.[110]

In der Oberpinzgauer Nachbarschaft, im Tiroler Zillertal, steht die Sommersaison 2002 im Zeichen des Hundert-Jahr-Jubiläums des Flaggschiffs unter den touristischen Attributen, der Zillertalbahn. Diesseits des Gerlospasses ist der vergleichbaren Pinzgau-Bahn, der Nationalpark-Bahn, ein weiteres Moratorium bis zum Juni 2003 eingeräumt.[111] Trotz Investitionen von rund 130 Millionen Schilling gelingt bislang kein Konsens zwischen Bund, ÖBB, Land und Gemeinden, der für eine akzeptable Zeitspanne hält. Verkehrsminister, Verkehrsreferenten der Landesregierung, Managements und Unternehmens-Philosophien der ÖBB wechseln einander ab – und wie seit rund zwanzig Jahren schreibt die Krimmler Bahn zwischen Euphorie und Einstellung ihre »unendliche Geschichte«.[112]

ANMERKUNGEN

1 Bundesministerium für Verkehr, Infrastruktur und Technologie: Generalverkehrsplan Österreich 2002. Wien 2002, hier S. VIII.
2 Generalverkehrsplan, S. III.
3 Land Salzburg: Salzburger Landesmobilitätskonzept 2002. Leitlinien zur Landesmobilitätspolitik. Salzburg 2002, hier S. 11.
4 Rosinak/Sedlmayer/Snizek: Salzburger Landesverkehrskonzept. Salzburg 1992, Schriftenreihe des Landespressebüros.
5 Landesmobilitätskonzept, S. 4.
6 Salzburger Nachrichten, 23. 5. 2002, S. 14.
7 Pressetext der ÖBB. Wien, Februar 1982.
8 Telefon-Recherche Medienbetreuung Bayern der DB, Kommunikation Salzburg der ÖBB. Mai 2002.
9 VCÖ-Zeitung 3/1990, S. 1; Pressendienst der Deutschen Bundesbahn. Rosenheim, 8. 2. 1982.
10 Der Abend, Wien, 3. 11. 1952; Salzburger Tagblatt (KPÖ), 10. 11. 1952.
11 Neue Zeit, Linz, 4. 11. 1952.
12 ÖBB-Kommunikation, w. o.
13 Salzburger Nachrichten/Hallo Nachbar, 27. 10. 2001, S. 2 f.
14 Pressekonferenz der ÖBB, Wien, 24. 2. 2000; Initiative Magistrale für Europa (Hg.): Magistrale für Europa. Zusammenfassung. Karlsruhe 2001.
15 Neue Kronen Zeitung Salzburg, 19. 9. 1999, S. 10f.
16 SN-Lokalteil, 30. 10. 1999, S. 6.
17 Hallo Nachbar, w. o.
18 Tiroler Tageszeitung, 6. 2. 1988, S. 8; Salzburger Nachrichten, 13. 2. 1993, S. 25; 12. 5. 2000, S. 5.
19 Hallo Nachbar, w. o.
20 Gemeinsame Fahrzeuge: Ausschreibung im 2. Halbjahr 2000. SBB- und ÖBB-Pressemitteilungen, Juni 2000, Internet-Auftritte; Salzburger Volkszeitung, 13. 2. 2002, S. 2.
21 Deutsche Bahn AG: Umweltbericht 1996. Online-Version, 19. 1. 1998.
22 Salzburger Landeskorrespondenz, 7. 5. 2002.
23 Kleine Zeitung Kärnten, 18. 5. 1990, S. 8 f.
24 Süddeutsche Zeitung, 29. 1. 2002, S. 37; 31. 1. 2002, S. 20.
25 Eures interalp-News 2/1999, S. 8 f.
26 Salzburger Nachrichten, 15. 7. 1996, Lokales.
27 Generalverkehrsplan, S. 60.
28 Deutsche Bahn AG (Hg.): Stadt-Regionalbahn Salzburg. München, August 1998.
29 Hallo Nachbar, w. o.
30 Freilassinger Anzeiger, 29. Jänner 2002, S. 11.
31 ÖBB-Kommunikation, w. o.

32 SN-Lokalteil, 28. 2. 2000, S. 4 f.; Salzburger Nachrichten/Hallo Nachbar, 31. 3. 2001, S. 3.
33 Generalverkehrsplan, S. 49.
34 AZ/Tagblatt, 1. 2. 1988, S. 14.
35 AZ/Tagblatt, 19. 2. 1988, S. 15.
36 Unterwegs Richtung »echtes Europa des Verkehrs«. In: Helmut Koch/Hans Lindenbaum: Überrolltes Österreich. Zukunft unter dem Transitverkehr. Wien 1991, S. 8.
37 Traunsteiner Tagblatt, 27. 10. 2001, S. 8.
38 Salzburger Nachrichten, 25. 10. 2001, S. 8.
39 Gespräch mit Herwig Schnürer und Ralf Kühn, Salzburg, 29. 5. 2002.
40 Koch/Lindenbaum, w. o.; Der Standard, 9. 4. 2002, S. 36; SN-Lokalteil, 9., 11., 12. 4. 2002.
41 Initiative Transport Europe, Grenoble. Flugblatt, April 2002; Echo, Altdorf (Schweiz), 17. 5. 2002, S. 4.
42 »Die Transitlawine stoppen«, Diskussion in Hallein, 11. 4. 2002, Wortmeldung Bürgermeister Christian Stöckl.
43 SN-Lokalteil, 17. 12. 1996; 21. 2. 2002, S. 10; 8. 5. 2002, S. 6; 17. 5. 2002, S. 2.
44 Deutsche Bahn AG (Hg.): Wo stehen wir? Was tun wir? Wo wollen wir hin? Berlin o. J. [2000], S. 16; Verkehrscub Österreich (Hg.): Kostenwahrheit im europäischen Verkehr. Wien 1993, Reihe Wissenschaft und Verkehr.
45 AK-Panorama 5/1983.
46 SN-Lokalteil, 10. 11. 1995, S. 3.
47 Salzburger Wirtschaft, 24. 5. 2002, S. 7; 31. 5. 2002, S. 2.
48 Romain Molitor: Alpentransit – Güterzüge statt Lkw-Kolonnen. Wien 1996, Reihe Wissenschaft und Verkehr des Verkehrsclub Österreich; Deutsche Bahn, w. o.
49 Der Standard, 31. 12. 1991, S. 17.
50 Lindenbaum, Hans: Kapitäne der Landstraße versus gehetzte Hilfsarbeiter. In: Koch/Lindenbaum (Hg.): Überrolltes Österreich. Wien 1991, S. 24–50.
51 Lindenbaum, w. o.; Die Zeit, 17. 7. 1992, S. 57; Der Standard, 23. 2. 2002, Supplement Album.
52 Lindenbaum, w. o.; Salzburger Fenster, 20. 2. 2002, S 4 f.
53 Salzburger Wirtschaft, 3. 10. 1997, S. 18.
54 Salzburger Fenster, w. o.
55 SN-Lokalteil, 1. 10. 1999, S. 3.
56 Unser Land, 3/2002, S. 32; 6/2002, S. 29.
57 Salzburger Wirtschaft, 8. 2. 2002, Rubrik Verkehr.
58 ÖBB-Kommunikation, w. o.
59 Bayerischer Rundfunk online, 4. 2. 2001.
60 Telefon-Recherche ÖBB-Kommunikation Villach, 27. 5. 2002.
61 Telefon-Recherche Kommerzielle Vertretung der Italienischen Staatsbahnen in Wien, 27. 5. 2002.
62 ÖBB-Kommunikation, w. o.
63 Telefon-Recherche Franz Wiener, Spedition Welz, 28. 5. 2002.
64 ÖBB-Kommunikation, w. o.
65 Salzburger Nachrichten, 11. 12. 1999, S. 21; 23. 5. 2000, S. 15.
66 Verkehr und Umwelt 2/2002, S. 24–27.
67 Creditanstalt (Hg.): CA Quarterly I/1995, S. 18 ff.
68 SN-Lokalteil, 15. 3. 2002, S. 12; Salzburger Landeskorrespondenz, 2. 5. 2002.
69 Die Presse, 20. 3. 2001, S. 3; Symposium Logistik Innovativ, Prien am Chiemsee, 7. Mai 2002.
70 Deutsche Bahn AG (Hg.): SüdostBayernBahn. Mühldorf am Inn, Dezember 2001; Presseinformation 100/02, Medienbetreuung Bayern der DB, Mühldorf am Inn, 3. 4. 2002.

71 Präsentation Posttage 2002, Bonn, 29. 4. 2002.
72 Clausen, Uwe: Trends in der Logistik. Referat, Posttage 2002, Bonn, 29. 4. 2002.
73 Bilanzpressekonferenz der ÖBB. Wien, 1. 8. 2002.
74 Der Standard, 5. 3. 2002, S. 19.
75 SN-Lokalteil, 4. 10. 2000, S. 8.
76 SN-Lokalteil, 1. 6. 1999, Leserbrief.
77 Salzburger Nachrichten/Hallo Nachbar, 22. 5. 1999, S. III; 12. 5. 2001, S. 4.
78 SN-Lokalteil, 25. 10. 1995, S. 17.
79 SN-Lokalteil, 12. 8. 1997, S. 5.
80 SN-Lokalteil, 19. 1. 2000, S. 2.
81 Brief, ÖBB-Kommunikation Salzburg, 18. 5. 2000.
82 Salzburger Nachrichten, 1. 6. 1996, S. 1 u. 3; SN-Lokalteil, 26. 2. 1996, S. 3.
83 Presseunterlage, August 1981.
84 Lebenslinien, Kundenzeitschrift der Salzburg AG, Jänner 2001, S. 8.
85 Informations-Zeitung, 1/1983, S. III.
86 Salzburger Stadtanzeiger, November 1986, S. 10/11.
87 SN-Lokalteil, 3. 2. 1996, S. 2; 16. 9. 1996, S. 5.
88 Informations-Zeitung, Oktober 1990, S. 30/31.
89 AZ, 7. 9. 1985, S. 9.
90 AK-Panorama 3/1985.
91 AK-Panorama, w. o.
92 Salzburger Tagblatt extra, Dezember 1983.
93 AK-Panorama 4/1982.
94 Flachgauer Nachrichten, 26. 11. 1987, S. 1 u. 8.
95 AK-Report 14/1986.
96 Salzburger Nachrichten, 28. 7. 1987, Lokalteil.
97 Presseinformation, ÖBB, Wien, 10. 9. 1982.
98 Salzburger Landes-Zeitung 6/1991.
99 Land Salzburg/Verkehrsplanung: NAVIS – die Weichen sind gestellt. Salzburg 1998.
100 Land Salzburg/Verkehrsplanung: Verkehr in Salzburg. Buskorridore in Salzburg. Salzburg 1997.
101 Land Salzburg/Verkehrsplanung: Auftakt in Salzburg. Die Neuordnung des Nahverkehrs in Salzburg. Salzburg 1998.
102 Gespräch mit Michael Steger, Büroleiter LR Blachfellner, 22. Mai 2002.
103 Bayerische Eisenbahngesellschaft (Hg.): Tipps für Bahnfahrer/innen im Bayern-Takt. München 2002.
104 Steirische Verkehrsverbund Gesellschaft, Internet-Auftritt, Mai 2002.
105 Informations-Zeitung 6/1986, S. 18
106 Salzburger Landes-Zeitung 34/1992, S. 2.
107 SN-Lokalteil, 2. 6. 1997, S. 5.
108 Salzburger Nachrichten/Hallo Nachbar, 7. Oktober 2000, S. 14.
109 Online-Selbstdarstellung www.taelerbus.at
110 SN-Lokalteil, 11. 12. 1999, S. 21; Salzburger Nachrichten, 23. 2. 2002; Online-Selbstdarstellung www.mobilito.at
111 Salzburger Landeskorrespondenz, 12. 4. 2002.
112 Lindenbaum, Hans: Eine unendliche Geschichte. In: Koch/Lindenbaum: Höchste Eisenbahn. Wohin fahren die ÖBB? Wien 1987, S. 177–192.

STEFAN MAYER

Ist da noch eine Grenze?

Die EuRegio Salzburg – Berchtesgadener Land – Traunstein zwischen Europäischer Integration und lokaler Kirchturmpolitik. Ein Fortschrittsbericht

Die Geschichte des salzburgisch-bayerischen Grenzraums ist seit Jahrhunderten eine Geschichte der Trennung, aber auch eine Geschichte der Zusammengehörigkeit, wenn auch nicht immer unbedingt auf freiwilliger Basis. Vom Mittelalter bis 1805 war der Rupertiwinkel, der ein Gebiet zwischen Piding, entlang der Saalach bis Asten bei Tittmoning und Waging als westlichstem Punkt umfasste, Teil des Salzburger Fürsterzbistums. Waren es in den beiden vergangenen Jahrhunderten vor allem politische Faktoren gewesen, die für eine Trennung der Gebiete beiderseits von Saalach und Salzach sorgten, so waren es in der zweiten Hälfte des 20. Jahrhunderts im Wesentlichen die unterschiedlichen wirtschaftspolitischen Entwicklungen, die für Hindernisse und Trennung in den Beziehungen im heutigen EuRegio-Gebiet sorgten. Deutschland war 1957 als Gründungsmitglied der damaligen Europäischen Wirtschaftsgemeinschaft beigetreten, Österreich passte sich zwar in vielen Belangen dem großen Nachbarn an, sorgte aber nur schrittweise durch EFTA- und EWR-Mitgliedschaft für mehr Kohärenz in rechtlicher, wirtschaftlicher und zuletzt auch politischer Hinsicht. Die entscheidenden Schritte, die Überwindung des ehemals Trennenden anzugehen, fanden Mitte der 90er Jahre des vergangenen Jahrhunderts auf zwei höchst unterschiedlichen Ebenen statt. Mit dem österreichischen EU-Beitritt konnte die gesamte Region an den europäischen Integrationsschritten partizipieren (vier Grundfreiheiten, seit 1998 offene Grenzen in »Schengen-Land«, Euro als gemeinsame Währung seit 1999 als Buch- und seit 2002 als Bargeld). Im subregionalen und lokalen Bereich sollte die Integration durch Gründung und Wirken der Euregio Salzburg – Berchtesgadener Land – Traunstein vorangetrieben werden, um »gemeinsam das Halbkreisdenken zu überwinden« – wie es das erste EuRegio-Führungsduo, der Berchtesgadener Landrat Martin Seidl und der Seehamer Bürgermeister Matthias Hemetsberger, formulierte.

Ein Konzept macht Karriere

Das Konzept der EuRegio sieht den Zusammenschluss von Gemeinden über Grenzen hinweg mit dem Ziel vor, die gesellschaftlichen und wirtschaftlichen Beziehungen in Grenzregionen zu verdichten. Ein wesentliches Element der europäischen Einigungsidee ist der Abbau der bestehenden Grenzen. Nicht nur in rechtlicher Hinsicht, auch im wirtschaftlichen und gesellschaftlichen Bereich soll das Verbindende vor dem Trennenden stehen. Die Europäische Union unterstützt die Zusammenarbeit im grenzüberschreitenden Bereich, das heißt zwischen mindestens zwei aneinander grenzenden Teilen aus unterschiedlichen EU-Staaten, finanziell. Die praktischen Schritte der Einigung sollen dabei im kleinen, also bürgernahen Bereich umgesetzt werden. Der EuRegio-Gedanke war 1995 keineswegs neu, auf Ebene der kommunalen grenzüberschreitenden Zusammenarbeit war das Konzept schon seit den 60er Jahren (im deutsch-holländischen Grenzraum) zu einem Standardkonzept transregionaler Kooperation geworden[1] und sind derzeit die »interessantesten Ansätze, durch Zusammenarbeit und Harmonisierung die Integration der Grenzgebiete zu fördern und sie dadurch aus ihrer Randlage zu befreien«[2]. Diese Kooperation zeichnet sich durch ein dichtes Netzwerk an Kontakten aus und wird durch einen EuRegio-Rat repräsentiert, dem indirekt gewählte Vertreter lokaler Gebietskörperschaften beiderseits der Grenze(n) angehören.

Besonders im Zuge des österreichischen EU-Beitritts und gegen Ende der 90er Jahre kann man von einem Boom des EuRegio-Konzepts an Österreichs Grenzen sprechen, vor allem weil dadurch der Zugang zu den EU-Fördertöpfen für die grenzüberschreitende Zusammenarbeit erleichtert wurde. Mit bayerischen Partnern wurden die meisten Kooperationen eingegangen. Im deutsch-österreichischen Grenzraum bestanden 2000 bereits sieben EuRegiones.[3] Die Bemühungen um eine Europa-Region Tirol, mit der insbesondere auch die von österreichischer Seite als schmerzhaft empfundene historische Trennung Tirols überwunden werden soll, sind jedoch gegen Ende der 90er Jahre ins Stocken geraten.[4]

Die zahlreichen EuRegiones erfüllen neben der Funktion einer neuen europäischen und grenzenlosen Identitätsbildung vor allem eine für die EU wichtige Funktion der Mitarbeit, Konzeption und Abwicklung der grenzüberschreitenden Förderprogramme, insbesondere der Gemeinschaftsinitiative INTERREG, was sie wiederum zu Fördergeldquellen für die kooperierenden Partner beziehungsweise Regionen werden lässt.

Ansprüche und Möglichkeiten

Am 20. November 1997 beschloss der EuRegio-Rat ein Leitbild für den freiwilligen und partnerschaftlichen Zusammenschluss von Gemeinden, mit dem die Möglichkeiten wahrgenommen werden sollen, »die sich durch die Überwindung der Grenze bieten«.[5] Dazu zählen

- die Umsetzung des Europagedankens auf regionaler Ebene,
- die Entwicklung der EuRegio als Arbeits- und Lebensraum für ihre Bewohner,
- der Ausbau der EuRegio im Wettbewerb der Wirtschaftsräume und
- die Entwicklung der Umwelt- und Lebensqualität in der EuRegio.

Aus diesem Anspruch wird deutlich, dass die EuRegio als Motor der Mikrointegration komplementär jene Integrationsschritte auf regionaler und lokaler Ebene umsetzen soll, die durch die EU nur im Großen und im Groben bewältigt werden können. Der grundsätzliche Anspruch, der der Europäischen Integration zugrunde liegt, ist also durchaus ähnlich, allerdings könnten die Möglichkeiten zur Umsetzung kaum unterschiedlicher sein. In der EuRegio ist ein eigenständiger politischer Gestaltungsspielraum praktisch nicht vorhanden, Beschlüsse spiegeln nur die Summe des Willens der Mitglieder wider und bleiben naturgemäß ohne rechtliche Bindewirkung. Das Budget ist beschränkt.[6]

Daneben besteht ein Positionierungsdilemma: Vergleichsweise »große« Entwicklungen werden durch die EU und die Zusammenarbeit ihrer Mitgliedstaaten vorgegeben und wirken sich dennoch in alltäglichen, für die Bürger konkret nachzuvollziehenden Situationen aus (Wegfall der Grenzkontrollen, gemeinsame Währung, Anpassung und Harmonisierung des Rechtsbestands). Mit anderen Worten: Um substanziell wahrnehmbare Wirkungen entfalten zu können, fehlt es der EuRegio an politischen und an finanziellen Möglichkeiten. Dass durch die EuRegio seit ihrem Bestehen dennoch Beachtliches geleistet worden ist, wird in Folge erläutert.

Struktur und Arbeitsweise

Nach Vorarbeiten Anfang der 90er Jahre entwickelte das EuRegio-Konzept in Salzburg sehr schnell Zugkraft bei Entscheidungsträgern in Politik, Gesellschaft und Wirtschaft.[7] Mit der Gründung[8] wollten die beiden kooperierenden Regionen, die im europäischen Regionenvergleich über hervorragende Wirtschaftsdaten verfügen, ein Qualitätszentrum der europäischen Regionen errichten.[9] Dem vorausgegangen war ein einstimmiger Gründungsbeschluss vom 14. September 1994 in der ersten grenzüberschreitenden Bürgermeisterkonferenz.[10]

2002 gehörten der EuRegio 55 (von 57) Salzburger, eine oberösterreichische, alle 15 Berchtesgadener und 21 (von 35) Traunsteiner Gemeinden bzw. Städte, die beiden bayerischen Landkreise, die Salzburger Wirtschaftskammer sowie je ein bayerischer und Salzburger Rechtsanwalt als Mitglieder an.

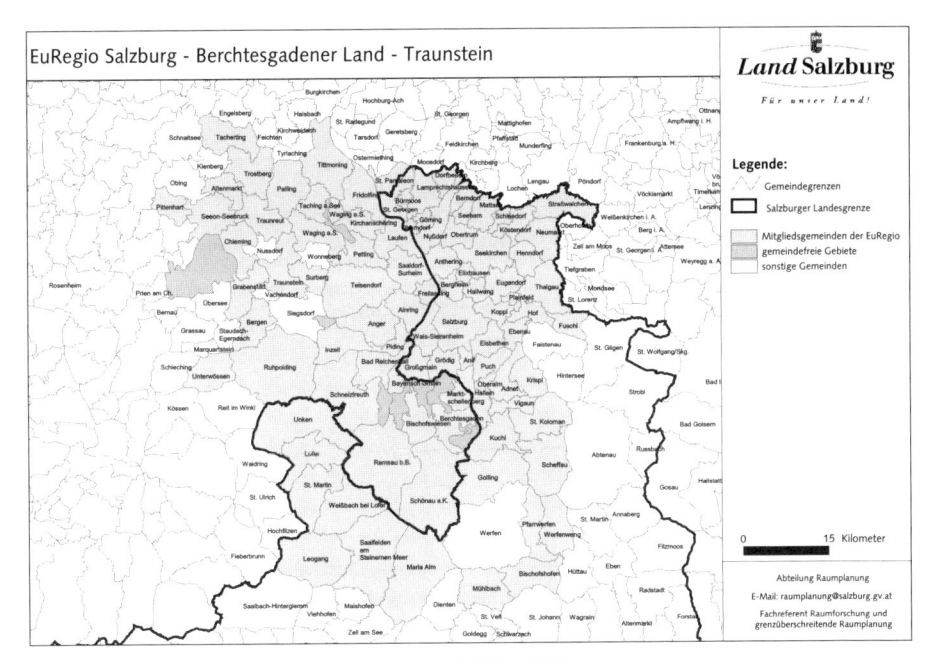

Quelle: Land Salzburg, Abt. Raumplanung, Stand: März 2002

Zwei Trägervereine mit fast identischen Satzungen bilden die rechtliche Basis.[11] Im EuRegio-Rat steuern 101 bayerische, oberösterreichische und Salzburger Vertreter (Bürgermeister, Landräte der Landkreise Berchtesgadener Land und Traunstein, Präsident der Wirtschaftskammer Salzburg, Privatpersonen) die Entwicklung. Der EuRegio-Rat ist als oberstes Koordinationsgremium für die Einrichtung von Facharbeitsgruppen[12] und die Finanzkontrolle zuständig. Seit zwei Jahren gehört der Bezirkshauptmann des Bezirks Salzburg-Umgebung dem Präsidium als kooptiertes Mitglied an. Das Abstimmungsverfahren sieht Zweidrittelmehrheitsbeschlüsse vor. Das vom EuRegio-Rat auf drei Jahre gewählte Präsidium koordiniert die Tätigkeit der alle zwei bis vier Monate zusammentretenden Facharbeitsgruppen und der Geschäftsstelle und vertritt die Euregio nach außen. Mit Ausnahme der Geschäftsführung werden alle Funktionen ehrenamtlich ausgeübt. Seit Juli 2001 unterstützt ein Regionalmanager die Arbeit der Geschäftsführung und ist insbesondere mit der Umsetzung der zahlreichen Schlüsselprojekte des EuRegio-Entwicklungskonzeptes[13] betraut.

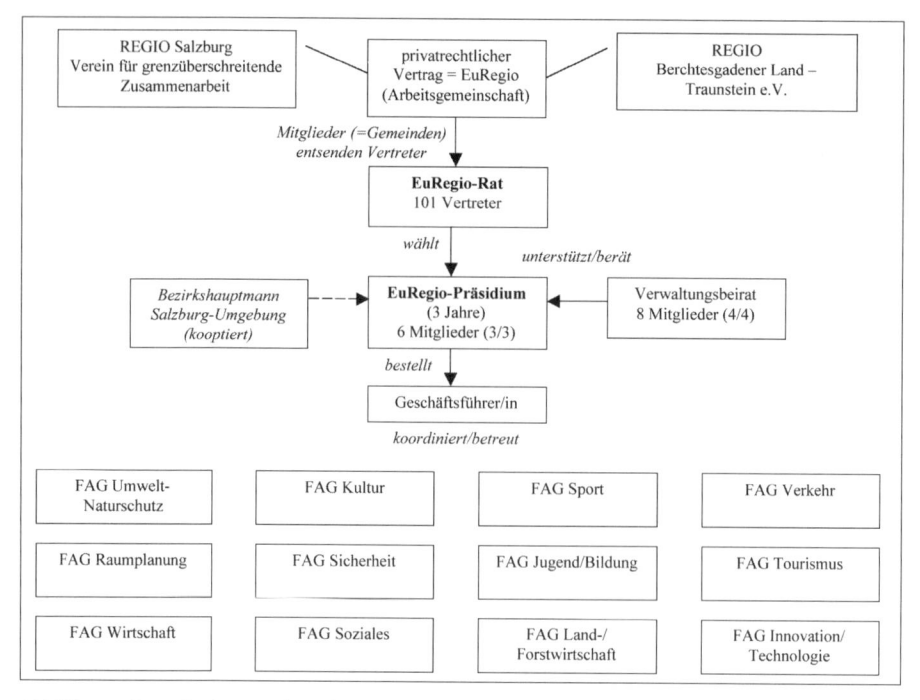

```
┌─────────────────┐      ┌─────────────────┐      ┌─────────────────┐
│ REGIO Salzburg  │      │ privatrechtlicher│      │    REGIO        │
│ Verein für grenz-│─────▶│ Vertrag = EuRegio│◀─────│ Berchtesgadener │
│ überschreitende │      │ (Arbeitsgemein- │      │ Land –          │
│ Zusammenarbeit  │      │     schaft)     │      │ Traunstein e.V. │
└─────────────────┘      └─────────────────┘      └─────────────────┘
                          Mitglieder (=Gemeinden)
                             entsenden Vertreter
                              ┌─────────────┐
                              │ EuRegio-Rat │
                              │101 Vertreter│
                              └─────────────┘
                                   wählt │    unterstützt/berät
   ┌─────────────────┐         ┌─────────────────┐     ┌─────────────────┐
   │ Bezirkshauptmann│         │ EuRegio-Präsidium│    │ Verwaltungsbeirat│
   │ Salzburg-Umgebung│- - - - ▶│   (3 Jahre)    │◀────│  8 Mitglieder (4/4)│
   │   (kooptiert)   │         │ 6 Mitglieder (3/3)│  └─────────────────┘
   └─────────────────┘         └─────────────────┘
                                  bestellt │
                              ┌─────────────────┐
                              │ Geschäftsführer/in│
                              └─────────────────┘
                              koordiniert/betreut
┌──────────────┐  ┌──────────────┐  ┌──────────────┐  ┌──────────────┐
│ FAG Umwelt-  │  │  FAG Kultur  │  │  FAG Sport   │  │ FAG Verkehr  │
│ Naturschutz  │  │              │  │              │  │              │
└──────────────┘  └──────────────┘  └──────────────┘  └──────────────┘
┌──────────────┐  ┌──────────────┐  ┌──────────────┐  ┌──────────────┐
│FAG Raumplanung│  │FAG Sicherheit│  │FAG Jugend/Bildung│ │FAG Tourismus │
└──────────────┘  └──────────────┘  └──────────────┘  └──────────────┘
┌──────────────┐  ┌──────────────┐  ┌──────────────┐  ┌──────────────┐
│FAG Wirtschaft│  │ FAG Soziales │  │  FAG Land-/  │  │FAG Innovation/│
│              │  │              │  │ Forstwirtschaft│ │  Technologie │
└──────────────┘  └──────────────┘  └──────────────┘  └──────────────┘
```

Abbildung : Organisationsstruktur der EuRegio Salzburg – Berchtesgadener Land – Traunstein
FAG = Facharbeitsgruppe; Stand 2002; Quelle: EuRegio, aufbereitet vom Autor

1. BLICK ÜBER DEN TELLERRAND

In Ansätzen besteht eine Kooperation bzw. Interessenbündelung mit weiteren (Nachbar-)EuRegiones. Besonders eng sind dabei die Interessenverflechtungen zwischen der EuRegio Salzburg – Berchtesgadener Land – Traunstein und der Inn-Salzach-EuRegio (Bayern/Oberösterreich). Nicht zuletzt wird diese Form der Annäherung durch den starken Wunsch der gemeinsamen »Randgemeinden« beider EuRegiones, die vorhandenen Verwaltungsgrenzen zu überwinden, gestärkt. Im Februar 2000 kam es zu einem »Gipfeltreffen« der Präsidenten der beiden EuRegiones mit 30 Vertretern der Gemeinden im Randbereich der jeweiligen EuRegio-Gebiete in der oberösterreichischen Gemeinde Tarsdorf.

Die Landesregierungen der Länder Oberösterreich und Salzburg sprachen sich im Februar 2001 bei einer gemeinsamen Regierungssitzung dafür aus, dass im Salzburger Zentralraum gezielte Maßnahmen der Regionalentwicklung notwendig sind, um die Zusammenarbeit zwischen den Ländern Oberösterreich und

Salzburg, dem Freistaat Bayern und den Gemeinden im oberösterreichischen, Salzburger und bayerischen Verflechtungsraum mit der Kernstadt Salzburg im Wettbewerb der europäischen Regionen zu verbessern.

Für dieses Vorhaben unter dem Schlagwort »Initiative Europaregion Salzburg« sollen dafür aber keine neuen öffentlichen Einrichtungen geschaffen werden, sondern es soll auf die bestehenden Strukturen, vor allem die EuRegio und das neu eingerichtete Regionalmanagement der EuRegio Salzburg – Berchtesgadener Land – Traunstein aufgebaut werden. Dafür soll die Zusammenarbeit zwischen der EuRegio Salzburg – Berchtesgadener Land-Traunstein und der EuRegio Inn-Salzach intensiviert werden. Eine Arbeitsgruppe aus Vertretern der Länder, der Regionen und der EuRegios in Salzburg und Oberösterreich wird auf der Grundlage vorhandener verfassungsrechtlicher Kompetenzen Vorschläge für effiziente Organisations- und Entscheidungsstrukturen für diese Kooperation erarbeiten. Salzburg soll – und damit nahm die Landespolitik einen Vorschlag des Regionalforschers Peter Weichhart[14] auf – als Kernstadt eines grenzüberschreitenden Verflechtungsraums dienen.

Wirkung und Hindernisse

Sieben Jahre EuRegio-Arbeit lassen die berechtigte Frage nach Ergebnissen, Wirkungen und Erfolgen der Zusammenarbeit zu. Ein empirischer Nachweis wird schwer gelingen, da der Anspruch ja ein Konglomerat aus konkreten Vorhaben, aber auch bewusstseinsbildenden Zielen darstellt. Schwierig gestaltet sich auch die Frage nach der tatsächlichen Urheberschaft. Zu sehr ist die EuRegio-Arbeit – nicht zuletzt aufgrund ihres mangelnden politischen Gestaltungsspielraums – in einen Kontext aus lokaler, regionaler, nationaler und europäischer Politik eingebunden. Eine zentrale Rolle, die der EuRegio dabei jedoch zukommt, ist jene des Vermittlers, der Plattform und des Kommunikators. Seit dem österreichischen EU-Beitritt bildet die EuRegio Salzburg – Berchtesgadener Land – Traunstein jedenfalls den Schwerpunkt der grenzüberschreitenden Zusammenarbeit Salzburgs mit Bayern.[15] In finanzieller Hinsicht hat sich die EuRegio als effiziente Struktur bei der Vergabe von INTERREG-Fördergeldern erwiesen.[16] Inzwischen ist die EuRegio selber Förderstelle im Rahmen des EuRegio-Dispositionsfonds. Über diesen können grenzüberschreitende Kleinprojekte mit Gesamtkosten bis zu 25.000 Euro aus EU-Geldern bis zu maximal 50 Prozent gefördert werden.

Um diese allgemeine Bewertung dennoch mit konkreten Ergebnissen zu belegen, werden im Folgenden nun einige wesentliche EuRegio-Aktionsfelder (die ja nicht kompetenzmäßig vorgegeben und allenfalls durch die Arbeit und Existenz der Facharbeitsgruppen strukturiert sind) näher beleuchtet.

Aktionsfelder

Verkehr
Einen ersten politischen Erfolg konnte die EuRegio mit der maßgeblichen Mitarbeit am grenzüberschreitenden Verkehrsverbund Salzburg/Berchtesgadener Land verbuchen. Die am 1. Juni 1997 besiegelte Zusammenarbeit zweier Verkehrsverbünde über Staatsgrenzen hinweg stellte zum damaligen Zeitpunkt ein Novum dar. Ebenfalls über Betreiben der EuRegio konnte eine grenzüberschreitende, mit Biodiesel betriebene Nationalpark-Wanderbuslinie über den Hirschbichl verwirklicht werden. 50.000 Fahrgäste pro Saison haben das Projekt über die symbolische Bedeutung hinaus zu einem Erfolg gemacht.

Die wiederholt gestellte Forderung[17] nach dem Ausbau der Bahnstrecke München–Mühldorf–Salzburg fand bisher noch keine Berücksichtigung. Die Umsetzung grenzüberschreitender Schienenverkehrskonzepte, wie etwa des anlässlich der Gründung der EuRegio von der Plattform für Verkehrsinitiativen geforderten »EuRegionalexpress«[18] oder des von verschiedenen Interessengruppen befürworteten und von Landes- und Bundespolitik angekündigten Ausbaus der Bahnverbindung nach Freilassing (»3. Gleis«), lassen weiter auf sich warten. Bis hinauf zur Bundespolitik scheint hier eine Lösung nicht durchsetzbar zu sein. Die Forderung nach der Berücksichtigung Salzburgs als Haltestelle der Hochleistungsbahnstrecke »Magistrale für Europa«, die von Paris über Stuttgart, München, Linz und Wien nach Budapest führen soll, fand inzwischen auch Unterstützung durch die Landespolitik. Mit einer in Oberndorf im Februar 2002 unterzeichneten Resolution wollen die Entscheidungsträger aus Wirtschaft und Politik nun bei den verkehrspolitisch Verantwortlichen in Bayern und in Deutschland Druck machen. Der Verkehrsbereich zählt zu den erfolgreichsten und am meisten wahrgenommenen Aktionsfeldern der EuRegio. Für den am 7. Mai 2002 neu gewählten EuRegio-Präsidenten Hermann Steinmaßl stellen die Verkehrsthemen »Magistrale für Europa«, das Dritte Gleis Salzburg Freilassing, die neuen Salzachbrücken zwischen Oberndorf und Laufen und im Raum Fridolfing/Ostermiething, die Verbesserung im grenzüberschreitenden öffentlichen Verkehr und die Verkehrsentwicklung im Pinzgau die zentralen Herausforderungen für die kommenden sieben Jahre der EuRegio-Arbeit dar.[19]

Infrastruktur
Zwischen den Technologiezentren Freilassing und Salzburg wurde 1996 die erste private grenzüberschreitende Richtfunkstrecke errichtet. Damit konnten die Tarife für Datenleitungen im grenznahen Bereich um 30 Prozent gesenkt werden. Insbesondere kleine und mittlere Unternehmen nutzen dieses Infrastrukturangebot. Nachhaltige Auswirkungen erhofft man sich vom im November 1998 in

Auftrag gegebenen und im Februar 2001 präsentierten Entwicklungskonzept der EuRegio Salzburg – Berchtesgadener Land – Traunstein. Um das trennende Element der Staatsgrenze in vielen Bereichen des Zusammenlebens zu überwinden, hat ein grenzübergreifend zusammengesetztes Gutachterteam aus bayerischen Planungsbüros und dem federführenden Salzburger Institut für Raumordnung und Wohnen eine inhaltliche und auch räumliche Erweiterung der Kooperation im gemeinsamen Verflechtungsgebiet des grenzüberschreitenden Salzburger Zentralraums konzipiert. Über die Konstituierung einer Entwicklungsagentur Europaregion Salzburg soll eine Organisationsstruktur für eine Trägerorganisation der Regionalentwicklung geschaffen werden.[20]

Kultur
Nach Sanierung von historischen Mühlen und Klausen im EuRegio-Gebiet wurde eine Broschüre mit Ausflugsinformationen zusammengestellt. Zur Erschließung der Museumslandschaft und zur Stärkung des Identitätsbewusstseins in der Region wurde eine Übersichtskarte der fast 100 Museen und Sammlungen in der EuRegio ausgearbeitet und findet vor allem im Tourismus Verwendung.

Tourismus und Freizeit
Gerade im Tourismus, der beiderseits der Grenze durch unterschiedlich entwickelte Strukturen und politische und rechtliche Rahmenbedingungen bislang weitgehend unabgestimmt verlief, konnte die EuRegio-Arbeit durch konkrete Hilfestellungen und als gemeinsame Kooperationsplattform Verbesserungen erzielen. Auf der EuRegio-Radkarte enden die Radrouten nicht mehr an den Staatsgrenzen, die Routenplanung wird durch eine Internet-Vermarktungsplattform[21] für Radangebote ergänzt.

Für den im Tages- und Ausflugstourismus typischen Aktionsradius, dem die Ausdehnung der EuRegio in etwa entspricht, wurden 100 Ausflugsziele auf einer Landkarte beschrieben. Marketingaktivitäten für den Urlaub am Bauernhof im EuRegio-Gebiet zählen zu weiteren durchgeführten Maßnahmen. Zum Untersberg, der zentralen Landschaft im EuRegio-Gebiet, wurde eine Wanderkarte erstellt.

Rund zehn EuRegio-Sportveranstaltungen pro Jahr tragen dazu bei, die verbindende EuRegio-Idee zu transportieren und zusätzliche Möglichkeiten für nachbarschaftliche Begegnung zu schaffen. Die EuRegio dient auch als Administrationsstelle für die Abwicklung von mit EU-Geldern geförderten grenzüberschreitenden Sportveranstaltungen. Mit Unterstützung der EU-Gemeinschaftsinitiative INTERREG II organisierte die EuRegio 1999 erstmals ein grenzüberschreitendes Sportveranstaltungsprogramm. Vereine und Verbände aus der EuRegio erhielten für Veranstaltungen, an denen mehr als 2600 Sportler aus ganz Europa teilnahmen, finanzielle Unterstützung.

Natur- und Umweltschutz

Das nördliche EuRegio-Gebiet mit angrenzenden oberösterreichischen Teilen weist mit seinen Feuchtlebensräumen geeignete Strukturen zur länderübergreifenden Erhaltung und Verbesserung von Wiesenbrütergemeinschaften auf. Auch bei der Bekämpfung der kleinen Fichtenblattwespe wird auf EuRegio-Initiative grenzüberschreitend vorgegangen. Kooperationen bestehen auch bei der gemeinsamen Erhaltung von Moor- und Feuchtgebieten.

Wirtschaft

Zur dauerhaften Einrichtung im grenzüberschreitenden Informationsaustausch von Wirtschaftstreibenden haben sich die regelmäßig abgehaltenen EuRegio-Dialogveranstaltungen entwickelt. Jeweils ein Unternehmen lädt andere Betriebe zu einem Fachvortrag über erfolgreiche Strategien, Technologien oder Innovationen mit anschließendem Betriebsrundgang ein. Angestrebt wird dadurch die Verdichtung der wirtschaftlichen Beziehungen innerhalb der EuRegio.

Als konkretestes Ergebnis einer Kooperation von EURES interalp und der EuRegio wurde 1998 eine Grenzgängerbroschüre als Übersicht der wichtigsten rechtlichen Besonderheiten erstellt und aktualisiert.

Gesellschaft

Zwei ständige Kooperationsformen haben sich etabliert: Zum einen arbeiten die amtlichen Jugendstellen im EuRegio bei der Erstellung von gemeinsamen Angeboten, Jugendleiterausbildung und Jugendevents zusammen, zum anderen wird ein 1996 begonnenes Projekt zur Sucht- und Drogenprävention fortgesetzt und ausgebaut.

Sicherheit

Die grenzüberschreitenden Kontakte und Informationsstrukturen der Einsatzorganisationen im Gebiet der EuRegio wurden durch die Arbeit in der Facharbeitsgruppe Sicherheit auf ein vorbildliches Niveau gebracht. Rotes Kreuz und Feuerwehr arbeiten eng zusammen. Aktuelle Notfälle konnten gemeinsam gut bewältigt werden. Die Rettungsleitstellen sind so ausgerichtet, dass das am schnellsten einsetzbare Rettungsmittel, egal von welcher Seite, verständigt wird. Für den Transport von verletzten Personen im grenznahen Bereich konnte eine fixe Regelung erarbeitet werden. Die funktionierende Zusammenarbeit im EuRegio-Raum zeigt sich darüber hinaus in einem täglichen Informationsaustausch zwischen Salzburg und Traunstein, in der gemeinsamen Bearbeitung von Einsatzlagen und in vielen persönlichen Kontakten.

2. PROBLEMBEREICHE

Neben diesen zahlreichen Ergebnissen grenzüberschreitender Zusammenarbeit besteht eine Reihe von Faktoren und Hemmschuhen, die ein Arbeiten über die Grenzen hinweg erschweren bzw. beinahe unmöglich machen. Wird die Zusammenarbeit als bloße Zweckgemeinschaft verstanden, kann sich die Dynamik der Kooperation schnell ins Gegenteil verkehren:

»Der Motor der Zusammenarbeit ist gleichzeitig auch ihre große Schwäche, wenn Kooperation durch Konkurrenz zerstört wird. Dort, wo kein grenzübergreifender Problemdruck herrscht [...] oder wo keine Gewinnaussichten bestehen, gibt es noch wenig Ambition sich aufeienander zuzubewegen. Kommen gar fremde Mitbewerber in den heimischen Markt, ändert sich die Sachlage, die gute Nachbarschaft verliert an Priorität und die gemeinsame Region und das gemeinsame Ziel an Relevanz.«[22]

Eine Überschneidung mit bzw. Konkurrenzsituation zu bundes- bzw. landespolitischen Interessen oder Kompetenzen ist zwar nicht sehr wahrscheinlich, jedoch nicht vollständig auszuschließen.

Strukturen

Zwei strukturelle Probleme betreffen alles EuRegiones gleichermaßen. Zum einen machen sich extern die unterschiedlichen rechtlichen, wirtschaftlichen und gesellschaftlichen Rahmenbedingungen, deren Überwindung man anstrebt, in nahezu allen Belangen des operativen Wirkens negativ und hemmend bemerkbar. Zum anderen kann eine EuRegio wie weiter oben bereits angedeutet nicht als politisches Instrument betrachtet werden. Ohne Rechtspersönlichkeit, ohne exekutive Macht und Durchsetzungsmöglichkeiten jenseits von kooperativer Übereinstimmung und »*good will*« der Akteure und Verhandlungspartner sind die Ziele wesentlich schwieriger zu erreichen als in einem fix vorgegebenen politisch-institutionellen Rahmen.

Wahrnehmung

Problematisch für die EuRegio Salzburg – Berchtesgadener Land – Traunstein ist der Bekanntheitsgrad in der Öffentlichkeit, mit dem in vergleichbarem Ausmaß die meisten EuRegiones zu kämpfen haben. In einer 1996 durchgeführten Straßenumfrage konnten etwa lediglich rund 10 Prozent der im Gebiet der benachbarten Inn-Salzach-EuRegio befragten 336 Personen mit dem Namen der

EuRegio etwas anfangen.²³ Für die Salzburger/bayerische Kooperation sind ähnliche Ergebnisse anzunehmen. Im tagespolitischen Diskurs bleibt der Begriff EuRegio – wenn überhaupt angesprochen – mehr abstrakter Begriff als konkrete Arena der Auseinandersetzung. Zu dem diffusen Enthusiasmus gegenüber allen die Grenzen abbauenden und damit den praktischen Alltag erleichternden Maßnahmen gesellt sich auf der Seite der Kritiker zumeist der Vorwurf der Ineffizienz bzw. der Ohnmacht, gewachsene Strukturen durchbrechen zu können. Im Grunde handelt es sich bei den Haupthindernissen für einen größeren Erfolg der EuRegio-Bemühungen neben dem fehlenden politischen Gestaltungsspielraum und der weitgehend nicht vorhandenen *bargaining capacity* um einen Kreislauf aus unzureichender Wahrnehmung der Aktivitäten, fehlender Identifikation der EuRegio-Bewohner mit Begriff und Anspruch und daraus folgend einer geringen Akzeptanz.

Die Wahrnehmung der EuRegio in den lokalen und regionalen Medien ist nach wie vor unterdurchschnittlich, wobei sich auf Salzburger und bayerischer Seite Unterschiede ausmachen lassen. Dem meist kleinräumig bezogenen und niederschwelligen Nachrichteninhalt von EuRegio-Neuigkeiten kommt die stärker auf der Lokalebene ausgerichtetebayerische Medienlandschaft besser entgegen als die stärker regional geprägte Salzburger Medienlandschaft. Oft kommt noch erschwerend dazu, dass EuRegio-Themen als Nachrichteninhalte *sui generis* weder für die lokale noch für die regionale bzw. nationale oder internationale Berichterstattung als passend erscheinen. Grenzüberschreitende Themen haben inzwischen auch nicht mehr den Neuigkeitscharakter, den sie etwa in der EU-Beitrittsphase besessen haben. Auch das seit 1995 verstärkt zu beobachtende Agieren von elektronischen und Printmedien im jeweils anderen Gebiet hat sich inzwischen konsolidiert, wobei hier die Aktivitäten von Salzburger Seite aus überwiegen.²⁴ Die Grenze besitzt zumal für die bayerischen Lokalblätter auch eine Schutzfunktion. Die klein strukturierte Presselandschaft des Berchtesgadener Landes folgt in ihren Grundzügen der Struktur des 19. Jahrhunderts.²⁵ Erste Schritte einer bewussteren Medien- und Öffentlichkeitsarbeit seitens der EuRegio sind im Moment gerade im Gange. Ergebnisse dieser Bemühungen bleiben vorerst abzuwarten.

Identifikation

Das Bewusstsein für grenzüberschreitende Zusammenarbeit existiert nur in sehr geringem Ausmaß. Aus kommunikationswissenschaftlicher Sicht lässt sich dies unter anderem auf ein beiderseits bestehendes Defizit an Informationen über die Nachbarn bzw. über die Vorteile aus Kooperationen mit den Nachbarn zurückführen.²⁶ Die Grenze im Kopf besteht allen bewusst gemachten oder in politischen Sonntagsreden verwendeten Bekenntnissen zur Gemeinsamkeit und trotz der messbaren Erfolge der EuRegio-Aktivitäten nach wie vor in beträchtlichem Ausmaß. Dies trifft auf die Bevölkerung wie auf Meinungs- und Entscheidungsträger²⁷ gleichermaßen zu.

Ein Lösungsansatz zur verbesserten Identifikation der EuRegio-Bevölkerung mit den Zielen und dem Wesen der grenzüberschreitenden Zusammenarbeit könnte die bewusste Steuerung und Verwertung vorhandener kulturhistorischer Affinitäten sein. Hupf schlägt hier eine Funktionalisierung des gemeinsamen ethnischen Zusammenhangs etwa in den Bereichen Sprache (gemeinsames Dialektwörterbuch), Brauchtum, Volksmusik oder den Nachdruck historischen Kartenmaterials vor.²⁸

Akzeptanz

Der Umstand, dass Aktivitäten und Ziele der EuRegio wahrgenommen werden oder dass ein Mindestmaß an Identifikation damit besteht, reicht allerdings immer noch nicht für einen positiven Zugang bzw. ein bejahtes Image der EuRegio aus. Das Empfinden scheint zu überwiegen, dass mit der EuRegio ein künstlich-abstraktes Gebilde auf dem Papier geschaffen wurde, das zur Lukrierung der EU-Fördergelder nun einmal notwendig ist. Zuwenig wird die EuRegio in der Region als Chance begriffen, die Lebensqualität von der kleinsten Ebene aufwärts zu verbessern und historisch bedingte Trennungen durch konkrete und praktische Lösungen tatsächlich zu überwinden. Das mag auch an der gedanklichen Reihenfolge des Lösungsansatzes liegen: Sobald in einem ersten Schritt die zahlreichen bestehenden Hindernisse tatsächlich beseitigt bzw. verringert sind, besteht die Möglichkeit, das grenzbezogene Halbkreisdenken zu überwinden. Der idealistische Wunsch, dies zuerst über einen wohlmeinenden Integrationsenthusiasmus zu erreichen, ist spätestens dann zum Scheitern verurteilt, wenn durch die alltäglichen und meist frustrierenden Ungleichheiten die Trennung wieder real erlebt wird.

3. ZUKUNFTSPERSPEKTIVEN

Für die zukünftige Entwicklung der EuRegio werden zwei Bereiche von herausragender Bedeutung sein: Zum einen ist es die Überwindung des Wahrnehmungs-Identifiaktions-Akzeptanzproblems, auf das bereits zuvor eingegangen wurde. Zum anderen ist es die Neubewertung und Neupositionierung der EuRegio als Schaltstelle eines über die Grenzen verlaufenden regionalen Clusters, der im Idealfall nicht nur wirtschaftliche Zusammenarbeit, sondern die gesamte Bandbreite der gesellschaftlichen Kooperation in sich vereint. Es ist zu hinterfragen, ob es sich dabei um eine Weichenstellung im regionalen Wettbewerb oder nur um neue Strukturen für bekannte Inhalte handelt. Ein kleiner symbolischer und ein großer konzeptioneller Schritt wurden bereits gesetzt. Mit der Erweiterung der EuRegio nach Oberösterreich[29] wird zumindest das enge verwaltungspolitische Korsett verlassen, mit dem Entwicklungskonzept soll der Grundstein für eine zukünftige Europaregion Salzburg[30] gelegt werden.

Das Entwicklungskonzept wurde auf breiter kommunaler und Verbandsebene erarbeitet und stellt landesplanerisch grenzüberschreitend abgestimmte Entwicklungsperspektiven vor. Als wichtigstes Ziel soll der Wirtschaftsstandort des Salzburger Zentralraums im globalen und europäischen Wettbewerb so positioniert werden, »dass er auch unter den geänderten gesellschaftlichen und wirtschaftlichen Rahmenbedingungen weiterhin erfolgreich bleibt«.[31]

Zwei Jahre lang hat ein grenzüberschreitendes Gutachterteam unter Federführung des Salzburger Instituts für Raumordnung und Wohnen (SIR) daran gearbeitet. Das Gutachten zeigt Stärken und Schwächen in den Bereichen Naturraum und Umwelt, Siedlungsentwicklung, Wirtschaft, Verkehr, technische Infrastruktur, soziale und kulturelle Infrastruktur sowie innerregionale Verflechtungen in den 107 untersuchten bayerischen und Salzburger Gemeinden auf. Zahlreiche Projektvorschläge wurden ausgearbeitet. Im Zentrum steht die Idee der »Europaregion Salzburg«. Das mehr als 700 Seiten umfassende EuRegio-Entwicklungskonzept ist das erste seiner Art im deutsch-österreichischen Grenzraum. Es wurde zur Hälfte mit Geldern aus der EU-Gemeinschaftsinitiative INTERREG II finanziert. Eine grundsätzliche Herausforderung wird dabei die Frage der operativen Struktur einer solchen Region sein, die zwar einerseits nach Wunsch der Landespolitik keine neue öffentliche Einrichtung sein soll[32] (»*Nicht schon wieder eine neue Verwaltungseinheit!*«), die allerdings über ein Mindestmaß an Durchsetzungskompetenz verfügen muss, um die Vorschläge vom Papier in die Tat umzusetzen. Es ist zu hinterfragen, ob hier nicht die Quadratur des Kreises versucht wird oder ob das bestehende Strukturproblem nur ausgeweitet wird. Für Weichhart steht jedenfalls fest:

> »Ein Schlüsselkriterium zum Erfolg stellt dabei die effiziente Steuerung und Koordinierung der immobilen Standortfaktoren einer Region dar. Um die Steuerungsfähigkeit herzustellen, ist es unerlässlich, eine quasi-gebietskörperschaftliche Struktur zu schaffen, mit deren Hilfe deckungsgleich zur Funktionalregion eine eigenständige Planungsregion konstituiert wird. Im Falle der Salzburger Stadt-Umland- Region muss dabei ein Konzept gefunden werden, mit dem ein grenzüberschreitendes Koordinationssystem geschaffen werden kann.«[33]

Ein solches Vorhaben kann nach Ansicht Weichharts nur dann gelingen, wenn ein interkommunales Verbandsmodell entwickelt wird, bei dem konsensbasierte Lenkungsinstrumente eingesetzt werden. Die räumliche und konzeptionelle Ausweitung der bereits bestehenden grenzüberschreitenden regionalen Kooperationsstruktur der EuRegio Salzburg – Berchtesgadener Land – Traunstein wäre ein Erfolg versprechender Weg, um die Wettbewerbsfähigkeit des grenzüberschreitenden Salzburger Zentralraums erheblich zu verbessern und langfristig zu sichern.[34]

4. SCHLUSSFOLGERUNGEN

Bei einer Bewertung der »Erfolge«, der Effizienz und der Sinnhaftigkeit der EuRegio Salzburg – Berchtesgadener Land – Traunstein muss klargestellt sein, wie und wo die Messlatte angelegt wird: Gemessen an Maßstäben der EU oder von Nationalstaaten und Bundesländern erzielt – und angesichts der politischen Gestaltungsmöglichkeiten und der finanziellen Ausstattung kann sie es auch nicht können – die EuRegio keine nennenswerten integrationspolitischen Effekte. Hier voreilig von einem »Papiertiger«[35] zu sprechen, würde allerdings die zahlreichen Projekte verkennen, von denen die EuRegio-Bewohner – wenn auch oft unbemerkt – profitieren und deren Urheberschaft die EuRegio als effiziente Plattform für niederschwellige grenzüberschreitende Zusammenarbeit zweifellos für sich reklamieren darf. Die EuRegio hat sich als Modell der Mikro-Integration bewährt. Gemessen am Finanzaufwand und am Personaleinsatz wird eine äußerst sparsame und effektive Zusammenarbeit auf der Basis des Privatrechts, der Partnerschaftlichkeit und der Freiwilligkeit deutlich. Stärker punkten konnte die EuRegio Salzburg – Berchtesgadener Land – Traunstein bei Projekten mit Servicecharakter als bei Bewusstsein bildenden und Identität stiftenden Maßnahmen.

Das Hauptproblem liegt trotz der Integrationserfolge der EU im Großen und der EuRegio im Kleinen nach wie vor in der beträchtlichen Disparität der durch die Grenze getrennten Wirtschaftsräume. Die bestehenden strukturellen Unterschiede zwischen Salzburg und Bayern bilden nach wie vor die entscheidenden Hindernisse bei der Festigung des EuRegio-Gedankens. Zum anderen kämpft die EuRegio nach sieben Jahren Tätigkeit immer noch mit der mangelnden Akzeptanz und Identifikation durch die Bevölkerung. Die Themen(be)setzung durch die EuRegio liegt jedenfalls im Salzburger Bereich jenseits der tatsächlichen tagespolitischen Wahrnehmungsschwelle. Letzten Endes sind es vor allem finanzielle Motive – wie etwa die INTERREG-Gemeinschaftsinitiative – die der EuRegio Legitimation verschaffen. Hier findet sich die EuRegio Salzburg – Berchtesgadener Land – Traunstein in guter Gesellschaft mit weiteren EuRegiones: Eine von Kagerer[36] durchgeführte Expertenbefragung weist für die oberösterreichisch-bayerische Inn-Salzach-EuRegio das Motiv »zu erwartende Zuschüsse« an dritter Stelle der Antworten der Gründe für eine Mitgliedschaft hinter den Motiven »guter Grundgedanke« und »wirtschaftliche Interessen« aus.

Man kann der EuRegio Salzburg – Berchtesgadener Land – Traunstein ohne Bedenken attestieren, erreicht zu haben, den Funken der Zusammenarbeit von den lokalen Kirchturmspitzen beiderseits der Grenze überspringen zu lassen, sie jedoch als mehrheitlich akzeptierten Integrationsmotor zu bezeichnen, würde der Wirklichkeit nicht gerecht werden. Für eine zukünftige Identitätsbildung, bei der die Grenze nur noch die Rolle einer historischen Reminiszenz einnimmt, bedarf es noch einer Vielzahl kleiner und großer Harmonisierungen sowohl auf symbolischer als auch auf praktischer Ebene. Ob die dafür zur Verfügung stehende politisch-administrative Struktur dies leisten kann, bleibt dahingestellt.

ANMERKUNGEN

1 Ende der 50er Jahre wurde von niederländischen Teilprovinzen der Region Gronau sowie Teilen der deutschen Bundesländer Nordrhein-Westfalen und Niedersachsen die erste EuRegio gegründet. Zusätzlich dazu wurden innerhalb der vergangenen 25 Jahre in unmittelbarer Nähe drei neue EuRegios gegründet.

2 Alexander Hupf: Das Grenzland vor neuen Chancen? Die Kommunikation über die Inn-Salzach-Grenze. Salzburg: Univ.-Diss. 2000, S. 119.

3 EuRegio Bayerischer Wald / Böhmerwald (Bayern, Oberösterreich, Tschechien) seit 1994; Inn-Salzach-EuRegio (Bayern, Oberösterreich) seit 1995; EuRegio Salzburg – Berchtesgadener Land – Traunstein (Bayern, Salzburg, Oberösterreich) seit 1995; Inntal-EuRegio (Bayern, Tirol) seit 1998; Tegernsee–Achensee (Bayern, Tirol) seit 1998 (noch Kooperationsbasis); EuRegio Wetterstein–Karwendel–Zugspitze (Bayern, Tirol) seit 1998; Euregio »via salina« (Bayern, Tirol, Vorarlberg) seit 1997.

4 Vgl. dazu ausführlich Stefan Mayer: Regionale Europapolitik. Die österreichischen Bundesländer und die europäische Integration. Institutionen, Interessendurchsetzung und Diskurs bis 1998. Salzburg: Univ.-Diss. 2001, S. 314–317.

5 EuRegio Salzburg – Berchtesgadener Land – Traunstein / Landeseuropabüro des Amtes der Salzburger Landesregierung: Bürgernah, grenzüberschreitend, gemeinsam. Freilassing, Salzburg 2002, S. 4.

6 Der Haushalt 2002 der EuRegio betrug 484.100 Euro (2001 399.409,61 Euro), wobei rund 60 Prozent (als Förderung der beiden REGIO-Vereine) direkt aus INTERREG-Mitteln stammten.

7 Vgl. Kurt Oberholzer: EuRegio: Ein Begriff macht Karriere. Subsidiarität beim Wort genommen. In: Herbert Dachs / Roland Floimair (Hg.): Salzburger Jahrbuch für Politik 1995 (= Schriftenreihe des Landespressebüros, Serie ›Sonderpublikationen‹ 121), Salzburg: Residenz-Verlag 1995, S. 146–153, hier S. 147.

8 Am 22. Mai 1995 wurde der EuRegio-Vertrag zwischen den teilnehmenden Gebietskörperschaften unterzeichnet.

9 Vgl. Andreas Kiefer: Euregios – bürgernahe grenzüberschreitende Zusammenarbeit. Konkrete Beispiele aus dem deutsch-niederländisch-belgischen Grenzraum und das Euregio-Projekt an Saalach und Salzach. SIR-Mitteilungen und Berichte 1–2/1995, S. 29.

10 Vgl. Institut für Föderalismusforschung (Hg): 19. Bericht über die Lage des Föderalismus in Österreich (1994), Wien: Braumüller 1995, S. 109.
11 Die beiden Vereine REGIO Salzburg und REGIO Berchtesgadener Land–Traunstein e. V. haben eine privatrechtliche Vereinbarung mit freiwilliger Bindungswirkung und ohne eigene Rechtspersönlichkeit und Personalhoheit abgeschlossen.
12 Anfänglich neun, Ende 1996 auf zwölf erweitert.
13 Auf das Entwicklungskonzept wird ausführlicher auf Seite 116 ff. eingegangen.
14 Peter Weichhart: Die Nutzung der Kernstadt Salzburg durch die Bevölkerung ihres Umlandes – Die Entwicklungsdynamik seit dem EU-Beitritt, Erhebung im Auftrag der Stadtgemeinde Salzburg, Magistratsabteilung 9. Wien 2001.
15 Vgl. Stefan Mayer: Regionale Europapolitik, S. 294.
16 Vgl. Tanja Tobanelli: Salzburger Regionalpolitik und EU. In: Herbert Dachs / Roland Floimair (Hg.): Salzburger Jahrbuch für Politik 1997 (= Schriftenreihe des Landespressebüros, Serie ›Sonderpublikationen‹ 135), Salzburg: Residenz-Verlag, S. 92–114, hier S. 111.
17 So etwa die Resolution des EuRegio-Rates vom 23. Mai 1997 an Verkehrsministerium, die Verkehrsabteilung des Landes, die Deutsche Bahn und die Österreichischen Bundesbahnen.
18 Dokumentiert in Richard Fuchs (Hrsg.): Anforderungsprofil für den Umweltverbund in der EUREGIO Salzburg. Grundlagenpapier aus den Ideen und Konzepten von Plattform-Mitgliedern. Salzburg: Plattform der Verkehrsinitiativen 1994, S. 8.
19 Redemanuskript anlässlich der EuRegio-Ratssitzung am 7. Mai 2002 in St. Batholomä am Königssee, S. 3.
20 Siehe Abschnitt ›Zukunftsperspektiven‹ auf S. 127 f.
21 www.radwandern.com
22 Alexander Hupf: Das Grenzland, S. 66 f.
23 Vgl. Gerhard Kagerer: Die Inn-Salzach-Euregio. Voraussetzungen und Möglichkeiten einer Form der grenzüberschreitenden Zusammenarbeit zwischen Bayern und Österreich (= Europa-Studien; Bd. 3: Wirtschaftswissenschaften), Regensburg: Roderer 1997, S. 89.
24 Für Hupf (Alexander Hupf: Das Grenzland, S. 198) ist jedoch die derzeitige Frequenz (vier- bis fünf Ausgaben pro Jahr) etwa der Beilage »Hallo Nachbar« der Salzburger Nachrichten zu gering, um sich als wesentliches Mittel in der grenzüberschreitenden Integration zu profilieren.
25 Vgl. ebd., S. 179.
26 Vgl. auch ebd., S. 367.
27 Dazu Hupf (ebd., S. 368): »Ein Gesamtbewusstsein unter den Amtsträgern auch in den unteren politischen Instanzen konnte in den letzten fünf Jahren noch nicht erreicht werden«.
28 Vgl. ebd., S. 376
29 Seit 2001 ist St. Pantaleon EuRegio-Mitglied.
30 Auch wenn es sich bisher bei der Bezeichnung wohl nur um einen Arbeitstitel handeln kann, zeugt doch allein die Bezeichnungsfrage, mit welcher psychologischen Bedeutung allein die Suche nach einem umfassenden, gerechten und identifikationsstiftenden Begriff verbunden ist. Die Bezeichnung »Europaregion Salzburg« stellt zweifelsohne einen Blickwinkel aus Richtung der zentralen Stadt und Region Salzburg dar. Die bisherige Bezeichnung für die EuRegio erscheint nicht wirklich dafür geeignet, neben den Grenzen im Kopf auch jene in den Herzen zu überwinden. Dieser emotionale Aspekt sollte bei aller technokratisch-konzeptioneller Betrachtung nicht vernachlässigt werden.
31 So der Salzburger Landeshauptmann-Stellvertreter und Wirtschaftsreferent Wolfgang Eisl in: Land & Europa, 17. Ausgabe, Juli 2001, S. 1.
32 Siehe Abschnitt ›Blick über den Tellerrand‹ auf Seite 120 ff.

33 Peter Weichhart: Europaregion Salzburg – Grenzübergreifende Kooperation als Chance für die Positionierung im Wettbewerb der Regionen, SIR Mitteilungen und Berichte 29/2001, S. 7 f.
34 Vgl. ebd., S. 8.
35 »Hallo Nachbar« vom 4. Mai 2002.
36 Vgl. Gerhard Kagerer: Die Inn-Salzach-Euregio, S. 84.

JOSEF BRUCKMOSER

Im Widerstreit von Predigt und Dialog

Das Salzburger Bildungshaus St. Virgil als Spiegel für ein Vierteljahrhundert katholischer Erwachsenenbildung

1. DER ANFANG – GETRAGEN VOM KONZILIAREN AUFBRUCH

»Allen, die hier eintreten, werde es ein Ort der Besinnung, der Bildung und der Begegnung mit Gott und den Menschen.« Diese Leitorientierung ist im Bildungshaus St. Virgil in Salzburg auf einer Marmorplatte im Eingangsbereich formuliert. Es ist der Versuch, die Spannung auszuloten, in der jede kirchliche Bildungseinrichtung steht: zwischen Gott und der Welt, zwischen Verkündigung und Dialog, zwischen der doppelten Verantwortung dem Evangelium gegenüber und den Menschen gegenüber.

St. Virgil, »eine kirchliche Dienstleistungseinrichtung der Erzdiözese Salzburg und eine eigene Rechtspersönlichkeit«, wurde im Mai 1976 »als Zentrum der Erwachsenenbildung und als Veranstaltungsort für Seminare und Konferenzen« eröffnet. Weiter heißt es in den Leitorientierungen vom 26. September 2001, dass das Bildungszentrum in Salzburg-Aigen »nach fast 25-jährigem Bestehen ein regional, national und international tätiges Haus mit einem umfangreichen Weiterbildungsangebot und ein Ort vielfältiger Seminare, Tagungen, Konferenzen, Kulturwochen etc.« sei.[1]

Ein offener Bildungstreff also für jedermann und jedefrau? Oder doch mehr ein Ort der Besinnung und eine Stätte innerkirchlicher Kaderbildung? Eine erweiterte Kanzel für die, die nicht mehr in die Sonntagsmesse kommen? Oder doch mehr ein Außenposten, durch den die römisch-katholische Kirche den Kontakt sucht mit jenen, die ihr fern stehen oder denen sie fern steht?

Die Bildungshaus-Idee der Siebzigerjahre ist eine Frucht des Zweiten Vatikanischen Konzils (1962–65). Die Kirche öffnet sich für alle Menschen, wie Rektor Rupert Reindl in der Grundlegung des theologischen Programmbereiches schreibt:

> »Das Erfassen aller Menschen: Es würde dem Geist Jesu widersprechen, gesellschaftliche Gruppen zu bevorzugen, es sei denn jene, die vernachlässigt oder nicht mehr erfaßt werden. So will das Bildungshaus ein Ort des Dialoges sein. Den Glaubenden wird es helfen, den Glauben durch Argument und Erfahrung zu begründen, den Su-

chenden Wege aufzeigen, und den Nichtglaubenden bietet es die Möglichkeit, die Antworten der Kirche auf seine Fragen kennenzulernen.«[2]

Die Idee der Bildungshäuser war in Österreich 1954 mit der Gründung der Arbeitsgemeinschaft der Volksbildungsheime Österreichs institutionalisiert worden. Der Errichtung eines eigenen Hauses gingen in der Erzdiözese Salzburg zwei Provisorien voran. Vom 15. April 1949 bis 23. November 1963 wurde das Diözesanhaus Schloss Goldegg als kirchliches Bildungszentrum geführt. Der damalige Diözesanjugendseelsorger Anton Fellner, der am 1. September 1958 zum Rektor in Goldegg bestellt wurde, beschreibt den Rahmen für die kirchliche Bildungsarbeit in diesen vorkonziliaren Jahren so:

»Der Situationsbefund war: Es gibt fatale Hohlräume unter der Gewohnheitskruste kirchlichen Lebens in unseren geschlossenen katholischen Gemeinden, viel religiöse Selbstbefriedigung, formale Gesetzespflichterfüllung und einen Mangel an Menschen- und Weltoffenheit; mehr treibt der kleinbürgerliche Milieudruck zum Kirchgang als der personale Glaube. Der Glaube, der sich auf Jesu Wort und Verheißung einläßt, ist Sache weniger. Dieser Glaube aber bedarf ständiger Vertiefung und Erneuerung in Gemeinschaften, um in der Welt für die Mitmenschen wirksam zu werden.

Aus diesem Situationsbefund wuchsen der Verzicht auf pastorale Kleinreparaturen und auf organisatorische Anhängsel. Das Programm der religiösen Weiterbildung war gekennzeichnet durch Lektüre von Glaubensbüchern mit biblischem Gedankengut und Meditieren der Hl. Schrift, durch personalen Vollzug der Eucharistiefeier und durch ein Bemühen im Sinne des Pauluswortes ›nehmet einander an, wie Christus sich euer angenommen hat‹ (Röm 15,7).«[3]

Ab 1963 wurde die Bildungsarbeit der Erzdiözese in das Apostolatshaus der Pallottiner auf dem Mönchsberg in Salzburg verlegt. Schwerpunkte waren neben Glaubensfragen und theologischen Themen überwiegend die Ehevorbereitung und die Ehe- und Familienseelsorge. Mit der Bestellung von Werner Riemer als Direktor konnte dann ab 1971 ein thematisch umfangreicheres und nach Zielgruppen spezialisiertes Bildungsprogramm angeboten werden. In dieser Phase, in der bereits am neuen Bildungshaus St. Virgil gebaut wurde, geschah unter den Vorzeichen des Zweiten Vatikanischen Konzils eine wesentliche Öffnung der kirchlichen Bildungsarbeit.

»Zusätzlich zur verstärkt notwendigen Weiterbildung in Glaubensfragen, Theologie und Meditation ist nötig die Förderung und Einübung von Grundeinstellungen wie: kritisches Urteilsvermögen, geistige Beweglichkeit, ständige Lernbereitschaft und

Bildungsentschlossenheit, Kreativität und Zivilcourage, Toleranz und Kompromissbereitschaft, demokratische Verhaltensweisen und ökumenische Gesinnung.«[4]

2. DIE BAUGESCHICHTE – FORM FOLLOWS FUNCTION

»In der Aufbruchstimmung nach dem Zweiten Vatikanischen Konzil«, wie es in einer offiziellen Chronik des Hauses heißt, gab Erzbischof Andreas Rohracher am 28. Jänner 1966 den Auftrag für die Planung eines diözesanen Bildungshauses auf den Gründen des Priesterseminars an der Ernst-Grein-Straße in Salzburg-Aigen. Am 19. September 1974 findet anlässlich der 1200-Jahr-Feier des Salzburger Domes die Firstfeier statt. Am 30. April und 1. Mai 1976 wird das Bildungshaus feierlich eröffnet. An der Spitze der Ehrengäste: Bundespräsident Rudolf Kirchschläger, Kardinal Franz König, Erzbischof Karl Berg.

Der erste architektonische Entwurf für die kirchliche Bildungseinrichtung wurde 1966, im ersten Nachkonzils-Jahr, vorgelegt. Auf der Basis eines Quadrates sollte ein L-förmiger Baukörper, in dem die Zimmer untergebracht worden wären, einen flachen, zentralen Teil mit allen Funktionsräumen umgeben – vom Vortragssaal bis zur Kapelle. »Nach vielen Diskussionen kam man zur Ansicht, daß dieser Entwurf zu wenig Möglichkeiten im Hinblick auf die Führung von mehreren Parallelkursen bot – er war zu sehr in sich zentriert gedacht«, schreibt Architekt Wilhelm Holzbauer in seinem Bericht über »Das architektonische Konzept des Baues«.[5]

»Die Führung mehrerer Parallelkurse« dokumentierte schon vor der Entstehung des Hauses den weitreichenden Anspruch. Die Geschichte St. Virgils war daher von Anfang an auch die Geschichte einer ständigen baulichen Erweiterung. Im Kern entspricht das Haus noch heute dem 1968 vorgelegten dritten architektonischen Entwurf von Wilhelm Holzbauer: Der Eingangsbereich wird von den gläsernen Schnittflächen der Kapelle und des Meditationsraumes markiert. Noch vor dem ersten Schritt in die Vorhalle wird der Besucher dadurch mit dem kirchlichen Charakter des Hauses konfrontiert. Den Abschluss des gesamten ursprünglichen Komplexes bildet der Speiseraum, der von den Refektorien barocker Stifte inspiriert ist. Dazwischen erstreckt sich in der Mitte der zentrale Veranstaltungsbereich mit großen Sälen, an beiden Seiten flankiert von Seminarraum und Gruppenräumen – entsprechend dem klassischen Bildungsmodell der Siebzigerjahre: eine Gruppe von 25 bis 100 Kursteilnehmerinnen und -teilnehmern hört gemeinsam Vorträge mit Diskussionen und bringt den eigenen Erfahrungshorizont im Gespräch in kleinen Gruppen ein. Der Spannungsbogen zwischen Verkündigung und Dialog, zwischen Vortrag (als säkularisierte Form der Predigt) und Erfahrungsaustausch spiegelt sich in diesem räumlichen Konzept.

Ergänzend dazu die Hallen, die Agora des Gesprächs, der Kommunikation, wie Architekt Holzbauer schreibt: »Diese Hallen, mit ihren vielen Säulen, ihren Nischen, erfüllen eine äußerst wichtige Funktion im Leben dieses Hauses. Sie sind jener Teil, in dem informelle Gespräche stattfinden: Diskussionen, Gespräche zu zweit oder in Gruppen.«[6]

Die 25-jährige Geschichte des Bildunghauses St. Virgil ist auch eine Geschichte ständiger baulicher Erweiterung. Diese spiegelt wiederum die ständige Erweiterung des Programmangebotes und auch die Ausweitung des Verwendungszweckes auf einen 4-Sterne-Hotelbetrieb.

Bereits 1977 wird das Gästehaus St. Rupert als zusätzliche Unterkunft angekauft. Dieses wird 1989 zu einem 4-Sterne-Haus mit Seminarraum umgebaut. 28 Komfortzimmer erweitern das Gesamtangebot des Bildungshauses St. Virgil auf mehr als 80 Zimmer mit bis zu 140 Betten. Rektor Hans-Walter Vavrovsky begründet das in der Programmzeitschrift:

»St. Virgil gehört heute zu den bestfrequentierten Häusern Österreichs. Ursprünglich für drei Parallelkurse konzipiert, finden derzeit bis zu 15 Veranstaltungen nebeneinander statt. Im Jahr 1988 haben beinahe 30.000 Menschen St. Virgil besucht. Insgesamt fanden 750 Veranstaltungen statt, von denen das Bildungshaus selbst knapp die Hälfte geplant und durchgeführt hat.

St. Rupert wurde in 4-Sterne-Qualität errichtet. Dahinter steht eine Philosophie: Wir bieten unsere Bildungsveranstaltungen zu Preisen an, die weit unter den Selbstkostenpreisen liegen ... Je größer daher unser Bildungsangebot wird, desto mehr steigt auch das Defizit. Unser Ziel ist, daß sich möglichst viele Menschen unsere wertorientierte Erwachsenenbildung ›leisten‹ können. Damit aber trotzdem das Defizit im Rahmen gehalten werden kann, müssen wir uns auf der anderen Seite etwas erwirtschaften. Das ist nur bei einem gewissen Standard möglich.

Die Nachfrage aus dem In- und Ausland, St. Virgil als Tagungsort für Kongresse, Konferenzen und Schulungen zu wählen, steigt weiter an. Auch private Gäste beherbergen wir immer häufiger. Trotz der vielen Menschen, die in unser Haus kommen, wollen wir uns Mühe geben, eine Atmosphäre zu schaffen, in der sich unsere Gäste wohlfühlen.«[7]

Diese Tendenz hält an. 1990 bis 1992 werden alle Gästezimmer, Seminarräume und Büros im Hauptgebäude neu gestaltet. 1995/1996 bekommt St. Virgil einen Erweiterungsbau, der den endgültigen Durchbruch zum internationalen Konferenzzentrum bringen soll: der neue Virgilsaal bietet in vielen variablen Verwendungsformen bis zu 440 Sitzplätze. Der Speisesaal wird zum Restaurantbereich mit bis zu 300 Sitzplätzen erweitert. Es entstehen zusätzliche Seminarräume, ein Atelier und ein Meditationsraum. 1997 erwirbt St. Virgil den Park und die angrenzenden Wiesen. Der Parkplatz wird auf 250 naturnahe gestaltete Autoabstellplätze erweitert.

Zwei Generalsanierungen erweisen sich bei der ursprünglich als besonders alterungsresistent gedachten Konstruktion von Beton und Stahl als notwendig. Schon 1984, knapp zehn Jahre nach der Eröffnung, hält die Idee der Freilichtbühne auf dem Flachdach dem Salzburger Schnürlregen nicht mehr stand. Die Flachdachterrasse wird überdacht und damit der »Sebastian-Ritter-Saal« mit knapp 200 Sitzplätzen geschaffen. Er bleibt – bis zum großen Erweiterungsbau – ein Jahrzehnt lang der größte Konferenzraum des Hauses.

1998 werden die Außenmauern generalsaniert und isoliert. 1999/2000 wird der Eingangsbereich großzügiger gestaltet. Die beiden großen Kunstwerke – das Gemälde von Josef Mikl in der Kapelle und das Fresko von Peter Pongratz im Lernatelier – sind nun auch von außen sichtbar. Neuerlich wird den gewachsenen Ansprüchen in der Hotellerie Rechnung getragen und ein Teil der Zimmer in St. Virgil umgebaut.

Bei den Jubiläumsfeierlichkeiten 25 Jahre St. Virgil vom 4. bis 6. Mai 2001 spielt das Haus alle Stückerl: Rund 7000 Besucher erleben in den vielgestaltigen Räumen und im Park ein hochwertiges, kreatives, familienfreundliches Programm.

3. DAS ERSTE JAHRZEHNT – OFFENES »BILDUNGSHAUS«-PROGRAMM

Unter dem Titel »St. Virgil im Sommer/Frühherbst 1976« ist das erste eigenständige Veranstaltungsprogramm des neuen Bildungshauses entstanden: auf einem doppelseitig hektographierten, weißen A4-Blatt. Die Charakterisierung erfolgt unter E = eigene oder kooperative Veranstaltungen, D = sonstige diözesane Veranstaltungen, K = außerdiözesane kirchliche Veranstaltungen, O = sonstige österreichische Gastveranstaltungen, i = Internationale Veranstaltungen.

Mit 36 von insgesamt 53 Veranstaltungen überwiegen die eigenen und kooperativ durchgeführten Vorträge, Seminare und Tagungen. Damit wird der Zielsetzung Rechnung getragen, dass St. Virgil neben seiner überregionalen Bedeutung, die auch auf Grund der zentralen Lage Salzburgs von Jahr zu Jahr wachsen wird, vor allem das Bildungshaus der Erzdiözese Salzburg sein sollte.

Die wichtigsten Partner bei den kooperativen Terminen sind das Katholische Bildungswerk und das Familienreferat der Erzdiözese. Ein Großteil der Veranstaltungsreihen, die in den Siebziger- und Anfang der Achtzigerjahre kontinuierlich durchgeführt wurden, scheint bereits hier auf: das Entspannungstraining, der 9-Uhr-Klub für Hausfrauen, das Theologische Buch, der Nachmittag für alleinerziehende Mütter, die Seniorentage, der Theologische Frühschoppen, das Autogene Training, das Intensivseminar »Ehe ist Entwicklung zu zweit« und das Kommunikationstraining.

Die Palette der Programmbereiche ist voll entwickelt: der Bereich Glaube/ Theologie/Weltbild, der Bereich Ehevorbereitung/Ehe/Familie/Erziehung/Lebensgestaltung, der Bereich Politische Bildung/ Kommunikationspädagogik, der Bereich Kunst/Kultur/ Kreativität, der Bereich Veranstaltungen für bestimmte Gruppen. Inhaltlich ist das Ziel erkennbar, in der Glaubensbildung unkonventionelle Zugänge wie den Theologischen Frühschoppen zu finden. Im Bereich Lebensgestaltung scheint eine starke Option für benachteiligte Gruppen wie die allein erziehenden Mütter auf.

Das Bildungshaus wird in der Erzdiözese gut angenommen: die Katholische Aktion hält hier einen Vorbereitungsausschuss für eine Studientagung, das Katechetische Amt eine Werkwoche, die Privatschullehrer treffen sich zu einer Tagung, der Triennalkurs für die Priester in den ersten Dienstjahren und die Pastoraltage für die Seelsorger finden im neuen Bildungshaus statt, der diözesane Arbeitskreis für Tourismus kommt ebenso ins Haus wie die Eheberater-Ausbildung der Erzdiözese.

Erste Veranstaltungen österreichweiter Institutionen sind die Arbeitstagung von »Rettet das Leben«, die Tagung des Verbandes Katholischer Publizisten Österreichs und ein Wochenendseminar des Österreichischen Jugendrates für Entwicklungshilfe. Internationale Veranstaltungen sind in diesem ersten Bildungshaus-Programm zwei genannt: der Leiterkreis der Katholischen Akademien Deutschlands und die Bildungsfreizeit für Senioren der Christlichen Erwachsenenbildung Merzig/Deutschland.

Die Ankündigung der einzelnen Veranstaltungen auf kleinen, je nach Programmbereich unterschiedlich gefärbten Flyern dokumentiert die neuen Bildungsziele. Eines heißt: den Menschen in seiner Ganzheit sehen. Das Info-Blatt zur »Kreuzmeditation« vom Oktober 1976 sagt:

> »Die Kreuzmeditation unternimmt es, den ganzen Menschen in das Meditationsgeschehen einzubeziehen – im Gegensatz zu einer einseitigen Flucht in die Innerlichkeit. Sie ermöglicht daher ein Vordringen in jenen Wurzelbereich, in dem Leib und Seele einig sind. Den ganzen Menschen zu umfassen, seine Gespaltenheit (Ursache jeglicher Krankheit) zu überwinden, um den Zustand des Friedens zu stabilisieren, setzt jedoch voraus, daß der Mensch sowohl als leibhaftes wie als seelenhaftes Wesen ernstgenommen wird, damit er zum Bewußtsein seiner Ganzheit gelangen kann.«

In der Einladung zum ersten Theologischen Frühschoppen am 17. Oktober 1976 wird angekündigt: »Das Bildungshaus wagt einen neuen Dienst«, eine neue Form der Sonntagsgestaltung ohne Stress, Zeitdruck, Parkplatzsorgen oder Kinder, die unruhig werden:

> »Zuerst treffen wir uns in einem Seminarraum mit dem Priester und sprechen über die Texte des Sonntags, stellen Fragen, klären Schwierigkeiten, haben Zeit für eine wesentlichere Auseinandersetzung, hören die Eindrücke und Gedanken der anderen. Dann feiern wir Eucharistie. Zum Schluß essen wir gemeinsam zu Mittag. Der Nachmittag gehört jedem privat.«

Ein drittes Beispiel für den Versuch, Erwachsenenbildung in neuer Form anzubieten, ist der »9-Uhr-Klub für Hausfrauen«. Dieser setzt sich mit so unterschiedlichen Themen wie Moderne Kunst, Presse und Rundfunk in Österreich, Literatur der Gegenwart oder Osterschmuck auseinander. Über die Veranstaltungsform heißt es im Informationsblatt für den 13. Oktober 1976:

> »Angesicht des sich vor allem am Abend abspielenden Kultur- und Erwachsenenbildungsbetriebes mußten wir schon öfter von Hausfrauen hören, sie seien davon ausgeschlossen: gerade der Abend, an dem die ganze Familie endlich beisammen sei, sei für die Hausfrau ein ungünstiger Zeitpunkt. Nichtsdestoweniger hätten aber auch Hausfrauen Interesse – und das Recht –, einmal etwas anderes als die berühmten vier Wände zu sehen, interessante Leute näher kennenzulernen, mit ›Kolleginnen‹ zu sprechen, Erfahrungen und Probleme auszutauschen.«

Ambitionen in der kulturellen Bildung abseits ideologischer Grenzen oder kirchlicher Scheuklappen dokumentiert die Bildungsfahrt, die St. Virgil vom 29. Oktober bis 1. November 1976 zum »steirischen herbst« nach Graz veranstaltet. Als Programm werden das Jazz Live Festival '76 mit dem McCoy Tyner-Sextett angeboten sowie das Literatursymposium über die Selbsterfahrung des Autors u. a. mit Herbert Achternbusch, Wolfgang Bauer, Franz Innerhofer und Peter Turrini.

Bildung wird als umfassender Prozess von Wissenserwerb und Erfahrung verstanden, daher heißt das Seminar im Oktober 1976 über Religiöse Erziehung im Vorschulalter »Glauben lernen und erfahren«. Die Seniorentage im November 1976 umfassen Themen wie Schöpferisch leben, Moderne Kunst – nichts für uns?, Die jungen Priester von heute, Alter und Gesundheit, Glaube gibt Sinn.

Die Reihe »Das Theologische Buch« greift auch innerkirchliche Konflikte auf. Im Jänner 1977 stellt der Tübinger Theologe Johannes Neumann sein Buch »Menschenrechte auch in der Kirche?« vor. Im zweiten Teil dieses Buches werden konkrete Lehrbeanstandungsverfahren kritisiert. In der Politischen Bildung wird 1977 in einer Studientagung das Elternrecht thematisiert. Die Friedensakademie

'77 findet in St. Virgil statt, ebenso wie ein Politkundliches Wochenende über Sowjetkommunimus, Maoismus, Hinduismus.

Vielfältige Kommunikations- und Gesprächstrainings werden zu einer tragenden Säule in der politischen und lebensbegleitenden Bildung. Das regelmäßig angebotene Partnertraining ist ein Kommunikations- und Verhaltensseminar zur Verbesserung partnerschaftlicher und zwischenmenschlicher Beziehungen. Das Eheseminar intensiv für Paare, die in den nächsten Monaten kirchlich heiraten wollen oder die ein Gespräch über die Ehe in den ersten Jahren suchen, ist ein Gesprächsforum: über Sinn und Verwirklichung der ehelichen Liebe, über Schwangerschaft, Sexualität und Empfängnisverhütung, über die Einübung von partnerschaftlichem Verhalten, über Kinder als Geschenk und Verantwortung und über die Frage: Wie kann der Glaube der Ehe und Familie Sinn und Kraft geben?

Gleichzeitig wird dort Hilfestellung geleistet, wo Ehe sich als nicht mehr lebbar erweist: »Geschieden – was dann?« heißt am 14. Jänner 1979 der »Sonntag für Betroffene über die Problematik vor und nach der Scheidung«. Referentin ist eine Psychologin. Um mögliche Interessenten nicht auszuschließen, bietet St. Virgil – wie bei vielen anderen Veranstaltungen auch – für Kinder von 3 bis 10 Jahren eine fachkundige Betreuung im hauseigenen Kindergarten an.

Eine Meditation für Fortgeschrittene hält der Jesuit Stephan Hofer aus Innsbruck. Yoga für Christen wird mit P. Francis Acharya aus dem Kurisumata-Kloster in Indien angeboten. »Zugang zu Maria« wendet sich an Seelsorger, Relgionslehrer und Mitarbeiter/innen im kirchlichen Dienst. Ein Wochenendseminar setzt sich 1977 mit der lateinamerikanischen Befreiungstheologie auseinander. Eine Studientagung im Mai 1977 bereitet das Thema »Laientheologen – eine Chance für die Kirche« auf. In der Reihe »Das Theologische Buch« stellt der Konzilstheologe Karl Rahner seinen »Grundkurs des Glaubens« vor, der Tübinger Moraltheologe Alfons Auer präsentiert sein Buch »Utopie – Technologie – Lebensqualität«. Eine offene Akademietagung bringt Wirtschaftswissenschafter, Ökologen und Sozialethiker an einen runden Tisch zur Frage »Atomstrom – ja oder nein?«

An aktuelle gesellschaftspolitische Trends versucht der »Club 2A« anzuknüpfen. In der Einladung zum »Club 2A« am Sonntag, 23. Oktober 1977, heißt es: »Aus dem Club 2 im Fernsehen wird ein besonders aktueller, wichtiger, bemerkenswerter ausgesucht. An einem Sonntagvormittag im Monat treffen sich Interessierte und machen zu diesem Thema ihren eigenen Club 2, eben den Club 2A.« Erste Diskussionthemen mit Experten in Salzburg sind »Schöner Tod?«, eine Euthanasiedebatte und »Die Bildzeitung und die Gewalt«.

Das Programmangebot wird sehr rasch umfangreicher. Für Jänner/Februar 1979 erscheint das erste große Faltblatt im doppelseitig bedruckten Format A3. Im Dezember 1981/Jänner 1982 kommt das erste mehrseitige Programmheft »St.

Virgil aktuell« heraus. Es erreicht im Oktober/November/Dezember 1986 bereits 28 Seiten und wächst in den Neunzigerjahren auf 48 Seiten und schließlich 68 Seiten an.

Zu einem fixen Bestandteil werden Ausstellungen im Foyer des Hauses. Im Jänner 1979 sind Plastiken und Zeichnungen von Manfred Daringer zu sehen. Es folgen im Laufe der Jahre »Eine Installation für den Kunstraum St. Virgil: Onna Da Kara«, Kreuzwege von Heilgart Bertel, Performance und Installation von Frederick Bunsen, Kulte und Kulturen von Edith Peres-Lethmate, »Wer bin ich – Wer bist du?« von Sarah Haffner, Arbeiten aus »Anlaß Joseph Beuys«, Kunst zwischen Implosion und Explosion, sakrale Werke von Josef Zenzmaier und Franz Mölk sowie Präsentationen der Otto-Mauer-Preisträger und der Otto-Mauer-Sammlung.

Die Veranstaltungen für bestimmte Gruppen sind 1979 von der Fortbildung für Mitarbeiterinnen und Mitarbeiter der Pfarrgemeinden dominiert. Es geht um den Seniorenclub in der Pfarre, um das Enmaleins effektiver Pfarrgemeinderats-Arbeit, einen Tag für Pfarrhaushälterinnen und das Priesterkolleg »Meine Sonntagspredigt«.

Große gesellschaftspolitische Breitenwirkung erreicht das Bildungshaus ab 1983 mit dem Schwerpunkt »betrifft: frau«. Rosemarie Donnenberg, eine pädagogische Mitarbeiterin von Katholischem Bildungswerk und St. Virgil, und Christa Gürtler, die ein Akademikertraining der Arbeitsmarktförderung absolviert, greifen die aktuellen Auseinandersetzungen um die Emanzipation der Frau in Partnerschaft, Familie, Beruf und Kirche auf. Neue Impulse und hochkarätige Seminare und Tagungen positionieren St. Virgil ein Jahrzehnt lang in der Avantgarde der Emanzipations-Debatte. Die Themen sind vielfältig: Wege zur Selbstfindung, Zum Frieden erziehen, Selbsterfahrungswoche für Frauen, Frauenarbeit im Computerzeitalter, Das härtere Leben hat die Frau, Körper-Workshop, Die Frauen der frühen Christenheit, Gewalt gegen Frauen – Frauen gegen Gewalt, Soziales Seminar für Frauen, Frauen sehen in Kunst und Werbung.

Aus dem allgemeinen Programmangebot ragt von Jänner bis März 1981 »Gesundheit aus der Natur« heraus. Der Eröffnungsvortrag heißt »Volksmedizin zwischen Heil und Aberglauben«. Weitere Themen sind Grenzen und Möglichkeiten der Selbstbehandlung, Wirkungsweisen von Heilkräutern, Homöopathie, Bäder, Wickel und andere Kneippanwendungen, Drogen bei Naturvölkern, Antibiotika.

Der Positionierung im Bereich alternativer, gesellschaftspolitisch umstrittener Themen dient im September/Oktober 1984 auch der Schwerpunkt Umwelt. Der Themenkatalog reicht von Gesund heizen und der Bedrohung des Trinkwassers über die Frage »Wie giftig sind unsere Lebensmittel?« bis zu »Umweltbewusst Autofahren« und einer Buchpräsentation mit dem Zukunftsforscher Robert Jungk.

»Deutet die Zeichen der Zeit« heißt der Schwerpunkt im Programm Mai/Juni/ Juli/August 1987. Die Palette der Themen ist sehr breit: Ein Jahr nach Tschernobyl – noch strahlt es, Okkultismus und christlicher Glaube, Edith Stein (1891–1942), Aids – Herausforderung an eine Humane Gesellschaft, Pater Rupert Mayer – ein Glaubenszeuge unserer Zeit, Schwester Emmanuelle – Mutter der Müllmenschen in Kairo, Ende der Welt oder Wende der Welt – die Offenbarung des Johannes, Zeitgeist – was auch immer das heißen mag.

Im Zentrum des März-Programms 1988 steht das »Bedenkjahr 1938–1988«. Das Veranstaltungsprogramm im Oktober 1988 umfasst 48 Seiten und lädt zu einem brennenden kirchlichen Thema ein: die erste Salzburger Tagung für kirchliche Jugendarbeit.

4. DER KONFLIKT – EIN ERNSTFALL DER KIRCHENPOLITIK

Katholische Christen in ihrer Persönlichkeit zu festigen und sie für die Auseinandersetzung mit der sich wandelnden Welt zu rüsten war das eine erklärte Ziel der kirchlichen Erwachsenenbildung ab den Siebzigerjahren. Dahinter stand der grundlegende Gedanke des Zweiten Vatikanischen Konzils, dass die Laien in der Kirche vor allem den Auftrag hätten, die Gesellschaft christlich zu formen, und dass sie für diese spezifische Verkündigungsaufgabe entsprechend geschult werden müssten. Es galt, den Glauben zu formen und zu festigen und ihn argumentativ für die gesellschaftspolitischen Auseinandersetzungen zu untermauern.

Diese »Pastoral an schon Bekehrten« wollte der Wiener Pastoralsoziologe Paul M. Zulehner ergänzt sehen durch eine »Pastoral der Bekehrung«: die Auseinandersetzung mit nichtchristlichem Lebenswissen, nicht zuletzt deshalb, weil viele Menschen von diesem geformt seien.

Konflikte der kirchlichen Bildungsarbeit mit dem »Verkündigungsauftrag« seien damit programmiert.

> »Daß sich die kirchliche Erwachsenenbildung in diesem Zusammenhang vor allem mit jenen Fragen auseinandersetzen muß, in denen es zu einer Dissonanz mit anderen Lebenswissen kommt (Ehe und Sexualität, Freiheit, Macht, Autorität, Emanzipation, gesellschaftlicher Standort der Kirche und in diesem Zusammenhang Fragen des Besitzes und seiner Verteilung), steht außer Frage. Da schließlich im Zuge dieser Auseinandersetzung auch das christliche Lebenswissen modifiziert wird, sind innerkirchliche Spannungen unvermeidlich.«[8]

1976 eröffnet, geriet das Bildungshaus St. Virgil zwangsläufig in die kirchenpolitischen Auseinandersetzungen in der Folge des Zweiten Vatikanischen Konzils (1962–65). Direktor Werner Riemer verfolgte einen Kurs der Öffnung, wie ihn viele katholische Christen als Auftrag des Konzils verstanden hatten. Sollten doch, laut Pastoralkonstitution Gaudium et spes, Freude und Hoffnung, Trauer und Angst der Menschen von heute auch Freude und Hoffnung, Trauer und Angst der Jünger Christi sein.

Vor allem die offene Auseinandersetzung der katholischen Erwachsenenbildung mit gesellschaftlichen, künstlerischen und ethischen Tendenzen bei Ausstellungen und bei alternativen Themen wurde innerkirchlich zum Stein des Anstoßes. Mit einigen Ausstellungen geriet St. Virgil in das Spannungsfeld zwischen künstlerischer Freiheit und moralischen Vorbehalten. Mit alternativen Veranstaltungsschwerpunkten wie »betrifft: frau« oder »betrifft: umwelt« wurden Konfliktfelder berührt, die gesellschaftspolitisch umstritten waren oder die innerkirchliche umstrittene Fragen wie die Rolle der Frau oder die Methoden der Empfängisregelung betrafen.

Im Programmheft »St. Virgil aktuell Februar/März 1983« schreibt Direktor Riemer zur Motivation für den Schwerpunkt »betrifft: frau«:

»Wir werden fragen, was ›männlich‹ und was ›weiblich‹ jenseits patriarchalischer Zuschreibungen bedeuten könnte. Wir laden Frauen ein, zu artikulieren, was sie nicht mehr sein wollen, wie sie sich selbst sehen, wohin sie gehen wollen. Wir laden ein, nach neuen Frauenbildern zu suchen, und bieten dabei auch Materialien aus Geschichte, Bibel, Wissenschaften an, die Ansätze für Veränderungen ermöglichen könnten … Warum ausgerechnet kirchliche Einrichtungen ein solches Projekt unternehmen? Gerade weil die Kirche viel Schuld an der jetzigen Situation trägt und weil in ihrer Lehre, Struktur und Praxis auch heute noch so viel zu tun ist, damit dem Schöpfungsbericht ›Als Mann und Frau schuf er sie‹ Gerechtigkeit widerfahre. Wir bitten gerade die Enttäuschten, Entfremdeten, Verbitterten, diese Frauenwochen in kirchlicher Trägerschaft als ein Bemühen darum zu sehen, und ihre Kritik, aber auch ihre Vorstellungen und Träume beizutragen.«

1984/85 kommt es zum offenen Konflikt zwischen der Diözesanleitung und dem Direktor des Bildungshauses. Die Kirchenführung übt im Einzelnen keine ausdrückliche Kritik an der Programmgestaltung, lässt jedoch erkennen, dass in St. Virgil zu wenig kirchliche Bildung im engeren Sinne geschehe und fallweise – etwa bei moraltheologischen Fragen – die Position des Lehramtes zu wenig deutlich dargestellt werde.

Die Erzdiözese trennt sich von Direktor Riemer. Der Rektor und Geistliche Leiter von St. Virgil, Hans-Walter Vavrovsky, wird ab 1985 auch geschäftsführender Direktor.

In der Öffentlichkeit kommt Kritik auf. Der geschäftsführende Direktor Vavrovsky versucht im Programmheft »St. Virgil aktuell – September/Oktober 1985«

die Befürchtungen zu zerstreuen, dass es zu einer ideologischen Einengung des Programms kommen könnte:

> »Die ›offene‹ Linie unseres Hauses soll beibehalten werden. Das Programm wird weiterhin breit gefächert sein. Der Pastoralrat hat sich eindeutig für das Klima einer offenen Auseinandersetzung und für einen legitimen Pluralismus in St. Virgil ausgesprochen. Dabei wird dem Haus auch in Hinkunft die Aufgabe zugewiesen, in einer Zeit der Desorientierung den Menschen eine tragfähige weltanschauliche Orientierung auf der Basis christlicher Grundwerte zu geben.«

Das neue Statut vom 9. Juli 1985 definiert St. Virgil als Haus der Bildung, der Begegnung und der Besinnung. Besonders unterstrichen wird die vorrangige Aufgabe für die Erzdiözese Salzburg und die besondere Bedeutung glaubensmäßiger und ethischer Aspekte in der kirchlichen Erwachsenenbildung:

> »Aufgabe des Bildungshauses Salzburg ist das Angebot katholischer Erwachsenenbildung vor allem an die Bevölkerung der Erzdiözese Salzburg. Darüber hinaus steht das Haus auch außerdiözesanen kirchlichen Stellen offen und kann ferner als Ort des Dialogs mit anderen gesellschaftlichen Gruppen genutzt werden, die mit den Zielen der katholischen Kirche nicht im Widerspruch stehen …
>
> Konkret zielt die Arbeit des Hauses auf tieferes Welt-, Daseins- und Gottesverständnis auf der Basis von Wissenschaft und theologisch reflektiertem Glauben. Diese Arbeit will den heranwachsenden Jugendlichen und den Erwachsenen befähigen und anregen, an der theoretischen und praktischen Lösung persönlicher, familiärer, beruflicher, kirchlicher und gesellschaftlicher Probleme zu arbeiten und umfasst daher alle thematischen und methodischen Bereiche menschlicher Bildung, wobei dem glaubensmäßigen und ethischen Aspekt besondere Bedeutung zukommt.«[9]

Nach einigen unruhigen Jahren mit mehreren personellen Wechseln wird 1991 die Leitung des Hauses neu geordnet: Mit Peter Braun steht wieder ein neuer weltlicher Direktor an der Spitze. Hans-Walter Vavrovsky übernimmt neuerlich die Aufgabe des geistlichen Rektors. Dritter im Bunde ist Verwaltungsdirektor Josef Fink, der dieses Amt seit 1977 ausübt. Ihm folgt 1998 Reinhard Weinmüller.

Der Grundkonflikt, ob das Bildungshaus St. Virgil seine Aufgabe als religiöses Zentrum in der Erzdiözese und als Ort der Verkündigung hinreichend erfüllt, bleibt aber bestehen. Erzbischof Georg Eder, der seit 1989 an der Spitze der Erzdiözese steht, fordert mehrfach eine stärkere Akzentsetzung auf der Glaubensbildung ein. Wie vom Religionsunterricht erwartet die Kirchenleitung auch von der katholischen Erwachsenenbildung, der fortschreitenden Säkularisierung und Entkirchlichung entgegenzuwirken. Auf der anderen Seite verweist die Erwachsenenbildung darauf, dass ihr Angebot nicht angenommen werde, wenn es die Menschen religiös nicht dort abhole, wo sie stünden.

Im September 2001 werden neue Leitlinien erarbeitet, die die religiöse Bildung wiederum stark einbetten in die allgemeine Erwachsenenbildung: Erstmals wird der Bildungsauftrag der kirchlichen Erwachsenenbildung als diakonaler Dienst definiert, als eine Art Caritas für Seele und Geist:

> »Unser Bildungsverständnis nimmt die vielfältigen Dimensionen und die Fülle menschlichen Lebens in den Blick. Für uns ist christlich orientierte Erwachsenenbildung in diesem umfassenden Sinne kulturelle Diakonie und somit ein zentraler Dienst der Kirche am Leben der Menschen.
>
> Unsere Bildungsarbeit sucht das offene Gespräch mit den Menschen und unterwirft sich nicht allein den Marktgesetzen von Angebot und Nachfrage. Sie trägt dazu bei, die Erfahrungen aus den verschiedenen Bereichen heutigen Lebens und religiöse Perspektiven aufeinander zu beziehen und deuten zu lernen. Erwachsenenbildung ist eine wichtige Plattform, auf der der Dialog mit verschiedenen gesellschaftlichen und kulturellen Strömungen, Weltanschauungen und Religionen stattfindet und die Kirche ihre Option in die plurale Gesellschaft einbringt.
>
> Das spezifisch Christliche in unserer Erwachsenenbildung besteht nicht nur darin, Inhalte des christlichen Glaubens ausdrücklich zu thematisieren, sondern es zeigt sich quer durch alle Veranstaltungen hindurch vor allem in der Perspektive, aus der die unterschiedlichen Themen, die die Menschen heute bewegen, behandelt werden. Der gleichbleibende rote Faden ist die Orientierung am christlichen Welt- und Menschenbild.«[10]

Ein Blick auf die aktuelle katholische »Großwetterlage« in Österreich zeigt, dass die kirchliche Bildungsarbeit dem Spannungsfeld zwischen dem Anspruch der Verkündigung und der Interessenlage der Menschen nicht entkommt. Auch wenn es nicht unmittelbar mit der kirchlichen Erwachsenenbildung zu tun hat, ist ein Großereignis vom Oktober 1998 dafür bezeichnend. Damals fand im Bildungshaus St. Virgil die gesamtösterreichische Delegiertentagung zum »Dialog für Österreich« statt. Dieser Dialogvorgang war der Versuch, alle Katholiken Österreichs – vom Opus Dei bis zu den Vertretern des Kirchenvolksbegehrens – an einen Tisch zu bringen. Die Delegiertenversammlung packte auch »heiße Eisen« wie die Diakoninnenweihe oder die Mitsprache der betroffenen Diözese bei Bischofsernennungen an. Gleichzeitig wurde versucht, die geistliche Dimension der Kirche, ihren Verkündigungsauftrag und die Verantwortung der Laien für die

Mitgestaltung der Gesellschaft auf der Grundlage des christlichen Menschenbildes neu zu (er)fassen.

Dieser »Dialog für Österreich«, den maßgeblich der Grazer Bischof und Vorsitzende der Bischofskonferenz, Johann Weber, auf den Weg gebracht hatte, wurde aber nicht der Anfang, sondern der Abschluss eines Prozesses. Die Hoffnung, dass sich in der katholischen Kirche Österreichs auf der gemeinsam geschaffenen Grundlage eine neue Reformbewegung entwickeln könnte, blieb unerfüllt.

Am 30. Juni 1998, drei Monate vor der Delegiertenversammlung, wird Kardinal Christoph Schönborn, Erzbischof von Wien, zum neuen Vorsitzenden der Bischofskonferenz gewählt. Sein Bestreben ist es, die katholische Kirche aus den negativen Schlagzeilen zu bringen. Der innerkirchliche Dialogvorgang, der naturgemäß auch die vorhandenen Spannungen und Differenzen in das Rampenlicht der Medien und der Öffentlichkeit gebracht hatte, wurde beendet. Kardinal Schönborn setzt dagegen auf die Stärkung katholischer Kerngruppen und auf eine möglichst breite Verkündigung. Seit dem Jahr 2001 dient dazu unter anderen eine sonntägliche Kolumne in der »Kronen Zeitung«: der Kardinal erläutert das Sonntagsevangelium.

Der Unterschied zwischen diesen beiden Ansätzen liegt auf der Hand. Beim Dialog für Österreich hatte die katholische Kirche quer durch ihre Reihen versucht, die Gegensätze von konservativ und progressiv, von Kerngemeinde und so genannten Fernstehenden zu überwinden. Die sonntägliche Kolumne von Kardinal Schönborn in der größten Tageszeitung des Landes will dagegen auf der »größten Kanzel« Österreichs den Menschen eine »authentische« Auslegung der christlichen Botschaft vorlegen. Konflikte und Gegensätze zwischen Kirchenvolk und Lehramt, die beim Dialogprozess zur Sprache kamen, werden bei der neuen Form der Sonntagspredigt ausgeblendet.

5. DIE NEUNZIGERJAHRE – DER WEG ZUM »KONGRESS«-HAUS

In den Neunzigerjahren bekommt St. Virgil wachsende Bedeutung für österreichweite Tagungen und internationale Veranstaltungen. Die eigenen Veranstaltungen pendeln sich 1990 bei jährlich 400 mit 15.000 Teilnehmern ein. Im Jahr 2000 sind es 548 eigene Veranstaltungen mit 17.000 Teilnehmern. Die Zahl der Gastveranstaltungen steigt in demselben Zeitraum deutlich stärker an. 1990 gibt es rund 450 überregionale und internationale Tagungen mit 15.000 Teilnehmern. Im Jahr 2000 wirkt sich der Erweiterungsbau mit dem neuen Konferenzraum bereits deutlich aus: 780 Gastveranstaltungen bringen 27.000 Besucher ins Haus.

Der Katholische Akademikerverband veranstaltet im April 1990 sein Symposium »Katholische Sprache – zwischen Klischee, Propaganda und Prophethie« im Bildungshaus der Erzdiözese Salzburg. Die Jubiläumsveranstaltung »25 Jahre Zweites Vatikanisches Konzil (1962–1965)« im Mai 1990 wird mit einem Referat von Kardinal Franz König, Wien, über »Die Grundbotschaft des Konzils und seine Bedeutung für heute« eröffnet.

Starke Partner für große Symposien werden gefunden. Gemeinsam mit der Salzburger Arbeiterkammer lädt St. Virgil im April 1990 zu einem zweitägigen Symposium über »Flexibilisierung der Arbeitszeit – Ende des Sonntags?« Eine Expertentagung über »Fortpflanzungsmedizin im Spannungsfeld« wird gemeinsam mit dem Land Salzburg veranstaltet.

Im Mai–August 2002 umfasst das Veranstaltungsprogramm von St. Virgil bereits 68 Seiten. Ein Universitätslehrgang über »Spirituelle Theologie im interreligiösen Prozess« dokumentiert einen neuen Schwerpunkt, der in den Neunzigerjahren entwickelt wurde: der interreligiöse Dialog, der zu einer intensiven Auseinandersetzung mit Judentum und Islam, mit Buddhismus und Hinduismus herausfordert. Eine Bibeltagung über die »Prophetin Mirjam«, die Schwester Mose und Aarons, nimmt die Neuentdeckung von Frauen in der Bibel auf. Das Angebot »Sakraler Tanz: Die Große Mutter – die Geburt der Göttin« dokumentiert die vermehrte theoretische und praktische Aufarbeitung von Mythen der Menschheit. Die Fachtagung »Heil und Heilung – Spirituelle Heilung in der hinduistischen und christlichen Tradition« lässt die Fragen nach dem ganzheitlichen Heil in einem neuen Licht erscheinen und für den interreligiösen Dialog fruchtbar werden.

Im September 1989 kommt die Europäische Märchengesellschaft mit dem Kongress »Tod und Wandel im Märchen« nach Salzburg. Die deutschsprachigen Pastoraltheologen veranstalten ihre Konferenz im Jänner 1990 in St. Virgil. Im Mai 1990 findet das Erste Österreichische Symposium für Solararchitektur gemeinsam mit dem Österreichischen Naturschutzbund in St. Virgil statt. Die katholische Bischofskonferenz Österreichs ist mehrfach zu Gast, ebenso wie das Unterrichtsministerium und andere Ministerien.

Die Liste der vielen Gastorganisationen und Gastveranstaltungen ist nicht beliebig, sondern lässt eine Linie erkennen: die Lebenshilfe Österreich, die Katholische Aktion Österreich, die Europäische Gesellschaft für katholische Theologie, die Liturgische Kommission Österreichs, das Österreichische Jugendrotkreuz, der Moraltheologenkongress, das Zweite Österreichische Klimabündnistreffen (November 1993), der Weltkongress für Spielforschung (Juni 1995), der Internationale Kongress zum Weltflüchtlingsproblem (Juni 1996).

Das Netzwerk gegen Armut und Ausgrenzung findet ab 1995 im Bildungshaus St. Virgil eine Heimstatt. 1998 veranstaltet die Bischofskonferenz hier ihre gesellschaftspolitischen Tagungen »Parteien und Kirche im Gespräch«. Im Jahr 2000 kommen das IV. Internationale Voice Symposium und Medical Care sowie die Deutsche Gesellschaft für Transaktionsanalyse nach St. Virgil. Im Jahr 2001 sticht der Kongress der Europäischen Gesellschaft für theologische Forschung von Frauen aus den Gastkursen heraus.

6. DIE PERSPEKTIVEN – SPRACHEN DER HOFFNUNG WIEDER FINDEN

Im Mai 2001 feiert St. Virgil sein 25-Jahre-Jubiläum. Das Generalthema der breit gefächerten Veranstaltungspalette lautet »Sprachen der Hoffnung wieder finden«. Die katholische Bildungsarbeit muss drei gesellschaftliche Grundströmungen zur Kenntnis nehmen: die fortschreitende Entkirchlichung, das geringer gewordene Interesse an akademisch-theologischer Bildung und die Pluralität der Religionen, die mit einer Krise des Wahrheitsanspruches und der Einzigartigkeit der christlichen Verkündigung einhergeht.

Rektor Hans-Walter Vavrovsky definiert bei der Jubiläumsfeier als Aufgabe von St. Virgil, »Menschen zu helfen, ihre Mitte zu finden und dabei Standfestigkeit zu gewinnen«. Das Bildungshaus wolle »zur Entschleunigung beitragen«. Zum Konfliktpotential kirchlicher Erwachsenenbildung sagt Vavrovsky:

> »In einer Zeit des Pluralismus fühlt sich St. Virgil dem offenen Dialog verpflichtet, der auch Menschen anzieht, die in der Kirche weniger beheimatet sind. Ein Bildungshaus, das für alle offen ist, kann nicht unangefochten bleiben. Den einen ist es zu liberal, den anderen zu traditionsgebunden. Ein von allen Seiten geliebtes und von niemandem kritisiertes Haus kann kein gutes Bildungshaus sein …
>
> Die Glaubwürdigkeit und Ausstrahlung von St. Virgil steht und fällt mit einer Spiritualität der Offenheit und des Dialogs. Der erhobene Zeigefinger und moralische Besserwisserei sind dabei fehl am Platz.«[11]

Das Geburtstagsprogramm im Mai 2001 will »allen Altersstufen und Geschmäckern« etwas bieten. Das Fest am 5. Mai 2001 wird zum gelungenen Versuch, 7000 Besuchern ein kreatives »Event« mit Musik, Tanz und Unterhaltung anzubieten – von den Lungauer »Querschlägern« über Best of Jan-Uwe Rogge bis zu den Femmes Vocales. Gleichzeitig setzt das Programm bildungspolitische Akzente: alternative Gruppen wie die Armutskonferenz, die Vereinigung der Bergbäuerinnen, die Solidaritätsgruppe Thalgau, die Hospiz-Bewegung, der Friedensgedenkdienst, der Verein für Migration, das Österreichische Frauenforum Feministische Theologie und der Naturschutzbund bekommen ein Forum. In den folgenden Jubiläumswochen führen Schülerinnen das »Play for Europe« auf, eine Studientagung diskutiert die »Schule der Zukunft«, die Communita di Sant'Egidio wird als Hoffnungzeichen in der Kirche vorgestellt, das interreligiöse Pfingstsymposium »Nach dem Kapitalismus« sucht Alternativen zum herrschenden Geldsystem, St. Virgil beginnt eine Zusammenarbeit mit dem »Green Belt Movement«, einer der herausragendsten Umweltinitiativen der Dritten Welt.

Das 25-Jahre-Jubiläum festigt den Bestand an Themen und ihrer Aufbereitung. Doch am Horizont zeichnet sich Wandel ab. Die gängigen Angebote der Erwachsenenbildung in öffentlicher Trägerschaft werden stärker regionalisiert. Innerkirchlich denkt Erzbischof Georg Eder an die Schaffung mehrerer kleiner Zentren, die zu religiösen Kristallisationspunkten in den Regionen werden sollen.

In seiner Perspektive für die weitere Entwicklung des zentralen Bildungshauses der Erzdiözese Salzburg denkt Direktor Peter Braun zunehmend an die Ausbildung der Multiplikatoren in der Bildung:

»Eine Anfang der Neunzigerjahre begonnene strukturelle Veränderung in unserem Programmangebot wird sich vehement fortsetzen: Viele Themen- und Fragestellungen werden in Zukunft durch Angebote vor Ort und in der Region abgedeckt. Das heißt in unserem Angebot für sogenannte ›Endverbraucher‹ können wir uns in einigen Bereichen zurückziehen. Natürlich bleiben genügend Themen, die vor Ort oder in der Region schwer oder nicht erfolgreich angeboten werden können. Unsere Funktion, auch in diesem Bereich als Trendsetter neue Themen aufzugreifen bzw. anzustoßen, werden wir nicht aufgeben.

Aber wir haben bereits Ressourcen umgeschichtet in Richtung Intensivfortbildung für

- MitarbeiterInnen in der Kirche bzw. kirchlichen Einrichtungen und Non-Profit-Organisationen (Virgil-Akademie)
- für Pädagogen im umfassenden Sinne (vom Kleinkind bis zur/m SeniorIn), also Eltern-Kind-Gruppen-Leiterinnen, KindergärtnerInnen, LehrerInnen, DirektorInnen, ErzieherInnen, JugendleiterInnen, ErwachsenenbildnerInnen, BehindertenbetreuerInnen, AltenfachbetreuerInnen etc.
- PsychologInnen und PsychotherapeutInnen
- und für ausgewählte Beratungs- und Sozialberufe
- ferner für freiwillige MitarbeiterInnen in verschiedenen gesellschaftlichen Bereichen.

Als kirchliche Weiterbildungsinstitution haben wir ein großes Interesse daran, Partner und Anbieter für die Fortbildung im kirchlichen Bereich und vor allem für Berufe zu sein, die tagtäglich mit Menschen arbeiten. Hier können wir einige Felder bedienen, müssen uns aber im Blick auf die Qualität begrenzen.«[12]

Eigene Veranstaltungen des Bildungshauses St. Virgil

Zahl der Veranstaltungen und Teilnehmer, 1980/1990/2000

	1980		1990		2000	
	Veranstaltungen	Teilnehmer	Veranstaltungen	Teilnehmer	Veranstaltungen	Teilnehmer
Lebensbegleitende Bildung	46	1345	141	2831	191	6172
Gesellschaft, Politik, Wirtschaft, Soziales	23	1050	59	1584	27	1115
Kunst, Kultur, Kreativität, Freizeit	46	1216	72	2900	69	5235
Weltanschauung, Religion	40	849	90	4411	71	2317
Sonstige Veranstaltungen			10	277	54	1751

Der Schwerpunkt wird sich demnach verlagern: von der Bildung für jedermann und jedefrau zur Ausbildung der Bildner. Das ändert aber wenig am Grundkonflikt zwischen Verkündigung und Dialog, zwischen allgemeiner öffentlicher Erwachsenenbildung und dem spezifisch Christlichen eines kirchlichen Bildungshauses. Ein Indiz war die deutsch-österreichische Studientagung »Profile, Probleme, Perspektiven kirchlicher Erwachsenenbildung«, die die Arge Alp kirchlicher Erwachsenenbildung vom 8. bis 9. März 2002 im bayerischen Traunstein veranstaltete.

Das Thesenpapier zu dieser Tagung hielt vier Bereiche als »unverzichtbares Grundangebot« kirchlicher Erwachsenenbildung fest: Lebenskultur – Lebensorientierung und Lebenswissen für verschiedene Lebensphasen; Religion – Spiritualität, Theologie, Dialog der Religionen, ökumenisches Lernen etc.;

Gesellschaft, Politik, Ethik – Gerechtigkeit, Frieden und Bewahrung der Schöpfung;

Weiterbildung für Beruf und freiwilliges Engagement – Qualifizierung für freiwillige bürgerschaftliche Tätigkeiten, berufliche Integration Benachteiligter, Weiterbildung für kirchliche, soziale, pädagogische, therapeutische Berufe.[13]

Diese vier Bildungsbereiche blieben auch nach der zweitägigen Veranstaltung so bestehen, mit nur einem Unterschied: in der endgültigen Fassung der Thesen hat die Religion den ersten Platz vor der Lebenskultur eingenommen. Eine Bewegung »back to the roots«, die Erkenntnis, dass es keine Zukunft ohne Herkunft gibt? Das Thesenpapier gibt sich zuversichtlich und unterstreicht die aus den Wurzeln kommende, aber vorwärts treibende Kraft der Religionen: »Die Religion bzw. die Religionen mit ihren visionären Traditionen bieten und entwickeln zukunftsfähige Formen des Zusammenlebens, die die Dynamik von Gewalt, Ausbeutung und Unterdrückung des Menschen und globaler Beschleunigung unterbrechen.«[14]

ANMERKUNGEN

1 St. Virgil, Leitorientierungen, 26. September 2001, Seite 2
2 Rupert Reindl, Der Programmbereich Glaube/Theologie/Weltbild. In: Bildungshaus Salzburg/St. Virgil. Eine Dokumentation zur Eröffnung des Zentrums für Erwachsenenbildung der Erzdiözese Salzburg. Salzburg 1976, Seite 59–60, hier: Seite 59.
3 Anton Fellner, Das Werden der Bildungshaus-.Idee in der Erzdiözese Salzburg. In: St. Virgil/Dokumentation, Seiten 15–18, hier: Seite 15.
4 Fellner, Bildungshaus-Idee, Seite 17.
5 Wilhelm Holzbauer, Das architektonische Konzept des Baues. In: St. Virgil/Dokumentation, Seiten 21–22, hier: Seite 21.
6 Holzbauer, Konzept, Seite 22.
7 Programmzeitschrift St. Virgil aktuell, Jänner 1990, Seite 2.
8 Paul M. Zulehner, Die Vielzahl von Lebenswissen und Erwachsenenbildung in der Kirche. In: St. Virgil/Dokumentation, Seiten 45–48, hier: Seite 47.
9 Statut des Bildungshauses St. Virgil der Erzdiözese Salzburg vom 9. Juli 1985, Nr. 2.1.1 und 2.1.4.
10 St. Virgil, Leitorientierungen, Seiten 6–7.
11 Hans-Walter Vavrovsky, 25 Jahre St. Virgil, Begrüßung im Festsaal, Salzburg 2001, Seite 5.
12 Peter Braun, Inhaltliche Schwerpunkte und strukturelle Veränderungen im Programm von St. Virgil 1990–2000, 2000ff, Salzburg 2002, Seiten 2, 3.
13 Thesen zu Profil, Grundangebot und zukünftigen Schwerpunkten christlicher Erwachsenenbildung. Herausgegeben von der Arge Alp kirchlicher Erwachsenenbildung, Salzburg/Traunstein 2002, Seiten 2, 3.
14 Thesen, Seite 3.

Chronik Juli 1999 bis Juni 2001

JULI 1999

1.: Die Sicherheitsvorkehrungen für den in Salzburg stattfindenden Osteuropagipfel des Weltwirtschaftsforums werden nach dem Todesurteil für den türkischen Kurdenführer Öcalan massiv verstärkt. – 2.: Landeshauptmannstellvertreter (LH-Stv.) Gerhard Buchleitner (SPÖ) gibt bekannt, dass die Zahlen der Drogentoten in Salzburg weiter sinken (1997: 13 Drogentote, 1998: 9 Drogentote). – 3.: Der Aufsichtsrat der SAFE wählt Wolfgang Anzengruber zum kaufmännischen – und Manfred Irsigler zum technischen Vorstand des Unternehmens. Die Wahl erfolgt nicht einstimmig. Vertreter der ÖVP stimmen dagegen. – 5.: Salzburgs Bürgermeister Heinz Schaden (SPÖ) wird vom Stadtsenat berechtigt, Verhandlungen über die Fusion der Salzburger Stadtwerke und der SAFE zu führen. Salzburgs Parteien lösen ein Wahlversprechen ein. Der Landtag beschließt eine Lockerung der bürokratischen Hindernisse im Zusammenhang mit der Eröffnung und Betreibung von Schanigärten. Die alte Verordnung, die ein Verbot des Straßenverkaufs von November bis März vorsah, ist damit de facto außer Kraft. – 6.: Karl Schnell (FPÖ) verliert ein Berufungsverfahren am Landesgericht Salzburg. ÖVP-Landesgeschäftsführerin Gerlinde Rogatsch hatte Schnell den ungerechtfertigten Bezug eines Jahresgehalts als Landesrat (10 Millionen Schilling) vorgeworfen. – 7.: Auf Antrag der ÖVP und der SPÖ beschließt der Salzburger Landtag (gegen die Stimmen der FPÖ und Grünen), die Parteienförderung um 15 % zu erhöhen. Mit Mehrkosten von ca. 7 Millionen Schilling pro Jahr wird gerechnet. – 8.: Die ehemalige Weltklasse- Tennisspielerin Judith Wiesner löst Erwin Klemm als Klubobfrau der ÖVP- Gemeinderatsfraktion der Stadt Salzburg ab. – 9.: Ein Nahverkehrsgipfel in Uttendorf bringt die Verlängerung des Pinzgautaktes als Ergebnis. Die Kosten von 7,5 Millionen Schilling pro Jahr teilen sich das Land und die Gemeinden. – 10.: Der Gemeinderat der Stadt Salzburg beschließt, 150 Millionen Schilling (für 1999) für den Ausbau des öffentlichen Verkehrs bereitzustellen. Investiert werden soll in erster Linie in die Elektrifizierung von Obussen, neue Busspuren, Verbesserung der Haltestellen und in Triebwägen für die Lokalbahn. Anrainer und eine Bürgerinitiative sprechen sich in einer Bürgerdiskussion gegen den von Johann Padutsch (Bürgerliste) geplanten Neubau der geisteswissenschaftlichen Fakultät in der Akademiestraße aus. – 13.: Gerhard Buchleitner (SPÖ) legt eine Gesetzesnovelle vor, die vorsieht, dass Ausländer, die mindestens 5 Jahre in Salzburg leben und über ein regelmäßiges Einkommen verfügen, Anspruch auf Sozialhilfe haben. Die FPÖ-Bundesleitung berät über die Salzburger Spitzenkandidaten zur Nationalratswahl 1999. Eduard Mainoni gilt dabei als aussichtsreichster Kandidat. – 14.: Die FPÖ kritisiert die teuren Strompreise in Salzburg. Anrainer und die Grünen fordern eine Bürgerabstimmung zum geplanten Autobahnvollanschluss in Puch. – 15.: Nach der Katastrophe im Tauerntunnel werden neue Auflagen für Gefahrengut-LKW erlassen. Das Befahren von Tunnel ist nur mehr mit eingeschalteter Warnblickanlage gestattet. Außerdem ist ein Sicherheitsabstand von mindestens 50 Metern einzuhalten. ÖVP und SPÖ kündigen eine Senkung der Strompreise um 10 % bis zum Jänner 2002 an. – 16.: Eine Bevölkerungsstatistik ergibt, dass Salzburgs Bevölkerung seit 1991 im Verhältnis zu Gesamtösterreich überdurchschnittlich stark zunimmt. Mit einem Wachstum von 6,6 % liegt das Bundesland Salzburg an der Spitze der Bundesländer. – 17.: Handynetzbetreiber drohen mit einer Klage, falls der Salzburger Strahlen-Vorsorgewert der Landessanitätsdirektion nicht dem höheren EU-Grenzwert angeglichen wird. Halleins Bürgermeister Stöckl (ÖVP) spricht sich für einen Verkauf bzw. Abbau der schwer defizitären Salzbergbahn aus. – 20.: Die Pläne für ein Freiluftkino am Kapitelplatz in Salzburg werden von der Altstadtkommission abgelehnt. Die Hochleistungsstrecken AG (100 % Tochter des Bundes) gibt bekannt, dass die Planungen für die Eisenbahn-Hochleistungstrasse im Flachgau in der Endphase sind. Der Verfassungsgerichtshof kündigt an, das Salzburger Raumordnungsgesetz zu prüfen, da einzelne Bestimmungen als massive Eigentumsbeschränkungen und hoheitliche Zwangsmaßnahmen erscheinen. – 22.: ÖVP Bauressortchef Karl Gollegger gibt bekannt, dass für das Kongresshaus kein Baustopp verfügt wird. Die, auf Wunsch der Stadt entstandenen, neuerlichen Mehrkosten von 20 Millionen Schilling übernimmt die Stadt. Wirtschaftstreibende im Kaiviertel fordern den Bau der Südgarage im Nonnberg. Eine diesbezügliche Unterschriftenaktion bringt 2500 Unterstützungserklärungen. – 23.: Bürgermeister Schaden und Landesrätin Burgstaller (beide SPÖ) greifen alte Pläne zur Untertunnelung der Ignaz Harrer Straße wieder auf. Damit soll eine Verkehrsberuhigung im Stadtteil Lehen erreicht werden. Planungsstadtrat Padutsch (Bürgerliste) zeigt sich skeptisch. Die Wirtschaftskammer kündigt an, eine Aktion »scharf« bei allen Zeltfesten durchzuführen und alle Veranstalter solcher Feste, die offensichtlich nicht gemeinnützige Vereine sind, ausnahmslos anzuzeigen. Landeshauptmann (LH) Schausberger (ÖVP) spricht sich für eine kulante Lösung des Problems aus. Salzburg TV startet eine Informations- und Protestaktion, die darauf aufmerksam machen soll, dass Privat TV in Österreich nach wie vor nur über Kabel empfangen werden kann.

AUGUST 1999

4.: Die Wirtschaftskammer spricht sich für eine Neuregelung der Sperrstunden aus. Die Gewerkschaft warnt vor einer Änderung und befürchtet eine Verschlechterung für Angestellte. – 5.: Landesumweltanwalt Wiener übt heftige Bedenken an der Errichtung einer Autobahn-Hauptmautstelle der ASFINAG bei Werfen. Ein Schutzwald müsste dafür gerodet werden. Die ASFINAG sagt eine Umplanung des Projekts zu. – 6.: Der Salzburger Landtag beschließt eine Senkung der Stromtarife der landeseigenen Elektrizitätsgesellschaft SAFE um 6 % ab Oktober 1999. – 9.: Bürgermeister Schaden (SPÖ) weist darauf hin, dass bereits nach dem ersten Halbjahr knapp 150 Millionen Schilling im außerordentlichen Haushalt der Stadt fehlen. Bei der Klubklausur der Grünen wird eine Korrektur des bisherigen Parteiprogramms vorgenommen. Die Partei will sich von einer Politik der Fundamentalopposition zu einer regierungsfähigen Partei der Sachpolitik entwickeln. – 10.: Die Staatsanwaltschaft beginnt mit den Ermittlungen gegen das »Kleine Theater«. In der Buchhaltung des Vereins werden zahlreiche Missstände vermutet. Einen Tag später wird der Konkursantrag des Theaters eingebracht. – 13.: Stadtrat Mitterdorfer (FPÖ) verbietet türkische und serbokroatische Hinweistafeln am Lieferinger Badesee. Die Aktion wird durch eine Weisung von Bürgermeister Schaden (SPÖ) gestoppt, der den Akt an sich zieht. Der Klubvorsitzende der SPÖ im Landtag, Walter Thaler, sieht die Wegefreiheit in Salzburger Wäldern in Gefahr. Grund dafür ist der Anstieg der Wildschutz- und Jagdsperrgebiete um 20 % in den letzten 5 Jahren. – 20.: Die zweite Phase im Architektenwettbewerb um das geplante Fußballstadion in Wals beginnt. 28 Fachleute werden eingeladen, Pläne zu erarbeiten. Helmut Haigermoser kommt überraschenderweise nicht auf die Salzburger Kandidatenliste der Freiheitlichen Partei für die Nationalratswahl. Nationalrat Georg Schwarzenberger und Landtagsabgeordneter Simon Illmer (beide ÖVP) sowie Vertreter der Wirtschaft protestieren scharf gegen Pläne der ASFINAG, in Salzburg zwei Hauptmautstellen an der Autobahn zu errichten. Sie befürchten eine Teilung des Landes in zwei Wirtschaftsräume. – 25.: Die Universität Mozarteum hat im »Zentrum im Berg« in Schallmoos eine vorläufige neue Heimat gefunden, nachdem das giftverseuchte Gebäude am Mirabellplatz geräumt werden musste. Ein Mietvertrag über 7 Jahre wird unterzeichnet. Die EU fordert das Land Salzburg auf, die Förderung für Lungauer Kraftfahrzeuge einzustellen. Diese war 1982 eingeführt worden, um den Standortnachteil der Lungauer auszugleichen, und sieht die Zahlung der Mautgebühr durch das Land für alle im Lungau gemeldeten Kraftfahrzeuge vor. – 28.: Der Tauerntunnel wird nach der Katastrophe vom 29. Mai 1999 und den anschließenden Restaurierungs- und Verbesserungsarbeiten wieder für den Verkehr freigegeben.

SEPTEMBER 1999

1.: Das Land lockert die Regelung für die Befangenheit. Ab sofort können Verwandte gleichzeitig im höchsten Gemeindegremium sitzen, vorausgesetzt sie gehören unterschiedlichen Fraktionen an. – 3.: Die Großarler Umwelt GmbH. bringt Amtshaftungsklagen gegen Bund und Land Salzburg ein. Die gewerberechtlichen und wasserrechtlichen Bewilligungen für die Deponie in Großarl wurden nachträglich als rechtswidrig befunden. Somit hätte die Deponie, in deren Verhinderung 54 Millionen Schilling geflossen sind, nicht in Betrieb gehen dürfen. – 4.: Haigermoser (FPÖ) fordert einen Kurswechsel der Salzburger Freiheitlichen. Die reine Oppositionspolitik sollte aufgegeben werden und jeder FP-Parlamentsabgeordnete soll einen Sitz im Landesparteivorstand erhalten. – 6.: Der »Verein zur Erhaltung der Lebensqualität in Salzburg West«, der sich gegen das geplante Stadion in Wals ausspricht, lehnt eine Mitarbeit in der Architekten-Jury ab. – 11.: Auf der Bundesliste der FPÖ zur Nationalratswahl scheint an 5. Stelle der Salzburger Helmut Haigermoser auf. – 14.: In einem Sonderlandtag zur Sozialhilfe fordert die FPÖ mehr Kontrollen und schärfere Strafen bei Missbrauch. Der Antrag wird von den anderen Landtagsparteien abgelehnt. – 17.: Der Salzburger Landtag beschließt einen verstärkten Schutz des Grünlandes im Zentralraum. Ein Regionalprogramm soll festlegen, welche Flächen für Wohnen und Wirtschaftsbetriebe benützt werden. Handelsgroßbetriebe müssen darüber hinaus vom Land einzeln bewilligt werden. – 18.: Die Finanzlage der Salzburger Landeskliniken spitzt sich zu. Während im Budget der Holding im laufenden Jahr bereits 40 Millionen Schilling fehlen, wird für 2000 ein Minus von 280 Millionen Schilling befürchtet. 10.081 Salzburger/innen unterschreiben das Familienvolksbegehren. Dies entspricht 2,89 % der Wahlberechtigten. – 20.: Der Nationalratskandidat der Grünen, Christian Burtscher, fordert Aufklärung über angebliche Preisabsprachen von Baufirmen in Salzburg. Die öffentliche Hand sei bei Bauarbeiten auf der Festung ebenso vom vermuteten Skandal betroffen. – 21.: Der Aufsichtsrat der SAFE schreibt die Vorstandsposten des Unternehmens öffentlich aus. Die Stadt-FPÖ startet eine Unterschriftenaktion, die zur Wiederaufstellung der Statue von Kaiserin Elisabeth am Bahnhofsvorplatz führen soll. Die Freiheitlichen sprechen sich gegen ein geplantes Mahnmal gegen den Holocaust am Bahnhof aus. Nach heftiger Kritik an den Gagen der Spitzenbeamten der Stadt Salzburg wird im Kontrollausschuss der Stadt ein Antrag der Freiheitlichen angenommen, der die ersatzlose Streichung der Dienstklasse 9 bis Jahresende vorsieht. SPÖ und Gewerkschaft sind dagegen. – 23.: LH Schausberger (ÖVP) fordert die Vorstände der Spitalsholding öffentlich auf, ihre internen Streitigkeiten zu beenden und sich auf die Lösung der Probleme (vor allem im Finanzbereich) zu konzentrieren. – 25.: Vizebürgermeister Gollegger (ÖVP) gibt ein Gutachten in Auftrag, das die Rechtmäßigkeit eines geplanten Verbots von Alkoholkonsum auf öffentlichen Plätzen überprüfen soll. – 28.: Der Gestaltungsbeirat der Stadt Salzburg tritt zu seiner 100. Sitzung zusammen. Das Gremium diente anfänglich als persönliches Beraterteam von Stadtrat Voggenhuber. Später wird im Landesgesetz festgeschrieben, dass Projekte ab einer gewissen Größenordnung verpflichtend vom Gestaltungsbeirat begutachtet werden müssen. Gegner der geplanten Hochleistungsbahn durch den Flachgau beginnen sich zu formieren. Erste Unterschriftenlisten gegen das Projekt werden verfasst. – 29.: Der Stadtsenat beschließt die Auflösung von 2 der 14 Abteilungen und die Zusammenlegung mehrerer Ämter. – 30.: Der Landtag beschließt einstimmig, den Bau der Hochleistungsstrecke durch den Flachgau nur im Konsens mit den Bürgern und den betroffenen Gemeinden zu unterstützen. Experten des Landes sollen den Gemeinden zur Seite stehen.

OKTOBER 1999

1.: Die Salzburger Stadtwerke folgen dem Beispiel der SAFE und senken den Stromtarif um 6 %. – 3.: Bei der Nationalratswahl werden die Freiheitlichen stärkste Kraft in Salzburg (29,3 %, plus 3,9 Prozentpunkte). Die SPÖ erhält 28,9 % (minus 3,7), die ÖVP 27,8 % (minus 1,3). Die Grünen kommen auf 8,4 % (plus 2,8) und das Liberale Forum auf 3,9 % (minus 2,2). – 6.: SPÖ-Landesparteiobmann Buchleitner kündigt nach der schweren Wahlniederlage seiner Partei personelle und inhaltliche Konsequenzen an. Neue Schwerpunkte sollen auch in das wenige Monate zuvor verhandelte Regierungsprogramm mit der Landes-ÖVP einfließen. – 7.: ÖVP-Landtagsabgeordnete Gertraud Wagner-Schöppl wird zur Tierschutzbeauftragten des Landes bestimmt. LH Franz Schausberger (ÖVP) sagt nach Protesten der Mitarbeiter der Landeskliniken zusätzliche 160 Millionen Schilling für die Spitäler zu. Die Salzburger Landwirtschaftskammer beschließt eine Reform ihrer Struktur. Die bisherigen 9 Fachabteilungen werden zu 6 zusammengeschlossen. – 11.: Bund und Land Salzburg stoppen die Förderungszahlungen an das Techno-Z. Grund ist eine geforderte Betriebsgarantie für die Standorte Mariapfarr und Pfarrwerfen, die das Unternehmen ablehnt. – 13.: Obwohl Österreich nicht den Zuschlag für die Fußball-EM 2004 erhält, soll laut Landesregierung das Stadion in Wals in abgespeckter Version dennoch errichtet werden. – 14.: Der Landesrechnungshof prüft Vorwürfe auf Preisabsprachen in der Salzburger Bauwirtschaft. – 20.: Die Initiative »Natur statt Gentechnik« kritisiert die Novelle zum Naturschutzgesetz. Es sei damit weder eine generelle Bewilligungspflicht für die Freisetzung genmanipulierter Pflanzen noch ein Freisetzungsverbot in Schutzgebieten sichergestellt. Bei einem Lokalaugenschein in Seekirchen und Köstendorf sichert LH Franz Schausberger (ÖVP) den Anrainern die Unterstützung der Landesregierung gegen die geplante Hochleistungstrasse der Bahn zu. Der internationale Güterverkehr soll über Braunau laufen, der internationale Personenverkehr über Salzburg führen. – 21.: Das Budget des Landes Salzburg für 2000 sieht Einnahmen und Ausgaben von 22 Milliarden Schilling, ohne Neuverschuldung, vor. – 29.: LH Franz Schausberger stellt die Zuwanderungsquote für Ausländer vor. Im Jahr 2000 dürfen demnach 330 Personen von Ländern außerhalb der EU nach Salzburg zuwandern. Diese Zahl bedeutet eine Halbierung gegenüber 1999. – 30.: Der Präsident des österreichischen Gemeindebundes Helmut Mödlhammer (ÖVP) kritisiert, dass durch den 10-Jahre-Modus der Volkszählungen Salzburg pro Jahr knapp 100 Millionen Schilling aus den Ertragsanteilen verloren gehen.

NOVEMBER 1999

4.: Die Salzburger Justiz beginnt ihre Ermittlungen gegen Beamte des Bundesasylamtes, die verdächtigt werden, zahlreichen Bosniern zu Unrecht Asyl gewährt und dafür Geschenke erhalten zu haben. – 5.: Die EU mahnt Salzburg zur Einhaltung der Richtlinien zum Schutz frei lebender Wildvögel. Grund dafür ist der von Fischern verlangte und vom Land erlaubte Abschuss von Kormoranen und Graureihern. Das Pilotprojekt »Wahlfisch« von Akzente Salzburg und dem für Jugendfragen zuständigen LH-Stv. Buchleitner (SPÖ) startet in 7 Pinzgauer Gemeinden. Ziel des Projekts ist die Wahl von Jugendbeauftragten, die als Sprachrohr der Jugendlichen dienen sollen. – 8.: LH Schausberger (ÖVP) stellt 10 Forderungen an die Hochleistungs-AG (HL-AG), die eingehalten werden müssen, um die Hochleistungsstrecke der Bahn durch den Flachgau bauen zu können. Daraufhin zieht die HL-AG ihre Pläne zurück und verspricht eine Neuplanung der Trasse mit Einbeziehung der Anrainer und Gemeinden. – 10.: Die Einführung des geplanten Flachgau-Takts, ein zusammenhängendes Konzept der öffentlichen Verkehrsmittel im Bezirk, verzögert sich aufgrund von Unstimmigkeiten der beteiligten Gemeinden über die Finanzierung. Der Salzburger Landtag beauftragt nach einer geheimen Abstimmung mit 18 zu 15 Stimmen die Regierung ein Gesetz auszuarbeiten, das Wählen ab 16 Jahren auf kommunaler Ebene ermöglicht. Die ÖVP zeigt sich skeptisch und kann das Gesetz verhindern, da für eine Änderung eine Zweidrittelmehrheit notwendig ist. – 12.: Der Verfassungsgerichtshof hebt Bestimmungen der Vertragsraumordnung des Landes Salzburg als verfassungswidrig auf. – 15.: SPÖ und ÖVP kündigen an, das Lärmprivileg der Schiene abzuschaffen. Derzeit gilt auf Strassen ein Grenzwert von 65 Dezibel am Tag und 55 Dezibel bei Nacht. Der Grenzwert für die Bahn liegt jeweils um 5 Dezibel darüber. – 17.: Zwischen LH Schausberger (ÖVP) und seinem Stellvertreter Buchleitner (SPÖ) entbrennt ein heftiger Streit über das Drogenbekämpfungsprojekt »check it«. Auf Großveranstaltungen sollen Jugendliche kostenlos Designerdrogen auf ihre Zusammensetzung überprüfen lassen können. Schausberger spricht sich, im Gegensatz zu Buchleitner, vehement dagegen aus.

DEZEMBER 1999

3.: Die FPÖ stellt im Landtag den Antrag, künftig Gesetzestexte von Germanisten auf die Lesefähigkeit zu überprüfen. ÖVP und SPÖ lehnen den Vorschlag ab. Landtagsabgeordneter Bert Doppler (FPÖ) fordert die Einführung einer Pendlerpauschale nach dem Vorbild Oberösterreichs. Der Landtag beauftragt Verkehrslandesrätin Burgstaller (SPÖ), mit der ASFINAG und den bayerischen Behörden Verhandlungen über zwei neue Autobahnabfahrten zu führen, die die Wiener Bundesstraße durch Wals entlasten sollen. – 4.: Die Staatsanwaltschaft beantragt die Auslieferung des Abgeordneten Wolfgang Rainer (SPÖ) wegen des Verdachts auf Diebstahl und Betrug. Rainer kündigt an, auf eine neuerliche Kandidatur bei der Arbeiterkammerwahl zu verzichten. – 7.: Trotz wachsendem Widerstand bekräftigt die Landesregierung ihre Forderung nach einem möglichst raschen Bau der 2. Tunnelröhre durch den Tauern und den Katschberg. – 8.: Der Energiegipfel zwischen SAFE, Energie AG und den Salzburger Stadtwerken endet mit einem Durchbruch. Die Salzburger Stadtwerke und die SAFE werden fusionieren. – Die Landesregierung spricht sich für die Einführung einer Maut für Busse und LKW auf Salzburgs Autobahnen aus. – 11.: Eine Studie des Instituts für Politikwissenschaft der Uni Salzburg ergibt, dass 20 % der Landbevölkerung Frauen in der Politik generell ablehnt. – 16.: Die Stadt und das Land Salzburg stimmen der Fusion von SAFE und Salzburger Stadtwerken zu. Der ehemalige ÖVP Politiker Arno Gasteiger wird nach dem Vorschlag einer unabhängigen Kommission zum neuen Vorstand der SAFE gewählt. Ihm zur Seite steht August Hirschbichler, der der SPÖ zugeordnet wird. – 20.: Der Wirtschaftstreuhänder Wolfgang Eisl (ÖVP) wird von ÖVP-Parteiobmann Franz Schausberger als neuer Finanzreferent und Landeshauptmannstellvertreter vorgestellt. – 23.: Der Landesparteivorstand der FPÖ schließt Georg Rußbacher aus der Partei aus. Als Grund wird öffentliche Kritik an Parteichef Schnell angegeben. – 29.: Nach dem Vorbild von Wien richtet auch das Land Salzburg einen Fonds für die Opfer medizinischer Kunstfehler ein.

JÄNNER 2000

4.: Aus Protest gegen den Stil der Bestellung Wolfgang Eisls (ÖVP) zum Wirtschaftslandesrat und Landeshauptmannstellvertreter tritt Landesrätin Maria Haidinger (ÖVP) aus dem Wirtschaftsbund aus. – 7.: Der Präsident der Postdirektion Salzburg Wilhelm Blecha sichert LH Schausberger (ÖVP) zu, dass keines der 140 Postämter im Land geschlossen werden wird. – 10.: Nationalratsabgeordneter Franz Hornegger (FPÖ) geht entgegen früheren Ankündigungen doch als Spitzenkandidat seiner Partei in die Wahl zur Landwirtschaftskammer. Als Ziel wird das Brechen der absoluten Mehrheit des Bauernbundes (ÖVP) genannt. – 12.: Die zahlreichen Beratungseinrichtungen in Stadt und Land

Salzburg sollen nach der Vorstellung der FPÖ zu einer zentralen »Bürgeranwaltschaft« zusammengefasst werden. – 15.: Aus einem Bericht des Alpenländischen Kreditorenverbandes geht hervor, dass 1999 in Salzburg eine Rekordmarke an Firmenpleiten erreicht wurde. Insgesamt 526 Unternehmen mussten Konkurs anmelden. – Der Wegfall der Mautbefreiung für den Lungauer Wirtschaftsverkehr bringt zahlreiche Betriebe in Probleme. Die Wirtschaftskammer fordert eine EU-konforme Ersatzlösung. – 17.: Zwei Gutachten der Stadt zur Erweiterung des Europarks sind positiv. – 18.: Scharfe Kritik aus Salzburg ist Wirtschaftsminister Farnleitner (ÖVP) ausgesetzt. Für den Fall der Exekution der »Mautstellenverordnung« wird mit Blockaden der Tauernautobahn gedroht. Die Landesregierung will künftig den Bau von Großhotels auch außerhalb von touristisch geprägten Regionen gestatten. – 19.: Eine Unterschriftenaktion für den aus der Partei ausgeschlossenen FPÖ-Funktionär Georg Rußbacher wird im Flachgau gestartet. – 21.: Grüne und FPÖ üben scharfe Kritik an den Landesförderungen aus dem Strukturverbesserungsfonds. Das Geld, das eigentlich für die Region Innergebirg vorgesehen war, sei vor allem in den Zentralraum um die Stadt Salzburg geflossen. – 22.: Sowohl LH Schausberger (ÖVP) als auch sein Stellvertreter Buchleitner (SPÖ) betonen, dass das Scheitern der Koalitionsverhandlungen zwischen SPÖ und ÖVP im Bund keine Auswirkungen auf die Zusammenarbeit der beiden Parteien auf Landesebene haben wird. – 27.: Das Höchstgericht kippt das Salzburger Skischulgesetz. Die Voraussetzung einer Mindestgröße (15 fix angestellte Skilehrer) zum Betrieb einer Skischule widerspricht der Freiheit der Erwerbsausübung. – 28.: Der Obmann des Wirtschaftsbundes und Präsident der Salzburger Wirtschaftskammer Günther Puttinger kündigt an, bei den bevorstehenden Wahlen zur Wirtschaftskammer nicht mehr zu kandidieren. Sein Nationalratsmandat wird Puttinger allerdings behalten. Rainhardt Buemberger soll Puttinger als Kammerpräsident nachfolgen. Julius Schmalz wird für das Amt des Wirtschaftsbundobmannes vorgeschlagen.

FEBRUAR 2000

2.: Rainhardt Buemberger, Spitzenkandidat des VP-Wirtschaftsbundes für die Wirtschaftskammerwahl, weist die Kritik des Auslands an einer beabsichtigen ÖVP-FPÖ-Koalition in Österreich als ungerechtfertigt und als eine Einmischung in innere Angelegenheiten eines Landes mit scharfen Worten zurück. Mit einem Festakt im Lokal »Felsenkeller« feiern Frauenbeauftragte von Stadt und Land Salzburg das 10-jährige Bestandsjubiläum von Frauenbüros. – 3.: Die vom Land geplante Straße auf den Mönchsberg, auf der Ausstellungsstücke zum geplanten Museum der Moderne transportiert werden sollen, wird vom Planungsstadtrat der Stadt Johann Padutsch (BL) abgelehnt. – 6.: Der Bauernbund (ÖVP) gewinnt die Landwirtschaftskammerwahl in Salzburg und stellt künftig 23 der 28 Mandate in der Kammer (+3). FPÖ-Bauern verlieren 2 Sitze und halten bei 3 Mandaten. Der Unabhängige Bauernverband kommt auf 1 Mandat (–1), ebenso die SPÖ-Bauern (+/– 0). – 7.: Der Stadtsenat sperrt aus politischer Willkür die Fraktionsgelder für die ÖVP. Grund dafür sind fehlende Belege. Das Kontrollamt soll alle Parteikassen ab 1996 überprüfen. Der Sekretär von FPÖ-Parteichef Karl Schnell wird vom Oberlandesgericht Linz in der so genannten »Datenklau-Affäre« freigesprochen. Ihm war vorgeworfen worden, aus dem Computersystem von Gerhard Buchleitner (SPÖ) Daten abgefragt zu haben. – 8.: Wolfgang Haider ist wieder Mitglied der FPÖ. Das Parteigericht in Wien hebt den Parteiausschluss Haiders durch Landesparteiobmann Karl Schnell auf (Vorwurf der »Packelei« mit der ÖVP). – 9.: Der Landtag hebt die Immunität des SPÖ-Abgeordneten Wolfgang Rainer auf. Er kann damit wegen des Verdachts auf Veruntreuung vor Gericht gestellt werden. Wolfgang Eisl (ÖVP) wird als neues Mitglied der Regierung angelobt und tritt damit die Nachfolge von Arno Gasteiger (ÖVP) an. – 12.: Nur eine Woche nach der Aufhebung des Parteiausschlusses von Wolfgang Haider durch das FPÖ-Partei-Schiedsgerichts in Wien schließt der Landesparteivorstand der Salzburger FPÖ Haider erneut aus der Partei aus. – 15.: Das World Economic Forum will seinen Osteuropagipfel trotz der Kritik der EU an der neuen österreichischen Bundesregierung (ÖVP-FPÖ) weiterhin in Salzburg abhalten. – 18.: Franz Hornegger (FPÖ) zieht nach der Niederlage seiner Partei bei den Landwirtschaftskammerwahlen die Konsequenzen und legt seine Funktion in der Kammer nieder. – 19.: Der Bau des Kongresshauses sorgt erneut für Schlagzeilen. Grund ist die aktuelle Kostenschätzung, die bereits von 600 Millionen Schilling (statt der vorgesehenen 530 Millionen Schilling) Baukosten ausgeht. – 22.: Der Verfassungsgerichtshof weist alle drei Wahlanfechtungen nach der Landtags- und Gemeindevertretungswahl vom März 1999 zurück. Die Ergebnisse in Bergheim, Neumarkt und Zell am See werden als gültig bestätigt. Als neuer Name für das fusionierte Unternehmen aus SAFE und Salzburger Stadtwerke wird SALZBURG AG beschlossen. Die Altstadt-Erhaltungskommission stimmt Plänen für eine Tiefgarage unter dem Markartplatz und im Kapuzinerberg zu. – 25.: Nach der Sperre der Klubgelder durch den Salzburger Gemeinderat wendet sich die ÖVP der Stadt Salzburg an den Verfassungsdienst des Bundeskanzleramtes und an die Landesregierung als Aufsichtsbehörde. Die ÖVP sieht durch das Vorgehen der anderen Parteien den Gleichheitsgrundsatz verletzt.

MÄRZ 2000

1.: Das Land verordnet nach dem erfolgreichen Probelauf im Vorjahr die Öffnungszeiten für Gastgärten bis 24 Uhr auch für den Sommer 2000. – 2.: Im Sonderlandtag zur politischen Lage kommt es zu Schreiduellen und tumultartigen Szenen. Nur mit Mühe kann Landtagspräsident Helmut Schreiner (ÖVP) die Lage unter Kontrolle halten. – 8.: Der Gemeinderat der Stadt Salzburg beschließt das umstrittene Gratisparken an Samstagen. In den blauen Zonen reicht am Samstag zukünftig die Anbringung einer Parkuhr hinter der Windschutzscheibe. Die Kurzparkzeit wird von 13 bis 16 Uhr ausgeweitet. SPÖ und Bürgerliste stimmen gegen das Vorhaben. Gegen die Stimmen von Freiheitlichen und Gemeinderat Albert Angerer (Lebenswertes Salzburg) stimmt das Stadtparlament der Fusion von Salzburger Stadtwerken und SAFE zu. – 11.: Infrastrukturminister Michael Schmid (FPÖ) kündigt eine Kürzung des Budgets für den Salzburger Straßenbau an. Statt wie bisher 350 Millionen Schilling pro Jahr werden 2000 nur etwa 300 Millionen Schilling zur Verfügung stehen. – 13.: Auf Basis eines Gemeinderatsbeschlusses setzt Salzburgs Bürgermeister Schaden (SPÖ) eine lineare Kürzung aller Subventionen und Sachausgaben um 2 % pro Jahr um. – 14.: ÖVP Klubobmann Georg Griessner schlägt eine landesweite Bürgerbefragung über die geplante Hochleistungsbahn durch den Flachgau vor. – 15.: Landesrätin Gabi Burgstaller (SPÖ) kündigt nach dem Wegfall der Getränkesteuer verschärfte Kontrollen in Wirtshäusern und Strafe für jene Wirte an, die die Erleichterung nicht durch billigere Preise an die Konsumenten weitergeben. – 16.: Der Salzburger Landtag beschließt, den Grundverkehrsbeauftragten abzuschaffen. Der so genannte graue Grundverkehr, d. h. der Erwerb von Zweitwohnsitzen, in Salzburg wird künftig durch das Raumordnungsgesetz geregelt. Bei einer Diskussionsveranstaltung sagt Finanzminister Grasser (FPÖ) Gelder des Bundes für die zweite Röhre des Autobahn-Tauerntunnels zu. – 20.: Die Salzburger Jugendhilfe, ein Verein der verhaltensauffällige Kinder und Jugendliche betreut, schlägt Alarm. Die finanzielle Situation ist kritisch, der Verein steht ohne zusätzliche Unterstützung seitens des Landes vor der Pleite. – 21.: LH Schausberger (ÖVP) und LH-Stv. Buchleitner (SPÖ) legen als landeseinheitlichen Wahltermin für die Wahl der Jugendbeauftragten in den Salzburger Gemeinden die Woche vom 22. bis 29. Mai 2000 fest. – 22.: Die FPÖ fordert anlässlich einer »Drogenklausur« die verpflichtende Einführung von Drogentests für Schüler der Oberstufe bzw. der ersten Hauptschulklasse sowie für alle Personen, die in der Jugendarbeit tätig sind. – 24.: LH-Stv. Gerhard Buchleitner (SPÖ) sagt der Salzburger Jugendhilfe bis Ende 2000 finanzielle Unterstützung im Ausmaß von 2 Millionen Schilling zu. – 25.: Laut LH-Stv. Gerhard Buchleitner (SPÖ) droht nach dem Wegfall der Getränkesteuer jede zweite Gemeinde im Bundesland Salzburg in arge Finanznöte zu schlittern. 2000 sind 24 Gemeinden nicht in der Lage ein ausgeglichenes Budget zu erstellen. – 28.: Landesrätin Maria Haidinger (ÖVP) sieht aufgrund der finanziell angespannten Lage in den Landeskrankenanstalten die Spitzenmedizin gefährdet. Da Salzburg über keine Uniklinik verfügt, zahlt der Bund nicht wie in Innsbruck, Wien oder Graz Teile der Betriebs- und Investitionskosten.

APRIL 2000

1.: Die Grünen fordern einen strengeren Schutz für die Naturschutzgebiete in Salzburg. In den vergangenen drei Jahren sei es zu 131 Eingriffen in Natur- und Landschaftsschutzgebiete gekommen. – 5.: Die Pläne der Bundesregierung, den gestützten Zustelltarif für Zeitungen abzuschaffen, stoßen auch auf Widerstand der Landes-ÖVP. Die von Jörg Haider geforderte Senkung der Kammerumlagen auf 0,3 % des Bruttobezugs würde laut AK-Direktor Gerhard Schmidt in Salzburg den Verlust von 100 Arbeitsplätzen und eine massive Einschränkung der Serviceleistungen bedeuten. Nach langjährigen Diskussionen wird der Spatenstich für das Kinder- und Jugendhaus in Liefering gesetzt. Das 17 Millionen Schilling teure Projekt soll in einem Jahr eröffnet werden. – 6.: Entlang der Bahnstrecken im Stadtbereich wird mit der Errichtung von insgesamt 13 km Lärmschutzwänden begonnen. Darüber hinaus soll die Bevölkerung durch die Förderung für 12.000 neue schalldichte Fenster und Türen vom Bahnlärm geschützt werden. Die Kosten für das Projekt belaufen sich auf 152 Millionen Schilling und werden von Stadt, Land und Bund getragen. Im Kulturausschuss der Stadt Salzburg kommt es zum Eklat. Nachdem ÖVP und FPÖ Kürzungen für zwei alternative Kulturvereine beschließen, wird dieser Beschluss von Bürgermeister Heinz Schaden (SPÖ) ausgesetzt. – 8.: Bürgermeister Schaden (SPÖ) ordnet wegen »Bedenken gegen die Zweckmäßigkeit des Beschlusses« das Ende der Sperre der ÖVP-Fraktionsgelder an. – 12.: Die Landesregierung beschließt eine Erhöhung der Eigenleistungen für die Hauskrankenpflege und für die Haushaltshilfe um bis zu 20 %. Begründet wird das Vorgehen mit der enormen Kostensteigerung in den vergangenen Jahren. In einem von den Freiheitlichen beantragten Sonderlandtag wird über das Suchtgiftproblem in Salzburg debattiert. Während sich die FPÖ für härtere Strafen ausspricht, fordern SPÖ, ÖVP und Grüne bessere Aufklärung und Information. Infrastrukturminister Schmidt (FPÖ) stellt die Zusagen der alten Bundesregierung (SPÖ-ÖVP-Koalition) zum Bau der zweiten Tunnelröhre unter Tauern und Katschberg in Frage. – 15.: Die ÖBB kündigen den Verkehrsdienstvertrag mit dem Land Salzburg. Die Zukunft der Krimmler Schmalspurbahn ist damit mehr als ungewiss. Vertreter des Landes sprechen sich für eine Weiterführung der Bahn aus. Innenminister Ernst Strasser (ÖVP) kürzt die Zivildienstplätze in Salzburg massiv. 60 % weniger Zivildiener werden damit im Jahr 2000 ihren Dienst in Salzburg antreten. Zahlreiche Sozialvereine haben gegen dieses Vorgehen scharf protestiert. – 16.: Die Arbeiterkammerwahlen in Salzburg bringen Zuwächse für SPÖ (+1,5 %) und Grüne (+2,1 %) und Niederlagen für die ÖVP (–2,8 %) und die Freiheitlichen (–2,3 %). Die Stimmanteile in Prozent sehen demnach folgendermaßen aus: Fraktion sozialdemokratischer Gewerkschafter (59,5 %), Österreichischer Arbeiter- und Angestelltenbund (21 %), Freiheitliche Arbeitnehmer (12 %), Alternative und Grüne – Unabhängige Gewerkschaft (4,9 %). – 28.: In Salzburg findet eine internationale Frauenkonferenz statt. Stand und Perspektiven der Frauenpolitik werden dabei von namhaften Persönlichkeiten diskutiert. – 29.: Gemeinderat Albert Angerer (Lebenswertes Salzburg) kündigt sein Ausscheiden aus der Politik an. Seine Nachfolge im Stadtparlament wird Christa Grossmaier-Forsthuber antreten. Die ÖVP-Frauen Salzburgs präsentieren im Rahmen des 19. Ordentlichen Landtages eine Resolution. Darin wird unter anderem die Aufwertung der Familien- und Erziehungsarbeit, die Vereinbarkeit von Familie und Beruf sowie gleicher Lohn für gleiche Arbeit gefordert.

MAI 2000

3.: Die Gemeindeaufsicht des Landes stellt in einem Bericht fest, dass die Sperre der Klubgelder für die Stadt-ÖVP rechtswidrig war. – 5.: LH-Stv. Gerhard Buchleitner (SPÖ), das Arbeitsmarktservice, Sozialpartner und das Bundessozialamt einigen sich, für den Beschäftigungspakt »Arbeit für Salzburg« bis 2002 185 Millionen Schilling zu investieren. – 8.: Die FPÖ fordert ein öffentliches Hearing bei der künftigen Besetzung von Spitzenposten im Landesdienst. Anlass ist der bevorstehende Wechsel in der Bezirkshauptmannschaft Hallein, bei der SPÖ-Mann Klaus-Dieter Aigner die besten Chancen auf den Bezirkshauptmannsessel eingeräumt werden. – 9.: Nach einer Weisung von Bürgermeister Heinz Schaden (SPÖ) müssen künftig alle Projekte über 10 Millionen Schilling zusätzlich von einer externen Kontrolle begleitet werden. Darüber hinaus wird die Bauverwaltung reformiert. Als Reaktion auf die hohen Treibstoffpreise spricht sich LH-Stv. Gerhard Buchleitner (SPÖ) für die Förderung von Diskonttankstellen aus. – 11.: Der Landtag beschließt einstimmig eine amtsinterne Untersuchungskommission einzusetzen, um Vorwürfe gegen den Pongauer Bezirkshauptmann Guntram Maier zu untersuchen (Erbschaft in Gastein bzw. Bau einer Tiefgarage in Filzmoos ohne gewerbebehördliche Genehmigung). Nach monatelangen Diskussionen beschließt der Gemeinderat der Stadt Salzburg einstimmig die Abschaffung der Dienstklasse 9. – 12.: Stadt und Land Salzburg einigen sich über die Finanzierung des geplanten Fußballstadions in Wals. Die Stadt soll 100 Millionen Schilling zur Errichtung beitragen. Diese Einigung wird von FPÖ, Bürgerliste und »Lebenswertes Salzburg« massiv kritisiert. Im Gasteinertal wird ein vom Land Salzburg gefördertes Bäderkonzept präsentiert. Damit soll aus den Gasteiner Gemeinden eine moderne Thermenregion werden. Die Gesamtkosten für das Projekt werden mit 450 Millionen Schilling angegeben. – 13.: LH Franz Schausberger (ÖVP) stellt 10 Millionen Schilling für die Aktion »Internet für jederm@nn« zur Verfügung. Durch diese Förderung sollen Salzburgerinnen und Salzburger das Internet nutzen. – 19.: In Verhandlungen mit Finanzminister Grasser (FPÖ) erreicht LH-Stv. Wolfgang Eisl (ÖVP), dass der Bund seine Anteile am Salzburg Airport zuerst dem Land anbietet. Damit soll ein möglicher Verkauf ans Ausland verhindert werden. – 20.: Die Plattform für Verkehrsinitiativen spricht sich dafür aus, die Krimmler Bahn aus dem ÖBB-Imperium zu lösen und in eine eigene Landesbahnen AG umzuwandeln. Land, Gemeinden und Tourismusverbände sollen sich an dieser AG beteiligen und damit den Fortbestand der Bahn sichern. – 23.: In zahlreichen Salzburger Gemeinden werden Jugendbeauftragte gewählt. Sie sollen als Sprachrohr der Jugend auftreten. Die gesamte Stadtregierung und der Rektor der Universität Salzburg Adolf Haslinger appellieren an den Bund, das Projekt des Neubaus der geisteswissenschaftlichen Fakultät nicht länger zu verzögern. – 25.: Der Widerstand gegen die geplante LKW-Mautstelle »Bruderloch« bei Hallein wächst. Halleins Bürgermeister Stöckl sowie Landtagsabgeordneter Michael Neureiter (beide ÖVP) kündigen rechtliche Schritte und Protestaktionen an. – Der Sparkurs des Landes wirkt sich auch auf die Höhe der Ermessensausgaben (Förderungen und Subventionen) aus. LH-Stv. Wolfgang Eisl (ÖVP) kündigt eine Kürzung um 5 % an.

JUNI 2000

1.: Siegfried Mitterdorfer wird mit 93 % der Stimmen als Bezirksobmann der FPÖ Salzburg wiedergewählt. – 6.: LH Franz Schausberger (ÖVP) und Bürgermeister Schaden (SPÖ) kündigen Einsparungen im Sozialbereich an. Bis Herbst soll eine Arbeitsgruppe entsprechende Vorschläge für eine Novelle des Sozialhilfegesetzes erarbeiten. – 7.: Landtagsabgeordneter Wolfgang Rainer (SPÖ), gegen den gerichtliche Ermittlungen wegen Untreue und Vortäuschung einer Straftat laufen, lässt sich von seiner Tätigkeit als Mandatar im Landesparlament vorübergehend beurlauben. – 9.: Das Land

Salzburg hält einen Jugendlandtag ab, der künftig regelmäßig stattfinden soll. Die Beschlüsse der Jugendlichen werden Petitionen gleichgestellt und sind vom Landtag verbindlich zu behandeln. – 10.: Im Streit um den Bau einer neuen 380-kV-Leitung durch den Flachgau rät Landesrat Josef Eisl (ÖVP) den betroffenen Landwirten, beim Verwaltungsgerichtshof gegen den Bescheid des Wirtschaftsministeriums vorzugehen. – 13.: Nachdem der Landtag den FPÖ-Wunsch nach einem überparteilichen Bürgeranwalt abgelehnt hat, soll nun mit Dietmar Schmittner ein FPÖ-Bürgeranwalt bestellt werden. Mit 100 % der Stimmen wird Ernst Rothenwänder als Obmann der Lungauer FPÖ bestätigt. – 16.: 700 Tennengauer blockieren für 30 Minuten die Tauernautobahn, um gegen die geplante Mautstelle mit fixen Mauthütten beim »Bruderloch« nahe Hallein zu protestieren. Unterstützung bekommen die Demonstranten von der Landes-ÖVP, die sich gegen das veraltete System der Mauteinhebung mit Mauthütten ausspricht. – 23.: Der Leiter der Wohlfahrtsverwaltung der Stadt Salzburg Wolfgang Breiteneder weist darauf hin, dass die Kosten im Sozialbereich explodieren und ohne Gegensteuerung das Defizit 2001 auf 100 Millionen Schilling steigen wird. – 24.: Nach der Finanzzusage des Bundes steht die Finanzierung für das neue Salzburger Stadion in Wals. Vizekanzlerin Susanne Riess-Passer (FPÖ) sagt 115 Millionen Schilling des Bundes für das Projekt zu. Die Stadt-FPÖ bleibt dennoch bei ihrem »Nein« zum Bau. Auf Initiative der Bürgermeister von Zederhaus, Flachau, Grödig und Hallein wird die »Plattform Transit Salzburg« gegründet, die sich gegen den Transitverkehr in Salzburg zur Wehr setzen will. – 25.: St. Johann im Pongau wird offiziell zur Stadt erhoben. – 29.: Gegen die Pläne von Innenminister Ernst Strasser (ÖVP), die österreichische Flugrettung zu privatisieren, sprechen sich die Spitzen der Landes-ÖVP und -SPÖ aus. – 30.: Der ÖBB-Vorstand beschließt in einer Aufsichtsratssitzung die Einstellung der Krimmler Bahn mit Juni 2001.

JULI 2000

1.: Das Land droht der ASFINAG mit der Eintreibung ausstehender Gelder mittels Exekutor. Das Geld stammt aus der so genannten Mautstraßenerhaltungsabgabe und beträgt 67 Millionen Schilling. – 4.: LH Schausberger (ÖVP) und Minister Schmid (FPÖ) einigen sich auf eine Fortführung der Planungen für die neue Hochleistungsstrecke der Bahn durch den Flachgau. – 6.: Der Landtagsklub der ÖVP kündigt die Zusammenarbeit mit Gertraud Wagner-Schöppl auf. Wagner-Schöppl ist nun als wilde Abgeordnete im Parlament tätig. – 11.: Salzburgs Grüne kritisieren die ihrer Meinung nach schlechten Kontrollmöglichkeiten über die Verwendung von öffentlichen Subventionen. – 12.: Das geplante Sparpaket von Finanzminister Grasser (FPÖ) für die Bundesländer wird von Vertretern der Landes-ÖVP und -SPÖ als nicht verkraftbar abgelehnt. – 15.: 6000 der rund 20.000 Verkehrszeichen in der Stadt Salzburg sollen bis Herbst abmoniert werden. Dies kündigt Verkehrsstadtrat Padutsch (BL) an. Die Aktion soll mehr Übersicht und Sicherheit im Straßenverkehr bringen. – 18.: Justizminister Dieter Böhmdorfer (FPÖ) kündigt das Ende der Bezirksgerichte Abtenau, St. Gilgen und Taxenbach an. – 21.: Die schlechte Zahlungsmoral ausländischer Versicherungen beschert den Salzburger Spitälern ein Finanzloch von mehr als 200 Millionen Schilling. Diesen Zustand kritisieren die Freiheitlichen in einer Anfrage an LH-Stv. Buchleitner als unhaltbar und skandalös. – 22.: Landesrat Josef Eisl (ÖVP) fordert mehr Geld für Strom aus erneuerbaren Energiequellen. Die Einspeisetarife müssten angehoben werden, um bis 2007 mindestens 4 % des Stroms aus erneuerbarer Energie zu erhalten. – 23.: Der durch den Stadionbau entstehende Eingriff im Landschaftsschutzgebiet muss laut Gesetz durch eine ökologische Ersatzleistung ausgeglichen werden. Landesrat Josef Eisl (ÖVP) stellt mit dem Weidmoos, einem Moor-Feuchtgebiet in Lamprechtshausen, diese Ersatzleistung vor. – 24.: Die Wirtschaftskammer weist darauf hin, dass sich der wirtschaftliche Nutzen der Salzburger Festspiele insgesamt auf etwa 2,2 Mrd. Schilling beläuft. – 26.: Die Stadt Salzburg will das geplante Spaßbad auf den Bolaringgründen, die dem Land gehören, errichten, obwohl in einem Gutachten das Gelände als viel zu klein beurteilt wird. Die Stadt-ÖVP steht den Plänen ablehnend gegenüber.

AUGUST 2000

1.: Landesrätin Maria Haidinger (ÖVP) plant eine strenge Verordnung zur Haltung von Kampfhunden. Nach bayrischem Vorbild soll die Haltung von als gefährlich eingestuften Hunden nur noch nach Bewilligung durch die Gemeinde erlaubt sein. – 2.: Land und Bundesforste einigen sich auf einen neuen Mountainbike-Vertrag. Damit werden die Kosten für die Benützung der Forststraßen durch Mountainbiker gesenkt. – 3.: LH-Stv. Gerhard Buchleitner (SPÖ) schlägt vor, die Höhe des Karenzgeldes an Vorsorgeuntersuchungen für den Mutter-Kind-Pass zu knüpfen. Damit sollen mehr Eltern das Angebot der Untersuchungen für ihre Kinder nutzen. – 4.: Pläne des Wirtschaftsministeriums, künftig die Salzburger Bundesdenkmäler von Wien aus zu verwalten, stoßen auf heftigen Widerstand Salzburger Politiker. Finanzreferent Wolfgang Eisl (ÖVP) stellt den Verkauf der restlichen Anteile des Landes Salzburg an der Hypobank zur Diskussion. Der Erlös soll zur Schuldentilgung des Landes Salzburg verwendet werden. – 5.: Nachdem sich die Flachgauer Gemeinden nicht auf die Finanzierung des »Flachgautaktes« einigen können, wird die Realisierung des Nahverkehrskonzeptes auf unbestimmte Zeit verschoben. SPÖ und ÖVP einigen sich auf ein Sparpaket für das Land, das die Konsolidierung des Landesbudgets zum Ziel hat. – 6.: Die Bürgermeister der kleinen Salzburger Landgemeinden kündigen ihren Widerstand gegen die geplante Schließung von Postämtern an. – 10.: Die Gemeinden Wals und Eugendorf übernehmen die zusätzlichen Kosten für den Flachgautakt, womit das Projekt doch noch vor Schulbeginn starten kann. – 11.: Seit März 1999 ist das Investitionsbeschleunigungsgesetz in Kraft. Nun liegen erste Ergebnisse dieses Gesetzes vor. In Salzburg liegt der Schnitt für Betriebsbewilligungsverfahren bei 42 Tagen, damit ist das Bundesland Spitzenreiter in Österreich. – 15.: Saalfelden wird zur Stadt erhoben. – 16.: Das Land, das für die Bewilligung von Einkaufszentren zuständig ist, meldet Bedenken gegen den Umfang der geplanten Erweiterung des Europarks an. Die von der Stadt vorgesehenen 35.000 m^2 seien ebenso noch einmal zu überdenken wie mögliche Verkehrs- und Umweltbelastungen. – 25.: Heftige Kritik von ÖVP und Grünen erntet Landesrätin Gabi Burgstaller (SPÖ) für ihre Ankündigung, die Einspeisetarife für alternative Energien nur leicht anzuheben. Die Bürgerinitiative BIT99, die gegen das Stadion in Wals auftritt, hat eine Sachverhaltsdarstellung bei der Staatsanwaltschaft Salzburg eingebracht, in der Umweltanwalt Wolfgang Wiener Amtsmissbrauch vorgeworfen wird, da er nicht gegen den positiven Naturschutzbescheid für das Stadion berufen hat. – 28.: Nach den Grünen verlangt nun auch SPÖ-Klubchef im Landtag Walter Thaler eine »umfassende« Information über das geplante Museum auf dem Mönchsberg. – 29.: Bei einem Gipfelgespräch in Wien wird das weitere Vorgehen für den so genannten »Uni Park« (Neubau der Universität im Nonntal, des Sportzentrums Mitte und der ARGE Nonntal) beschlossen. Nach Prüfung der Grundstücksverträge kann sich der Bund eine Mitfinanzierung des Projekts vorstellen.

SEPTEMBER 2000

5.: Nach einer Forderung der Grünen soll die Regierung bei Repräsentations- und Marketingausgaben sparen. Für die Eigenwerbung werden laut Cyriak Schwaighofer (Grüne) jährlich etwa 3 Millionen Schilling ausgegeben. – 11.: Das Land überlegt eine Verfassungsklage gegen den Bund. Salzburg erhebt nach wie vor Besitzansprüche an die 200.000 Hektar Bundesforste-Gründe und verlangt Rückübertragung der Wälder. – 12.: SPÖ-Politiker Wolfgang Rainer wird vom Landesgericht vom Vorwurf der Untreue und der Vortäuschung eines Diebstahls »im Zweifel« freigesprochen. Der Staatsanwalt kündigt Berufung gegen das Urteil an. – 13.: Die FPÖ spricht sich dafür aus, Jugendliche, die erstmals beim Drogenkonsum erwischt werden, Sozialdienste verrichten zu lassen und dafür auf Vorstrafen zu verzichten. – 16.: Die Grünen und die Bürgerliste in der Landeshauptstadt starten eine Kampagne gegen das Fußballstadion in Wals. Mit Plakataktionen und Demonstrationen soll Stimmung gegen das Projekt gemacht werden. – 18.: LH Schausberger (ÖVP) und sein Stellvertreter Buchleitner (SPÖ) sprechen sich dafür aus, die Mehreinnahmen aus den Steuern, die sich aus den höheren Heizölpreisen ergeben, in Form von Zuschüssen an hilfsbedürftige Salzburger/innen weiterzugeben. Beim Landesparteitag der FPÖ wird Karl Schnell mit 88,6 % der Stimmen als Landesparteichef wieder gewählt. – 19.: Das Land beschließt die Einführung eines Heizölschecks. Bedürftige, die durch die hohen Heizölpreise in finanzielle Schwierigkeiten geraten, sollen mit 1000 Schilling pro Haushalt unterstützt werden. – 21.: Rund 1000 Studierende protestieren in Salzburg gegen die Einführung der Studiengebühren von 5000 Schilling pro Semester. – 24.: Neumarkt am Wallersee, Seekirchen und Bischofshofen werden offiziell zu Städten erhoben. – 27.: Ein Rechnungshofbericht listet Missstände im Bereich der Verwendung von Landesförderungen für das Techno-Z auf. Der Wirtschaftskammerpräsident kündigt daraufhin an, eine zusätzliche Kontrolle durch das Kontrollamt der Wirtschaftskammer durchführen zu lassen. – 28.: Ein Antrag der Freiheitlichen, die Kontrolle der Parteienförderung zu ändern, wird vom Landtag mit den Stimmen der ÖVP und SPÖ abgelehnt.

OKTOBER 2000

2.: LH Schausberger (ÖVP) kündigt eine Reduktion des Repräsentationsbudgets um eine Million Schilling an. – 3.: Der Vorschlag von Bürgermeister Schaden (SPÖ), das Spaßbad der Stadt aufgrund der zu kleinen Fläche am Kässbohrer Areal in Wals zu errichten stößt auf ablehnende Haltung bei FPÖ, Bürgerliste und der Liste Lebenswertes Salzburg. – 4.: Landesrätin Burgstaller (SPÖ) kritisiert die ÖBB aufgrund des verspäteten Einsatzes neuer Triebwägen. Obwohl das Land jährlich dafür Millionen bezahlt und die Lieferung bis Juni 2000 versprochen wurde, müssen sich Salzburgs Zugreisende nach wie vor mit veralteten Garnituren begnügen. – 5.: ÖVP und SPÖ einigen sich auf den Budgetvorschlag für 2001. Das Land wird 350 Millionen Schilling einsparen. Neuerlich kommt es zu keiner Neuverschuldung. – 11.: Salzburgs Wirtschaft macht für die umstrittene Hochleistungsstrecke der Bahn durch den Flachgau mobil. Die »Initiative Westbahn für Salzburg – Ja zum Dialog« will 10 Millionen Schilling in die Werbung für das Projekt investieren. – 16.: Der ÖAAB startet eine Unterschriftenaktion gegen die Verlängerung der Ladenöffnungszeiten von 66 auf 72 Stunden pro Woche. – 17.: Das Institut für Molekularbiologie, im Eigentum der Akademie der Wissenschaften, wird trotz Bemühen, das Institut in Salzburg zu halten, nach Wien absiedeln. – 19.: Der Salzburger Landtag beschließt eine Reform des Pensionsrechts für Politiker. Die Regelungen für die Volksvertreter werden an die der öffentlichen Bediensteten angeglichen. – 21.: Landesumweltanwalt Wolfgang Wiener spricht sich für den Bau der Hochleistungsstrecke der Bahn aus, wenn eine bürgerfreundliche Trasse gefunden werden kann. – 25.: Der einstige Vizebürgermeister der Stadt Salzburg Herbert Fartacek (SPÖ) wird wegen Betrug und Veruntreuung zu einer Geldstrafe von 180.000 Schilling verurteilt. – 27.: Der Entwurf des Bundes zum Österreichischen Krankenanstaltenplan, der für den Pinzgau den Verlust von 45 Spitalsbetten bedeuten würde, wird von Ärzten und Politikern im Pinzgau massiv kritisiert. – 28.: Die Sonderkommission zur »Spitzelaffäre« ermittelt nun auch gegen Salzburger Politiker. Helmut Naderer (FPÖ) wird vorgeworfen, geheime Daten aus dem Polizeicomputer EKIS weitergegeben zu haben. Naderer wird von seinem Dienst als Gendarmeriebeamter suspendiert. – 29.: Eine

Kürzung der Familienförderung, dafür mehr Geld für die Krankenhäuser. So wird das Sparbudget im Ressort von Landesrätin Maria Haidinger (ÖVP) umgesetzt. – 30.: Die ÖBB sichert zu, den Betrieb der Pinzgau-Bahn so lange weiterzuführen, bis ein Nachfolger gefunden ist.

NOVEMBER 2000

3.: In der so genannten »Spitzelaffäre« werden nun auch Ermittlungen gegen FPÖ-Parteichef Karl Schnell geführt. – 9.: Der Untersuchungsbericht über die Vorwürfe gegen den Pongauer Bezirksobmann Guntram Maier bleibt aus Gründen des Datenschutzes geheim. Dieses Vorgehen wird von der FPÖ scharf kritisiert. – 10.: Aufgrund des Sparpakets des Bundes stehen im Land Salzburg für den Straßenbau im Jahr 2001 um 23 Millionen Schilling weniger zur Verfügung als 2000. – 11.: Die »Spitzelaffäre« weitet sich aus. Nun wird auch Landtagsabgeordneter Fritz Wiedemann (FPÖ) der illegalen Weitergabe von Daten beschuldigt. Ein Brand der Gletscherbahn in Kaprun fordert 155 Tote und ist damit eine der größten Katastrophen des Landes Salzburg. – 14.: Die Salzburger Landesregierung hält eine Trauersitzung zum Gedenken an die Opfer von Kaprun ab. – 15.: Landesfinanzreferent Wolfgang Eisl (ÖVP) legt den Budgetvorschlag für 2001, der Einnahmen und Ausgaben von 17,9 Mrd. Schilling vorsieht, vor. – 16.: Das Land kürzt die Wohnbauförderung. Statt 2500 werden künftig nur mehr 1700 Wohneinheiten pro Jahr gefördert. – 18.: 15 Lungauer Gemeinden protestieren bei der Landesregierung gegen die Abschaffung der Mautbefreiung. Der Mauterlass für Lungauer LKW ist von der EU als wettbewerbswidrig erklärt worden und wurde daher aufgehoben. Am Landesparteitag der ÖVP wird LH Schausberger mit 94,5 % der Stimmen als Parteichef bestätigt. Als Stellvertreter werden Werner Rossmann, Hans Weitgasser und Judith Wiesner gewählt. – 20.: Othmar Raus tritt als Obmann der Stadt-SPÖ ab. Als potentieller Nachfolger gilt Bürgermeister Schaden. – 22.: Im Budget der Stadt Salzburg wird für 2001 ein Abgang von 98 Millionen Schilling ausgewiesen. – 23.: Die Anzeige gegen den Landtagsabgeordneten Friedrich Wiedermann (FPÖ) im Zusammenhang mit der »Spitzelaffäre« wird von der Staatsanwaltschaft zurückgelegt. Auch die Suspendierung von Helmut Naderer (FPÖ) vom Gendarmeriedienst wird aufgehoben. Landesrätin Haidinger (ÖVP) erreicht in Wien, dass die Struktur der Spitäler in Salzburg vorläufig unangetastet bleibt. Damit sind drohende Schließungen von kleineren Krankenhäusern vorerst abgewendet. – 27.: Das Land will die Oberhoheit über die Fachhochschulen an sich ziehen. Die Betreiber der bestehenden Fachhochschulen (Wirtschaftskammer etc.) sollen weiterhin ihre Ausbildungsstätten behalten, viele Kompetenzen sollten jedoch an das Land gehen. – 28.: Das Land wird sehr zum Missfallen von Stadt Salzburg und SPAR die Europark-Erweiterung vorerst nicht bewilligen. – 30.: Nach der Katastrophe von Kaprun schließen die ÖBB aus Sicherheitsgründen die Tauernschleuse zwischen Böckstein und Mallnitz.

DEZEMBER 2000

1.: Die Personalabteilung des Landes kommt in ihrem Endbericht der Untersuchungskommission an den Landtag zum Schluss, dass keine Gründe für eine Suspendierung von Bezirkshauptmann Guntram Maier gegeben sind. Maier geriet wegen einer Erbschaft in Gastein und wegen Ungereimtheiten bei der Bewilligung einer Tiefgarage in Filzmoos in Bedrängnis. – 2.: LH Schausberger und Wirtschaftsreferent Wolfgang Eisl (beide ÖVP) erreichen bei Verhandlungen in Wien einen Zuschuss des Bundes von 20 Millionen Schilling zur Unterstützung der nach der Tunnelkatastrophe wirtschaftlich angeschlagenen Region Kaprun. – 5.: Die parteiinterne Kritik an FPÖ-Landesparteiobmann Karl Schnell nach dessen »Lump«-Aussagen gegen Bundespräsident Klestil wächst. Eine Resolution gegen den Obmann wird innerhalb weniger Tage von mehr als 100 Funktionären unterschrieben. Dennoch spricht sich die Landesparteileitung einstimmig für den Weiterverbleib Schnells an der Parteispitze aus. – 7.: Für Kritik der Opposition sorgt das Vorgehen der Landesregierung, kurz vor Inkrafttreten des Objektivierungsgesetzes, das eine öffentliche Ausschreibung für Spitzenfunktionen im Land vorsieht, noch 7 Top-Stellen intern zu besetzen. – 9.: Knapp über 10.000 Salzburger/innen haben das EU-Volksbegehren, das unter anderem eine Neuverhandlung Österreichs mit der Europäischen Union vorsieht, unterschrieben. – 13.: Mit den Stimmen der ÖVP, SPÖ und FPÖ wird das Landesbudget 2001, das Einnahmen und Ausgaben von je 17,9 Milliarden Schilling vorsieht, vom Landtag beschlossen. – 14.: Der Landtag beschließt die Aufhebung der Immunität der Abgeordneten Schnell, Naderer und Wiedermann (alle FPÖ). Naderer und Schnell wird die Weitergabe von geheimen Daten vorgeworfen. Daneben stehen Schnell und Wiedermann unter Verdacht, interne Gendarmerie-Unterlagen zum Atomic-Konkurs weitergegeben bzw. verwendet zu haben. Die umstrittene Änderung des Behindertengesetzes wird mit den Stimmen von ÖVP, SPÖ und FPÖ beschlossen. Damit wird die hoheitliche Anerkennung von Behinderteneinrichtungen per Bescheid durch privatrechtliche Verträge ersetzt. – 20.: Bürgermeister Schaden (SPÖ) kündigt eine Kürzung bei den Zuschlägen für Magistratsbedienstete an. Jährlich werden dafür 130 Millionen Schilling ausgegeben, davon sollen künftig 20 Millionen eingespart werden. Ein Gipfelgespräch zwischen Sozialressortchef Gerhard Buchleitner und dem Dachverband der Sozialen Dienste über die Zukunft der mobilen Hilfsdienste bringt kein Ergebnis. Buchleitner besteht darauf, dass die entsprechenden Vereine 11 Millionen Schilling einsparen müssen. – 22.: Der Bund wird seine Anteile am Salzburger Flughafen um 35 Millionen Schilling an das Land verkaufen. Daneben beteiligt sich Wien an der Finanzierung des Museums auf dem Berg mit 120 Millionen Schilling. Dies sieht eine Vereinbarung zwischen LH Schausberger (ÖVP) und Finanzminister Grasser (FPÖ) vor.

JÄNNER 2001

9.: Nach der Tunnel-Katastrophe in Kaprun fordert der Bund Millioneninvestitionen in die Sicherheit des Badgasteiner Heilstollens. Als Kostenpunkt werden 6 bis 7 Millionen Schilling angegeben. – 11.: Aufgrund der angespannten Finanzlage des Bundes wird der Umbau des Salzburger Hauptbahnhofes auf unbestimmte Zeit verschoben. Auf diese Ankündigung reagieren Salzburgs Lokalpolitiker mit Protest. Landesrat Othmar Raus und Umweltsprecherin Ulli Sima (beide SPÖ) weisen darauf hin, dass die Novelle zum Umwelt-Verträglichkeitsgesetz des Bundes massive Auswirkungen auf Salzburg habe. Die Möglichkeiten der Einflussnahme der Anrainer bei dem Bau von Fabriken, Einkaufszentren oder auch Massentierhaltungsbetrieben werden damit stark eingeschränkt. – 12.: Eine Vereinbarung zwischen der Salzburg AG und dem Gemeindeverband ermöglicht billigeren Strom für Salzburgs Kommunen. Pro Jahr soll somit der Haushalt aller Gemeinden um rund 23 Millionen Schilling entlastet werden. Die Pläne der ÖBB, den Pinzgau nur mehr mit Regionalzügen zu befahren und die Schnellzugverbindungen in Schwarzach enden zu lassen, führen zu heftigen Protesten der Pinzgauer Bürgermeister. – 13.: Salzburg wird von der EU mit der Verteilung eines neuen Förderungsprogramms (Interreg III B Programm Alpenraum) betraut. Salzburger Beamte werden damit bis 2006 über die Vergabe von 825 Millionen Schilling Fördergeld entscheiden. Die Umweltabteilung stellt ein positives Gutachten zur Europark-Erweiterung aus. – 15.: Landesrätin Gabi Burgstaller (SPÖ) kürzt die Zahlungen des Landes aus dem Verkehrsdienstvertrag an die ÖBB. Die Bahn hat die elf Triebwägen für Salzburg, die im Juni 2000 geliefert werden sollten, noch nicht einmal bestellt. – 16.: Das Land streicht das Geld für die Ferienaktion, die sozial und ökonomisch benachteiligten Kindern und Familien einige Tage Erholung bringen soll. – 22.: Der Plan von LH Schausberger (ÖVP), der gemeinnützigen Wohnbaugenossenschaft GSWB eine Senkung der Mieten vorzuschreiben, findet die Zustimmung des Koalitionspartners SPÖ. – 26.: Der Bund wird vorerst kein Geld für das Salzburger »Universitätspaket« (Uni-Park, Sanierung des Mozarteums) bereitstellen. Dies wird LH Schausberger (ÖVP) von Finanzminister Grasser (FPÖ) mitgeteilt. Der Dekan der Geisteswissenschaften Wilfried Wieden zeigt sich enttäuscht. In einer Ausschusssitzung des Salzburger Landtages sprechen sich die Abgeordneten für schärfere Maßnahmen im Kampf gegen Drogen am Steuer aus. – 27.: LH Schausberger (ÖVP) kündigt an, dass nach dem erfolgreich verlaufenen Projekt »schlankere Behörde« in der Bezirkshauptmannschaft Flachgau nun alle Bezirksbehörden umgestellt und reformiert werden. – 28.: Bürgermeister Heinz Schaden (SPÖ) folgt Othmar Raus als Vorsitzendem der Stadt-SPÖ nach. Am Bezirksparteitag erhält Schaden 83,5 % der Delegiertenstimmen. – 29.: Für Empörung sorgt das Vorgehen der ÖBB, im Sommerfahrplan die Pinzgaubahn zu streichen, obwohl zugesichert wurde, die Linie so lange zu befahren, bis ein neuer Betreiber gefunden ist.

FEBRUAR 2001

1.: Alfred Denk, Geschäftsführer der Stadion Errichtungsgesellschaft gibt bekannt, dass das Projekt um 2000 Sitzplätze (nunmehr 17.260) abgespeckt werden muss, um die Kosten von 565 Millionen Schilling zu halten. – 2.: LH Schausberger und der Präsident der italienischen Region Toskana werden vom EU-Ausschuss der Regionen beauftragt, eine Stellungnahme zur Mitwirkung der Regionen an den Entscheidungen der EU zu erarbeiten. – 3.: LH Schausberger richtet eine Mieterberatung ein, die rasch und unbürokratisch bei Mieterhöhungen helfen und über Mietbeihilfen beraten soll. – 6.: FPÖ-LAbg. Andreas Schöppl fordert die Einstellung der Verfahren gegen führende FPÖ-Funktionäre in der so genannten »Spitzelaffäre«. – 7.: Der Salzburger Landtag hebt mit den Stimmen der ÖVP, SPÖ und der Grünen die Immunität von Karl Schnell (FPÖ) auf. Schnell hatte zu Bundespräsident Thomas Klestil gemeint, dass »Lump für ihn noch ein zu harmloser Ausdruck« sei. – 9.: LH Schausberger (ÖVP) spricht sich gegen die Pläne von Sozialminister Haupt (FPÖ) aus, Rücklagen der Salzburger Krankenkasse zur Abdeckung der Abgänge in anderen finanzschwachen regionalen Krankenkassen zu verwenden. Der FPÖ-Antrag zur Beibehaltung der Gemeinnützigkeit der GESWB wird im Landtag einstimmig beschlossen. – 13.: Der Plan von Wohnbaulandesrat Othmar Raus (SPÖ), die Wohnbeihilfe des Landes auf den freien Markt auszuweiten, statt wie bisher auf Mieter von geförderten Wohnungen zu beschränken, stößt auf heftige Kritik der ÖVP. – 14.: FPÖ und SPÖ wollen den Bau von Einkaufszentren erleichtern. Die Standortverordnung, welche die Bewilligung jedes neuen Einkaufszentrums durch die Landesregierung nach Prüfung der Auswirkungen des Projekts auf die bestehende Handelsstruktur vorsieht, soll eingeschränkt bzw. ganz abgeschafft werden. Gegen diese Pläne hagelt es Kritik von FPÖ-NR Helmut Haigermoser und LH-Stv. Wolfgang Eisl (ÖVP). – 19.: LH Schausberger (ÖVP) legt bei der Landeshauptleutekonferenz in Villach ein Veto gegen die Pläne von Justizminister Böhmdorfer (FPÖ) ein, zahlreiche Bezirksgerichte und die zweite Gerichtsinstanz für Salzburg zu streichen. – 21.: Der Salzburger Landtag legt ein Bekenntnis zu einer gentechnikfreien Region Salzburg ab. Entsprechende Regelungen im Naturschutzgesetz wurden allerdings mit Hinweis auf das EU-Recht nicht getroffen. – 22.: Der Landtag beschließt die Ausweitung der Wohnbeihilfe auch an bedürftige Menschen, die nicht in geförderten Wohnungen leben. – 23.: Gerhard Buchleitner (SPÖ) kündigt auf einer Pressekonferenz seinen Rückzug aus der Politik an. Gabi Burgstaller wird ihm sowohl als Parteichefin als auch als LH-Stellvertreterin nachfolgen. ÖGB-Chef Walter Blachfellner soll drittes SPÖ-Mitglied in der Landesregierung werden. – 24.: Die Landesregierungen von Salzburg und Oberösterreich beschließen eine verstärkte Zusammenarbeit der beiden Bundesländer vor allem im Bereich Beschaffungswesen, bei EDV Projekten und bei der Verwaltungsreform. – 28.: Nach dem Wechsel an der SPÖ-

Spitze und Gerüchten über einen möglichen Koalitionswechsel der ÖVP zu den Freiheitlichen, stellt LH Schausberger (ÖVP) den Fortbestand der ÖVP-SPÖ-Koalition bis 2004 klar.

MÄRZ 2001

1.: 26.000 Unterschriften gegen die Ausweitung der Ladensöffnungszeiten werden von Vertretern der Sektion Handel, von ÖVP-Frauen und dem ÖAAB an LH Schausberger (ÖVP) übergeben. Die Unglücksbahn von Kaprun wird geborgen und zur Untersuchung nach Linz gebracht. – 3.: Die Stadtregierung von Salzburg stellt ein Maßnahmenpaket vor, das der drohenden Wohnungsnot in der Stadt entgegenwirken soll. – 5.: Die Nachzahlungsforderungen des Landes für die Landesspitäler sorgen für Aufregung in den Salzburger Gemeinden. Helmut Mödlhammer, Chef des Österreichischen Gemeindebundes, zeigt sich vor allem über die Höhe der Forderungen überrascht. Stefan Prähauser wird zum neuen Vorsitzenden der Flachgauer SPÖ gewählt und löst damit Hans Holztrattner ab. Nach 5 Jahren Pause findet wieder ein Jugendlandtag statt. 36 Jugendliche formulieren dabei ihre Ideen und Vorstellungen, die vom Landtag in den nächsten Wochen behandelt werden sollen. Das Projekt der Europark-Erweiterung wird flächenmäßig verkleinert und findet so die Zustimmung des Landes. Der ÖVP-Wirtschaftsbund spricht sich nach wie vor gegen den Bau aus. – 8.: Die ÖBB drohen mit der Einstellung der Tauernschleuse zwischen Böckstein und Mallnitz. Die Bahn forderte eine Beteiligung der Länder Kärnten und Salzburg. – 9.: Karl Gollegger (ÖVP) fordert das Ende des Proporzsystems (bewirkt, dass Parteien ab einer gewissen Größe automatisch an der Regierung beteiligt sind) in der Stadt. FPÖ und SPÖ stehen diesem Plan ablehnend gegenüber. – 12.: SPÖ-Chefin Gabi Burgstaller sagt der Österreichischen Hochschülerschaft ihre Unterstützung für das geplante Volksbegehren gegen die Studiengebühren zu. – 13.: Die Pläne des Bundes zur Reform der Finanzverwaltung, die den Bestand der Finanzämter St. Johann/Pg. und Zell am See sowie der Finanzlandesdirektion gefährden, werden von LH Schausberger (ÖVP) abgelehnt. – 14.: Der Freispruch für SPÖ-Landtagsabgeordneten Wolfgang Rainer im Fall der Veruntreuung von Gewerkschaftsgeldern sowie der Vortäuschung eines Diebstahls wird vom Oberlandesgericht Linz aufgehoben. – 15.: Neuerliche Verhandlungen in Wien zwischen LH Schausberger (ÖVP) und Bildungsministerin Gehrer (ÖVP) bringen eine Zusage des Bundes zur Renovierung des Mozarteums und zum Neubau der geisteswissenschaftlichen Fakultät im Nonntal. – 19.: Stadt-ÖVP und Bürgerliste übermitteln Landtagspräsident Helmut Schreiner (ÖVP) eine Petition zur Abschaffung des Proporzsystems in der Stadt. – 20.: Nach massiven Rücktrittsforderungen von Mitgliedern des Senats gibt der Rektor der Universität Salzburg Adolf Haslinger bekannt, mit Ende des Sommersemesters in Pension zu gehen. – 21.: Salzburger Bio-Bauern demonstrieren vor dem Landtagsgebäude im Chiemseehof. Sie wollen damit erreichen, dass im Landtag ein »gentechnikfreies« Salzburg beschlossen wird. Die Landesregierung hält dies aufgrund von Bundesgesetzen und EU-Richtlinien für nicht durchführbar. Das Land Salzburg stellt für den Bau der neuen Seilbahn auf das Kitzsteinhorn bei Kaprun 50 Millionen Schilling zur Verfügung. – 27.: Die Salzburger Landesregierung beschließt eine Bewerbung Salzburgs für die Olympischen Winterspiele 2010. – 31.: Gabi Burgstaller wird am Parteitag der SPÖ Salzburg mit 98 % der Delegiertenstimmen zur neuen Vorsitzenden der Partei gewählt und folgt damit Gerhard Buchleitner nach.

APRIL 2001

3.: Der Landessprecher des Liberalen Forums kündigt an, dass es künftig keine formelle Landesorganisation seiner Partei mehr geben und auch der Posten eines Landessprechers hinfällig sein wird. –

4.: Landtagspräsident Helmut Schreiner (ÖVP) übt heftige Kritik an der geplanten Verwaltungsreform des Bundes. Schreiner befürchtet vor allem Einsparungen auf der bürgernächsten Ebene, während in den Zentralen das Personal aufgestockt werde. – 7.: 70 Funktionäre der Salzburger FPÖ fordern in einer Resolution eine Änderung der Politik der Landespartei. Die Landesparteileitung wird aufgefordert, die Einigkeit der Partei wiederherzustellen. – 9.: Nach Berechnungen der Finanzabteilung des Landes könnten im Sozialressort bis zu 80 Millionen Schilling mehr als geplant ausgeben werden. Ressortchef Buchleitner (SPÖ) wird zur Einhaltung der Spardisziplin gemahnt. – 10.: Laut einem Reformplan des Innenministeriums sollen im Bundesland Salzburg 20 Gendarmerieposten geschlossen werden. Die österreichischen Bundesforste und das Land Salzburg unterzeichnen einen neuen Vertrag, der die Benützung der Forststraßen für Mountainbiker regelt. Der Laufmetertarif wird von 3,20 auf 2,50 Schilling gesenkt, und das Wegenetz soll anwachsen. – 11.: Land Salzburg, die Landwirtschaftskammer und Raiffeisen schnüren ein Maßnahmenpaket, um Salzburgs Bauern beim Kauf von Waldflächen zu unterstützen, die von den Bundesforsten zum Verkauf angeboten werden. Das Land reformiert die Prüfung für Fahrschullehrer und Fahrlehrer. Damit soll die Verkehrssicherheit erhöht werden. – 13.: Verkehrsministerin Forstinger (FPÖ) macht bei einem Besuch in Salzburg klar, dass ein vollelektronisches Mautsystem statt dem scharf kritisierten alten »Mauthüttensystem« auf Österreichs Autobahnen installiert werden wird. – 18.: Der Bund hält seine Finanzzusagen an die Gemeinde Kaprun nicht ein. Nach der Tunnelkatastrophe am Kitzsteinhorn und den daraus folgenden wirtschaftlichen Problemen für die Region hat die Bundesregierung 14,4 Millionen Schilling an Finanzhilfe zugesagt, die allerdings noch nicht in der Pinzgauer Gemeinde angekommen sind. – 20.: Kaprun lehnt die 50-Millionen-Schilling-Finanzspritze des Landes Salzburg ab. Im Gegenzug wäre das Land zu 40 % an den Gletscherbahnen Kaprun beteiligt worden, was auf Widerstand der Aktionäre stieß. Verkehrsministerin Forstinger (FPÖ) sagt 600 Millionen Schilling für den Ausbau der Schienenverbindung zwischen Golling und Salzburg zu. Das Land schießt zum Nahverkehrskonzept weitere 150 Millionen Schilling zu. Die Bürgerinitiative gegen die Errichtung des Stadions in Wals bietet LH Schausberger (ÖVP) an, die Fläche für das bereits gewidmete Grundstück zurückzukaufen, wenn dieses in Naturschutzgebiet rückgewidmet werde. – 21.: Auf einem Sicherheitsgipfel in Salzburg versichert Innenminister Strasser (ÖVP), dass Entscheidungen über befürchtete Einsparungen in der Exekutive noch nicht beschlossen seien und noch diskutiert werden können. – 24.: Die Salzburger Landesregierung legt bei der tschechischen Regierung offiziell Protest gegen das Atomkraftwerk Temelin ein. – 25.: Gerhard Buchleitner (SPÖ) scheidet aus der Landesregierung aus. Zu seiner Nachfolgerin als Landeshauptmann-Stellvertreterin wird mit 32 von 35 Stimmen Gabi Burgstaller (SPÖ) gewählt. Walter Blachfellner (SPÖ) wird neuer Landesrat. – 27.: Bürgermeister Heinz Schaden (SPÖ) präsentiert den Rechnungsabschluss 2000. Das Strukturdefizit im ordentlichen Haushalt beträgt demnach 154 Millionen Schilling. Die Stadt ist damit auf dem Weg, die Budgetprobleme in den Griff zu bekommen. – 29.: Oberndorf wird offiziell zur Stadt erhoben. – 30.: Die ÖVP schlägt auf ihrer Landeskonferenz in Bad Hofgastein ihr Modell eines »Gemeindegendarmen« vor. Damit soll in jeder Gemeinde eine Ansprechperson in Sachen Sicherheit installiert werden, auch wenn eventuell der Gendarmerieposten geschlossen wird.

MAI 2001

3.: Gegner und Befürworter des geplanten Stadions in Wals marschieren zu Demonstrationen auf. – 7.: Der Gewerbepark Urstein in Puch nimmt Formen an. Für das 70 Hektar große Areal liegt nun eine Umweltverträglichkeitserklärung vor. Insgesamt sollen 850 neue Arbeitsplätze entstehen. – 8.: In der »Spitzelaffäre« werden die Ermittlungen gegen Schnell, Naderer und Wiedermann (alle FPÖ) eingestellt. – 9.: Die geplante Europark-Erweiterung entzweit die ÖVP. Der Wirtschaftsbund spricht sich massiv gegen das Projekt aus. Die Fachhochschule verlässt die Stadt und beschließt, gegen den Willen von LH Schausberger (ÖVP) einen Umzug nach Puch. – 10.: Der Gemeinderat der Stadt Salzburg beschließt gegen die Stimmen der Bürgerliste eine neuerliche Bewerbung für die Olympischen Spiele. Im Innenministerium wird die Schließung von 13 Gendarmerieposten in Salzburg beschlossen. – 12.: Der Bau der zweiten Tunnelröhre unter Tauern und Katschberg ist das erste Straßenprojekt in Österreich, an dem sich die EU beteiligt. Die Kommission hat 41,3 Millionen Schilling zugesagt. – 15.: Die Vorschläge von fünf Modellgemeinden zur Reform der Kommunen sorgen für Aufregung. Es wird eine längere Amtszeit für Bürgermeister, eine Verkleinerung der Gemeindevertretung und mehr Macht für die Gemeindevorstehung gefordert. – 17.: Die Ankündigung von AHS-Lehrern, als Protest gegen die Sparpläne des Bundes ab Herbst nur mehr »Dienst nach Vorschrift« abzuhalten, sorgt für Empörung bei Eltern-Schüler-Vertretern. Bei den Hochschülerschaftswahlen gehen in Salzburg die Grünen als stärkste Kraft hervor. Starke Gewinne kann auch der Verband Sozialistischer Studenten erzielen. Unter Stimmverlusten leidet die ÖVP-nahe Aktionsgemeinschaft. – 18.: LH Schausberger (ÖVP) beruft die Vorstandsmitglieder seiner Partei zu einer Aussprache ein. Gründe sind die wiederholten Attacken des Wirtschaftsbundes auf Schausberger und Wolfgang Eisl (beide ÖVP) aufgrund ihrer zustimmenden Position zur Europarkerweiterung. – 23.: Zu Tumulten kommt es bei einem Vortrag des ehemaligen russischen Geheimdienstoffiziers Suworow auf der Uni Salzburg. Seine Theorien eines Verteidigungskrieges Hitlers gegen die UdSSR sind äußerst umstritten. – 26.: Eine Liste von vorläufig acht Bewerbern und einer Bewerberin für den Posten des Rektors der Universität Salzburg liegt vor. – 30.: Die SPÖ unterstützt die Forderung der privaten Fernsehanbieter nach einer eigenen Frequenz.

JUNI 2001

1.: Eine Verordnung von Landesrat Raus (SPÖ) und Sepp Eisl (ÖVP) verbietet künftig die Anbringung von Klärschlamm auf Salzburgs Wiesen und Feldern. – 2.: Die Landesregierung billigt die Verordnung zur Erweiterung des Europarks. Damit kann das Projekt, das für zahlreiche Konflikte zwischen Stadt und Land gesorgt hat, verwirklicht werden. – 8.: LH-Stv. Wolfgang Eisl kündigt an, dass nach 2001 auch für das Jahr 2002 ein Sparpaket des Landes notwendig sei, um die Maastricht-Kriterien zu erreichen. – 12.: Der Universitätsbeirat und der Senat machen folgenden Dreiervorschlag für die Wahl des neuen Unirektors: Manfred Buchroithner, Heinrich Schmidinger und Kurt Zänker. Die Wahl findet am 22. Juni in der Universitätsvollversammlung statt. – 13.: Ein erster Entwurf über ein Bodenschutzgesetz wird im Landtag präsentiert. Dieser sieht vor, dass einem Grundbesitzer die Sanierung seines Bodens vorgeschrieben werden kann. Grüne und FPÖ zeigen sich skeptisch. Der Verwaltungs- und Verfassungsausschuss nimmt mit den Stimmen von SPÖ und ÖVP die Vorlage an. – 16.: Die Sparpläne von Sozialandesrat Blachfellner (SPÖ) in seinem Ressort werden von Anbietern Sozialer Dienste und den Grünen scharf kritisiert. Blachfellner will bei den Sozialen Diensten 30 Millionen Schilling einsparen und die Verwandtschaft für Pflegefälle in Heimen zur Kasse bitten, um das Budget in seinem Ressort in den Griff zu bekommen. – 21.: Eine Expertstudie kommt zum Schluss, dass sowohl das Museum im Mönchsberg als auch das Museum am Mönchsberg machbar und miteinander kombinierbar seien. Nach der Aufhebung des Freispruches im Fall des SPÖ-Landtagsabgeordneten Rainer durch das Oberlandesgericht Linz steht der Mandatar wegen des Vorwurfs des Betruges und der Veruntreuung erneut vor dem Salzburger Landesgericht. Die KPÖ Salzburg ruft zu Demonstrationen gegen das in Salzburg stattfindende Gipfeltreffen des »World Economic Forums« auf. – 22.: Mit 162 von 249 Stimmen wird Heinrich Schmidinger zum neuen Rektor der Universität

Salzburg gewählt. – 23.: Das neue Salzburger Kongresshaus wird mit mehrmonatiger Verspätung und Millionen an Mehrkosten eröffnet. – 25.: Das neue Landeselektrizitätsgesetz legt fest, dass bis 2007 4 % des Stromverbrauchs »ökologisch« sein muss, d. h. aus Wind, Sonne, Biomasse oder Biogas stammt. Der Landesrechnungshof kritisiert Schlampigkeiten bei Abrechungen des Salzburger Schwimmverbandes. Die FPÖ fordert einen Untersuchungsausschuss. Das Amt der Salzburger Landesregierung gibt bekannt, dass ab 1. Juli 2001 alle Lenker von Mopedautos einen Ausweis mitführen müssen. Neueinsteiger haben einen Kurs zu besuchen. Damit reagiert man auf die stark steigende Zahl der Mopedautos und versucht somit, die Verkehrssicherheit zu verbessern. – 27.: Der ehemalige LH-Stv. Arno Gasteiger (ÖVP) wird neu in das Präsidium der Salzburger Industriellenvereinigung aufgenommen. – 28.: Nach knapp zehnjähriger Verhandlung einigen sich Anrainer, ÖBB und Gemeinden auf eine neue Bahntrasse durch das Gasteinertal. – 30.: Durch die Aufhebung des Strafrechtsparagraphen 197 für das Verlassen eines Unmündigen wird in Salzburg als drittem österreichischen Bundesland die anonyme Geburt ermöglicht.

(Quelle: Salzburger Nachrichten: Aus Stadt und Land. 1. Juli 1999– 30. Juni 2001)

ROLAND HETTEGGER

Autorenverzeichnis

Dagmar, AIGNER, geb. 5. 3. 1974 in Innsbruck, Studium Politikwissenschaft (gewählte Fächer Geschichte, Ethnologie) an den Universitäten Wien und Salzburg, Mag. phil. (2000), Forschungsschwerpunkte in den Bereichen lokale und regionale Politik sowie Frauenpolitik. Lehrbeauftragte am Institut für Politikwissenschaft, wissenschaftliche Mitarbeiterin der WissenschaftsAgentur Salzburg.
Adresse: Institut für Politikwissenschaft, Rudolfskai 42, 5020 Salzburg.

Josef BRUCKMOSER, geb. 1954, studierte Theologie in Salzburg, war dann Pressereferent der Erzdiözese Salzburg und kam 1989 zu den Salzburger Nachrichten. Zahlreiche Berichte, Reportagen, Interviews und Kommentare zu Religion und Kirche sowie zu pädagogischen und bildungspolitischen Themen. Seit 2001 Leiter der Lokalredaktion der Salzburger Nachrichten.
Adresse: Weiserhofstraße 16/12, 5020 Salzburg

Herbert DACHS, geb. 1943; Studium der Geographie und Geschichte (Schwerpunkt Zeitgeschichte), Dr. phil.; 1980 Univ.-Doz. für Politikwissenschaft; seit 1987 Univ.-Prof. (mit Schwerpunkt österreichische Politik) am Institut für Politikwissenschaft an der Universität Salzburg. Zahlreiche Arbeiten über zeitgeschichtliche Themen, österreichischen Föderalismus, Ideengeschichte und Ideologiekritik, politische Bildung und Erziehung in Österreich, politische Prozesse in den Bundesländern sowie Entwicklung der österreichischen Parteien.
Adresse: Institut für Politikwissenschaft, Rudolfskai 42, 5020 Salzburg.

Roland FLOIMAIR, geb. 1948 in Berndorf/Salzburg; Studium der Geschichte und Politikwissenschaft in Salzburg und Wien; Chefredakteur; seit 1989 Leiter des Landespressebüros und Pressesprecher der Landesregierung.
Adresse: Salzburger Landespressebüro, Chiemseehof, 5020 Salzburg.

Roland HETTEGGER, geb. 1977 in Schwarzach/Pg.; Studium der Politikwissenschaft und Geschichte. Mag. phil. (2001). Studienassistent am Institut für Politikwissenschaft, Lektor am Institut für Kommunikationswissenschaft.
Adresse: Institut für Politikwissenschaft, Rudolfskai 42, 5020 Salzburg.

Hans LINDENBAUM, geb. 1950 in Linz an der Donau; Studium der Humanmedizin, der Kommunikations- und Politikwissenschaft, Dr. phil. (1985). Öffentlichkeitsarbeiter (Kommune, Interessenvertretung, Erwachsenenbildung), (Fach-)Zeitschriften- und Tageszeitungsjournalist, Vertragsassistent und Lektor am Institut für Kommunikationswissenschaft der Universität Salzburg, Studien- und Buchautor u. a. zu Cross-border-Themen der Transportgeschichte, Verkehrs- und Regionalpolitik.
Adresse: Postfach 20, 5021 Salzburg.

Stefan MAYER, geb. 1972: Studium Politikwissenschaft/Spanisch an der Universität Salzburg, Mag. phil. 1995, Dr. phil. 2001; Studium Germanistik/Politikwissenschaft an der Bowling Green State University (USA), Master of Arts 1993; Post-graduate-Studium EURAS (Europarecht, Internationale Betriebs- und Volkswirtschaftslehre) an der Donau-Universität Krems, Master of Advanced Studies 1997; seit 1993 Lehrtätigkeit am Salzburg College; 1997 stage im Ausschuss der Regionen, Institutionelle Kommission 1998; seit Juli 1998 Europaredakteur im Landespressebüro Salzburg; Publikationsschwerpunkt Regionale Europapolitik und Europäische Integration.
Adresse: Salzburger Landespressebüro, Chiemseehof, 5020 Salzburg

Norbert MAYR, geb. 1964; HTBLA, Studium Kunstgeschichte, Archäologie u. Philosophie. Mag. phil.; Architekturhistoriker, Stadtforscher, Aufbau eines Architekturarchivs, freiberufliche Forschungs-, Publikations- u. Kuratorentätigkeit mit Schwerpunkt österreichische und internationale Architekturgeschichte, Architekturtheorie d. 20. Jh., Stadt- u. Regionalentwicklung sowie Denkmalpflege, Katalog- u. Buchbeiträge, Kommentare u. Beiträge in nat. u. intern. Fachzeitschriften und Tageszeitungen, Vorträge u. Lehrtätigkeit an der Internationalen Sommerakademie, Förderstipendium zum Architekturpreis des Landes Salzburg 2002.
Adresse: Augustinerg. 21, 5020 Salzburg.

Walter SCHERRER, geb. 1957 in Salzburg, Studium der Volkswirtschaftslehre an der Universität Linz, Dr. rer. soc. oec., seit 1991 Universitätsdozent für Volkswirtschaftslehre und Finanzwissenschaft, seit 1997 ao. Universitätsprofessor am Institut für Wirtschaftswissenschaften der Universität Salzburg. Arbeitsschwerpunkte in den Bereichen regionale Wirtschaftspolitik, Arbeitsmarktforschung, Ökonomie und Technologieentwicklung sowie Umweltökonomie.
Adresse: Institut für Wirtschaftswissenschaften, Kapitelgasse 5, 5010 Salzburg.

Peter WEICHHART, geb. 1947; Studium der Geographie, Germanistik und Philosophie, Promotion 1973, Habilitation 1986, Berufstitel »Außerordentlicher Universitätsprofessor« 1993, Ordentliches Mitglied der deutschen Akademie für Landeskunde, Mitglied des Wissenschaftlichen Rates der Akademie für Raumforschung und Landesplanung; Gastprofessor ETH Zürich und Wissenschaftszentrum Berlin. Vorstandsvorsitzender des Salzburger Instituts für Raumordnung und Wohnen (SIR), seit 1. 10. 2000 Professor für Humangeographie am Institut für Geographie und Regionalforschung der Universität Wien. Arbeitsschwerpunkte: Methodologie im Fach Geographie, Stadt-, Wirtschafts- und Sozialgeographie, Humanökologie, Raumordnung und Raumplanung.
Adresse: Institut für Geographie und Regionalforschung der Universität Wien, Universitätsstraße 7/5, 1010 Wien.

SALZBURGER JAHRBUCH FÜR POLITIK 1989

Inhalt

HERBERT DACHS / ROLAND FLOIMAIR: Vorwort der Herausgeber

HERBERT DACHS: »Denkzettel« oder Trend? Die Salzburger Landtagswahl vom 12. März 1989

HANS LECHNER / FRIEDRICH MAYR MELNHOF / FRITZ RÜCKER
HEINRICH SALFENAUER / KARL STEINOCHER / GUSTAV ZEILLINGER:
Aus freien Stücken aus der Politik gegangen. Rückblicke

FRANZ REST: Dorferneuerung in Salzburg

O. P. ZIER: Kultur auf dem Land, anhand der Beispiele Rauriser Literaturtage, »Pongauer Kulturvereinigung spectrum« und Tauriska-Fest 1988

ERNST HANISCH: Mauterndorf und Hermann Göring. Eine zeitgeschichtliche Korrektur

GEORG SCHÖFBÄNKER / ERFRIED ERKER: Wackersdorf und Salzburg. Konturen einer Politik gegen eine Plutoniumfabrik

MICHAEL SCHMOLKE: Das Abhandenkommen der Experten. Ketzerische Überlegungen anläßlich des »Wackersdorf-Syndroms«

FRANZ KOK: Die Umweltanwaltschaft als Instrument der Umweltpolitik

GERHARD LINDINGER: Salzburg auf dem Weg zum »Durchhaus Europas«? Transitverkehr ohne Ende – oder: Sic TRANSIT Gloria Salisburgensis

PETER WANDALLER: Armut in Salzburg. Versuch einer quantitativen Annäherung

THOMAS PEER / BERNHARD RANINGER: Salzburg und sein Müll

HANS-PETER KLAMBAUER: Badgastein. Kritische Bestandsaufnahme eines Fremdenverkehrsortes mit Tradition

Jahreschronik (Jänner 1988–Juni 1989)

SALZBURGER JAHRBUCH FÜR POLITIK 1991

Inhalt

HERBERT DACHS / ROLAND FLOIMAIR: Vorwort der Herausgeber

VOLKMAR LAUBER: Umweltpolitik zwischen Pluralismus und Staatsversagen

GERHARD LINDINGER: Vom täglichen Wahnsinn zur allmählichen Vernunft. Bedrohte Umwelt und Versuche einer Verkehrspolitik in Salzburg

PETER HASSLACHER: Tourismussteuerung durch Raumplanung. Zur Situation in Salzburg

FRANZ FUXJÄGER: Neue Raumordnung – eine Herausforderung für die Politik

WALTRAUD WINKLER-RIEDER: Salzburgs Energiepolitik

PETER WANDALLER / KURT GAHLEITNER: Randgruppen in Salzburg

INGRID BAUER / LIANE PLUNTZ: Vom Anspruch auf Gegenmacht und dem Geschenk der Teilhabe. Frauenpolitik/Frauen und Politik in Salzburg

MANFRED PERTERER: Salzburgs Landespolitik gelähmt? Von der unerträglichen Sehnsucht nach Konsens

HERBERT DACHS: Politische Kontrolle und »Salzburger Klima«

MANFRED PERTERER: Rien ne va plus? Salzburgs Stadtpolitik zu Beginn der neunziger Jahre

HANS KUTIL: Wohnen als Maßstab für den Sozialstaat

FRANZ HORNER: Tendenzen in der Salzburger Kirchenpolitik

HERBERT DACHS: Über die Opfer der Kriege und ihre Denkmäler. Bemerkungen zu einer bitteren Kontroverse

RÜCKSPIEGEL

Chronik (Juli 1989–Juni 1991)

SALZBURGER JAHRBUCH FÜR POLITIK 1993

Inhalt

HERBERT DACHS / ROLAND FLOIMAIR: Vorwort der Herausgeber

MICHAEL SCHMOLKE: Immer recht behalten in dieser Stadt.
Indikatoren einer Wende in der Salzburger Publizistik

HERBERT DACHS: »Politiker-Politik« in der Falle?
Bemerkungen zur Gemeinderatswahl in der Stadt Salzburg 1992

OSWALD PANAGL: Im Westen nichts Neues?
Verbale Strategien im Salzburger Stadtwahlkampf 1992

HEINZ SCHOIBL: Fremde in Salzburg

CHRISTIAN LAIREITER: Länderbeteiligung und EG-Betritt
unter besonderer Berücksichtigung des Landes Salzburg.
Mit Fragen an: Hans Katschthaler, Helmut Schreiner, Franz Schausberger,
Ricky Veichtlbauer, Margot Hofer, Christian Burtscher

JOSEF LEMBERGER: Die Bauern unter Druck. Land- und forstwirtschaftliche
Produktion Salzburgs im Spannungsfeld der »Europäischen Gemeinschaft«

FRANZ SPITZAUER: Biomasse gegen Erdgas:
Wo bleibt die Energiewende? Die Salzburger Energiepolitik:
Von einer Konsens- zur Mehrheitsmaterie

WERNER RIEMER: Von Karajan zu Mortier.
Eine Reform der Salzburger Festspiele

FRANZ HORNER: Fortpflanzungsmedizin in Salzburg – weltanschauliche und
gesellschaftspolitische Aspekte

ROBERT KRIECHBAUMER: Wilfried Haslauer. Landeshauptmann von Salzburg 1977–1989. Versuch einer mentalitätsgeschichtlichen Annäherung

RÜCKSPIEGEL

Chronik (Juli 1991–Juni 1993)

SALZBURGER JAHRBUCH FÜR POLITIK 1995

Inhalt

HERBERT DACHS / ROLAND FLOIMAIR: Vorwort der Herausgeber

ERNST HANISCH: Tradition und Modernität. Grundzüge der Geschichte Salzburgs in der Zweiten Republik 1945–1955

HERBERT DACHS: »Es wird kein Stein auf dem anderen bleiben?« Über politische Veränderungen im Land Salzburg 1993–1995

NIKOLAUS DIMMEL: Sozialhilfe unter Druck. Nutzenverteilung, Legitimationsprobleme und Kostenlast der Sozialhilfe in Salzburg

TRIBÜNE – SOZIALHILFE IM WIDERSTREIT:
Fragen an Wolfgang Breiteneder, Erwin Buchinger, Gabriele Burgstaller, Wolfgang Haider, Karoline Hochreiter, Josef Huber und Franz Schausberger

CHRISTOPH BRAUMANN: Generationenwechsel in der Raumplanung? Das Salzburger Raumordnungsgesetz 1992 und seine planungspolitischen Anliegen

PAULHANS PETERS: Der Gestaltungsbeirat zwischen Architektur und Politik

KURT OBERHOLZER: »EuRegio«: ein Begriff macht Karriere. Subsidiarität beim Wort genommen

REINHARD BACHLEITNER: Fußballsport zwischen Hochkultur und Unkultur. Überlegungen zur Fußballeuphorie in der Mozartstadt

EBERHARD ZWINK: Ein Leben für Salzburg. Zum Tod von Hans Lechner, Landeshauptmann von Salzburg von 1961 bis 1977, am 10. Juni 1994

RÜCKSPIEGEL

Chronik (Juli 1993–Juni 1995)

SALZBURGER JAHRBUCH FÜR POLITIK 1997

Inhalt

HERBERT DACHS / ROLAND FLOIMAIR: Vorwort der Herausgeber

FRANZ HORNER: Mißbrauchtes Widerstandsrecht?
Der Konflikt um die Müll-Deponie in Großarl

HERBERT DACHS: Proporz-Fechtereien? Der verweigerte Abschied
vom Regierungsproporz im Bundesland Salzburg

KARIN HOFER: Eine institutionalisierte Stimme der Natur?
Die Salzburger Landesumweltanwaltschaft im Spannungsfeld zwischen
Naturschutz, wirtschaftlichen Interessen und politischen Konflikten

REINHARD BACHLEITNER / ALEXANDER KEUL: Tourismus in der Krise?
Der Salzburger Fremdenverkehr im Spannungsfeld von Regionalisierung und
Globalisierung

TANJA TOBANELLI: Salzburger Regionalpolitik und EU

MICHAEL KITZMANTEL: Finanzkrise der Stadt Salzburg –
der Kreis schließt sich

EUGENE SENSENIG: Minderheiten und Mitbestimmung.
Multikulturelle Demokratieansätze in den Kommunen und in der Landespolitik
Österreichs am Beispiel von Salzburg

KURT LUGER: Städter im Kopf?
Zur Lebenssituation der Jugendlichen im Pinzgau

RÜCKSPIEGEL

Chronik (Juli 1995–Juni 1997)

SALZBURGER JAHRBUCH FÜR POLITIK 1999

Inhalt

HERBERT DACHS / ROLAND FLOIMAIR: Vorwort der Herausgeber

GOTTFRIED BACHL: Gedanken am Rand.
Zu den Vorgängen um die »Wehrmachtsausstellung« in Salzburg

HERBERT DACHS: Vom »System der organisierten Verantwortungslosigkeit« zur »Rückkehr des Politischen«?
Das Ende des Regierungsproporzes im Bundesland Salzburg

ELISABETH WOLFGRUBER: »Im Westen nichts Neues?« Landtags- und Gemeinderatswahlen in Salzburg im Superwahljahr 1999

DAGMAR STRANZINGER / ROMANA ROTSCHOPF: Auf die Plätze Frauen los ... Präsenz von Frauen in der Salzburger Politik

TINA DEINHAMMER: Bedeutungsverlust oder neue Gestaltungschancen?
Salzburgs politisches System seit dem EU-Beitritt

SCHWERPUNKT WIRTSCHAFT:
CHRISTIAN DIRNINGER / WALTER SCHERRER: Salzburger Wirtschaft und Wirtschaftspolitik – Wieder zurück auf dem Weg zur Spitze?

PETER WEICHHART: Haben die Orts- und Stadtzentren noch eine Chance? Probleme des Einzelhandels im Postfordismus

REINHARD BACHLEITNER: Tourismus: Motor des Modernisierungsprozesses im Bundesland Salzburg?

RÜCKSPIEGEL

Chronik (Juli 1997–Juni 1999)

Schriftenreihe des Forschungsinstitutes für politisch-historische Studien der Dr.-Wilfried-Haslauer-Bibliothek
Hrsg.: Robert Kriechbaumer, Franz Schausberger, Hubert Weinberger.
Ab Band 11: hrsg. v. Wilfried Haslauer, R. Kriechbaumer u. H. Weinberger.

Eine Auswahl:

Bd. 7/1: Robert Kriechbaumer (Hrsg.)
Die Ära Josef Klaus
Österreich in den „kurzen" sechziger Jahren: Dokumente
1998. 24 x 17 cm. 412 Seiten. 24 schw.-w. Abb. Gb.
ISBN 3-205-98882-5

Bd. 7/2: Robert Kriechbaumer (Hrsg.)
Die Ära Josef Klaus
Österreich in den „kurzen" sechziger Jahren: Aus der Sicht von Zeitgenossen und in Karikaturen von Ironimus
1999. 17 x 24 cm. 283 Seiten. 34 schw.-w..-Abb. Gb.
ISBN 3-205-99146-X

Bd. 8: Kurt F. Strasser, Harald Waitzbauer
Über die Grenzen nach Triest
Wanderungen zwischen Karnischen Alpen und Adriatischem Meer
1999. 15,5 x 23,5 cm. 288 Seiten. zahlr. schw.-w. u. farb. Abb., Gb.
ISBN 3-205-99010-2

Bd. 9: Richard Voithofer
Drum schließt Euch frisch an Deutschland an …
Die Großdeutsche Volkspartei in Salzburg 1920–1936
2000. 17 x 24 cm. 488 Seiten. Gb.
ISBN 3-205-99222-9

Bd. 10: Michael Schmolke (Hrsg.)
In Verbindung mit Sandra Ebner und Thomas Steinmaurer
Der Generalintendant
Gerd Bachers Reden, Vorträge, Stellungnahmen aus den Jahren 1967 bis 1994. Eine Auswahl.
2000. 17 x 24 cm. 403 Seiten. 19 schw.-w. Abb. Gb.
ISBN 3-205-99247-4

Bd. 11: Hanns Haas, Robert Hoffmann, Robert Kriechbaumer (Hrsg.)
Salzburg
Städtische Lebenswelt(en) seit 1945
2000. 17 x 24 cm. 432 Seiten. 25 schw.-w. Abb. Gb.
ISBN 3-205-99255-5

böhlauWien

Schriftenreihe des Forschungsinstitutes für politisch-historische Studien der Dr.-Wilfried-Haslauer-Bibliothek
Hrsg.: Robert Kriechbaumer, Franz Schausberger, Hubert Weinberger.
Ab Band 11: hrsg. v. Wilfried Haslauer, R. Kriechbaumer u. H. Weinberger.

Eine Auswahl:

Bd. 12: Robert Kriechbaumer
Die großen Erzählungen der Politik
Politische Kultur und Parteien in Österreich von der Jahrhundertwende bis 1945
2001. 17 x 24 cm. 820 Seiten. Gb.
ISBN 3-205-99400-0

Bd. 13: Herbert Dachs, Ernst Hanisch, Roland Floimair, Franz Schausberger (Hrsg.)
Die Ära Haslauer
Salzburg in den siebziger und achtziger Jahren
2001. 17 x 24 cm. 700 Seiten. 17 schw.-w. Abb. 73 Tab. 15 Graf. Gb.
SBN 3-205-99377-2

Bd. 14: Robert Kriechbaumer (Hrsg.)
Der Geschmack der Vergänglichkeit
Jüdische Sommerfrische in Salzburg
2002. 17 x 24 cm. 364 Seiten. 47 schw.-w. Abb. Gb.
SBN 3-205-99455-8

Bd. 15: Oswald Panagl, Robert Kriechbaumer (Hrsg.)
Wahlkämpfe
Sprache und Politik
2002. 17 x 24 cm. 224 Seiten. 12 schw.-w. u. 15 farb. Abb. Br.
ISBN 3-205-99456-6

Bd. 16: Robert Kriechbaumer, Franz Schausberger (Hrsg.)
Fast eine Insel der Seligen
Handlungsspielräume regionaler Finanz- und Wirtschaftspolitik am Ende des 20. Jahrhunderts am Beispiel Salzburgs
2002. 17 x 24 cm. 168 Seiten. 19 schw.-w. Abb. Br.
ISBN 3-205-99476-0

Bd. 17: Robert Kriechbaumer
Ein Vaterländisches Bilderbuch
2002. 21 x 27 cm. Ca. 272 Seiten. Ca. 220 schw.-w. Abb. Br.
ISBN 3-205-77011-0